서울대학교 아시아연구소 세계 속의 아시아연구 015

아시아는 통한다

흐름과 관계를 통해 본 知圖

진인진

저자

임현진_ 서울대학교 사회학과 명예교수, 아시아연구소 창립 소장
박수진_ 서울대학교 지리학과 교수
이 근_ 서울대학교 경제학부 교수
박원호_ 서울대학교 정치외교학부 교수
은기수_ 서울대학교 국제대학원 교수
김홍중_ 서울대학교 사회학과 교수
강명구_ 서울대학교 언론정보학과 교수
김청택_ 서울대학교 심리학과 교수
이재열_ 서울대학교 사회학과 교수

아시아는 통한다
초판 1쇄 발행 | 2016년 8월 18일
엮 음 | 이재열, 임현진
발행인 | 김영진
발행처 | 진인진
등 록 | 제25100-2005-000003호
주 소 | 경기도 과천시 별양상가 1로 18, 614호(별양동, 과천오피스텔)
전 화 | 02-507-3077~8
팩 스 | 02-507-3079
홈페이지 | http://www.zininzin.co.kr
이메일 | pub@zininzin.co.kr

ⓒ 진인진 2016
ISBN 978-89-6347-299-7 (93300)

* 이 책 내용의 전부 또는 일부를 다시 사용하려면 반드시 자료 제공 협조기관과 출판사 모두의 동의를 얻어야 합니다.

이 연구는 서울대학교 아시아연구소의 2014년도 아시아연구기반구축사업(#SNUAC-2014-009)과 (주)두산의 연구비 지원을 받아 이루어진 연구 결과입니다.

차례

서문 • 이재열 ·· 7

제1장 아시아는 통한다 • 임현진 ·· 29
  1. 머리에 ·· 29
  2. 미국과 중국: 뒤바뀌는 위상 ·· 31
  3. 초국적 공동체는 ASEAN이 선도 ···································· 34
  4. 한국, 중국, 일본 사이의 물적·인적 교류 ························ 40

제2장 국경을 넘는 위험 • 박수진 ·· 55
  동아시아의 환경변화와 위험의 변화

  1. 동아시아 발전의 이면 ·· 55
  2. 전세계 재해피해의 증가추이 ·· 59
  3. 아시아의 재해에 대한 취약성 ·· 64
  4. 자연재해 증가의 원인 ·· 70
  5. 재해인식과 발생의 향후 전망 ·· 89

제3장 아시아 국가의 추격, 추월, 추락과 아시아적 발전모델 • 이근 ···· 95

1. 들어가며: 왜 국가의 흥망성쇠인가 ································· 95
2. 국가의 추격, 추월, 추락의 일반적 분석틀: 선진국 대 후발국 ······ 98
3. 후발국가들의 흥망성쇠의 재해석: 외환확보와 내재적 혁신능력 ···· 106
4. 마치며 ··· 123

제4장 조약의 네트워크 • 박원호 ·· 129
한중일과 주변국들을 중심으로

1. 들어가며: 왜 조약의 네트워크인가? ····························· 129
2. 네트워크 분석과 국제정치학의 기존 연구 ······················· 133
3. 분석 결과 ··· 135
4. 상세 내용 ··· 138
5. 결과 요약 ··· 148

제5장 동아시아 사회에서 나타나는 "아시아적 가족가치"의 특징 • 은기수
··· 151

1. 서론 ··· 151
2. 자료와 방법론 ·· 158
3. 아시아적 가족가치 분석 1: 3개국을 중심으로 한 자료 분석 ········ 164
4. 아시아적 가족가치 분석 2: 한국, 일본, 대만의 개별 자료 분석 ······ 173
5. 요약 및 결론 ·· 179

제6장 한중일 청년세대의 얼굴을 읽다 • 김홍중 ········· 187

1. 사회학적 관상학 ········· 187
2. 양광지안(陽光之顔) ········· 189
3. 로스-제네의 자화상 ········· 197
4. 생존주의자의 얼굴 ········· 204
5. 마치며 ········· 214

제7장 아시아를 흐르는 문화의 강물 • 강명구 ········· 217
아시아를 보는 아시아의 시선은 오리엔탈리즘을 벗어났을까

1. 들어가는 말 ········· 217
2. 초국경 문화구성: 흐름과 이동 ········· 220
3. 한·중·일 세 가지 산업분야의 현황 ········· 226

제8장 동아시아의 창조성 • 김청택 ········· 247

1. 창조성이란 무엇인가? ········· 247
2. 서양의 창조성과 동양의 창조성은 동일한가? ········· 251
3. 개인의 창조성과 사회의 창조성 ········· 252
4. 국가 간 창조성 비교 ········· 255
5. 창조성에 대한 인식 ········· 260
6. 맺는말 ········· 262

제9장 사회의 질, 경쟁, 그리고 행복 • 이재열 ·············· 269

  1. 경제성장으로 우리는 더 행복해졌나 ·············· 269

  2. 물질재에서 지위재로 ·············· 272

  3. 행복과 사회의 질(social quality) ·············· 278

  4. OECD 국가의 사회의 질과 경쟁의 구조적 조건 ·············· 284

  5. 결론 ·············· 292

서문

이재열

1.

아시아는 하나인가 하는 질문은 단순하지만 대답하기 쉽지 않다. 아시아는 중층적이고 복합적이다. 유럽이나 다른 대륙과 비교해 언어, 종교, 인종적 다양성이 클 뿐 아니라, 경제발전의 수준, 정치체제의 다양성, 이데올로기 등에서의 차이도 상당하다. 그래서 아시아의 단일한 정체성에 대해 말하기는 것은 불가능하다. 어떤 기준을 들이대도 아시아를 하나의 실체로 포괄하는 단일한 속성을 가려내기 매우 어렵다. 그러나 조금만 물러서서 보면 아시아를 하나로 묶는, 다른 대륙들과 구별되는 공통점이 있다. 문명 서진설西進說이 관심을 끄는 요즈음 단연 아시아는 미래형이다. 인류문명의 중심이 대서양을 지나 태평양을 거쳐 아시아로 옮겨온다고 하는데, 이런 점에서 아시아는 새롭게 부상하는 중심으로서 역동성이 두드러진다.

그래서 요구되는 것은 새로운 인식의 주체성이다. 그동안 아시아에 대한 연구는 서구의 시각에서 이루어져 왔다. 제국주의적 팽창기에 서구의 눈높이에 맞춘 아시아 연구는 오리엔탈리즘으로 굳어졌다. 아시아의 특성은 서구를 보편성의 기준으로 삼는 시각에서 보면 예외적이고 특수한 변경邊境의 역사였다. 그러나 이제 아시아인의 시각에서 본 아시아 연구가 활성화되고 있다. 그리고 이는 새로운 시각을 요구한다.

통합적 아시아 연구를 위해서는 새로운 '인식의 지도知圖'가 절실하다. 아시아 각 지역 간 인적, 물적 교류 등의 '흐름'을 통하여 아시아 지역과 아시아 시대의 변화를 살펴야 한다. 그간의 연구방법에 대한 반성도 필요하다. 개별 국가를 단위로 이해하는 '실체론적 사고'로는 아시아를 제대로 이해할 수 없다. 급속하게 정보화와 세계화가 진행된 현 시점에서 '국가별 보고서'로 채워진 정보의 수장고守藏庫는 시대에 한참 뒤져 있다. 빠르게 경계가 소멸되는 시대, '흐름'과 '관계'를 포착해야 아시아에 대한 제대로 된 이해가 가능하다.

아시아가 '통한다'는 것은 '관계론적 인식'을 가장 잘 드러내는 표현이다. 관계론은 사물을 이해하는 인식론으로서 실체론과 대비된다. 실체론은 영토를 구분하는 명확한 경계가 존재하고, 그 안에서 주권을 독점적으로 행사하는 주체인 국민국가와 통수권을 행사하는 의사결정자를 상정한다. 사실상 아시아를 구성하는 다양한 민족국가들은 최소한 수십 년간 통합된 국가를 유지해 왔으며, 심지어는 수천 년에 걸쳐 독특한 정체성을 가진 민족개념 위에서 작동해 왔다. 그러나 실체론적 사고로는 서로 통하는 아시아를 제대로 볼 수 없다. 실체론에 대비되는 관계론적 사고의 장단점을 파악하기 위해 우리는 다음과 같은 몇가지 쟁점들에 대해 검토할 필요가 있다.

첫째, 경계와 정체성의 문제이다. 정체성과 경계는 쌍대적이다. 경계가 분명하면 정체성도 분명해진다. 그러나 경계가 흐려지면 정체성의 양상은 복잡해진다. 전통적으로 경계를 상징하는 것은 높은 산맥이나 깊은 강, 그리고 넓은 바다였다. 이러한 자연적 장애물에 막혀 가까이 있는 이들과 빈번한 상호작용을 할 수 밖에 없었던 이들은 자연스럽게 생활권, 교통권, 통혼권, 통학권, 방언권, 등의 문화권을 만들어냈다. 그리고 그것은 지역적 정체성의 토대가 되었다. 국가가 형성된 후에는, 국경이 자연적 경계를 대체했다. 푸른 제복의 군인과 세관원은 국경에서 사람과 자원의 이동을 걸러내는 존재였다. 이들이 지키는 국경선은 외부와 내부를 구분하는 딱딱한 각질과 같아서, 국경의 벽이 높아질수록 외부와 구분되는 내적 통합성과 정체성은 강해진다. 반면에 국경의 벽이 낮아질수록 개별 국가의 정체성도 낮아진다. 통합 유럽을 생각해보면 이러한 상황이 쉽게 이해된다. 자유로운 사람들의 이동은 국경의 높이를 낮추고, 단일한 유럽이라는 정체성을 제고시켰다.

  아시아의 맥락에서도 사람들의 이동은 경계허물기와 밀접한 연관이 있다. 아마도 유럽과 대비해 가장 두드러지는 특징은 화인華人과 한인韓人으로 대표되는 광범한 디아스포라일 것이다. 이미 오래 전부터 아시아와 세계의 각 지역으로 이주한 화인들을 통해 아시아 각국의 경제는 긴밀하게 연결되어 있다. 중국의 경제성장을 전세계에 흩어져 있는 화상들의 역할을 빼놓고 설명하기는 매우 힘들다. 화인들의 아시아 역내 진출의 역사는 매우 오래되었지만, 특히 18세기 후반 이후 활발한 진출이 이루어졌다. 홍콩이나 마카오, 그리고 타이완처럼 거의 전 인구가 화인인 나라나 도시들을 예외로 하더라도, 많은 인구가 내몽골과 만주, 동남아, 미국, 호주, 유럽 등으로 퍼져나갔다. 특히 주목을 받는 것은 동남아시아의 화인들이다. 싱가포르에서는 화인이 최대 종족을 구성하고, 말레이시아나 인도네시아에서는 인구수로는 소수임에도 경제의 주도권을 쥐고 있으며, 태국, 필리핀, 미얀마 등에서도 화인들의 주도적 역할이 종종 눈에 뜨인다.

　인구 규모로 보아 유태인 다음으로 활발한 디아스포라를 경험한 한인들도 화인 못지않게 널리 퍼져 있다. 조선 말기 학정과 기근을 피하기 위해 만주로 진출한 이민자들뿐 아니라, 자의든 타의든 식민지시기에 대량으로 일본이나 만주, 중국으로 퍼져 나간 한인들은 그 규모가 상당하다. 연해주의 한인들은 1930년대 스탈린의 정책에 의해 중앙아시아로 강제이주를 경험했다. 해방과 건국 이후에는 활발한 이민을 통해 미국과 남미, 그리고 유럽 등지로 퍼져 나갔다. 이 같은 디아스포라의 경험은 국적으로만 따질 때는 보이지 않는 실질적인 관계의 중요성을 잘 보여준다.

　최근 들어 인적인 교류를 대표하는 것은 이민자와 유학생, 그리고 여행객 등이다. 역내 국가들 간의 경제력의 차이는 노동력 활용에서 상이한 비교우위를 갖는 체제를 만들어냈다. 필리핀과 동남아의 값싼 노동력은 고령화 단계에 접어들어 탈산업화를 경험하는 사회로 대거 이동하고 있다. 예를 들면 홍콩에 거주하는 것으로 추정되는 24만 명의 가정부들은 대부분 필리핀과 인도네시아 출신이다. 중국의 대학에는 한국에서 온 유학생들이 넘쳐나며, 한국 대학 역시 중국 유학생들로 북적인다. 아시아의 도시를 연결하는 항공편은 과거 어느 때보다도 활발하게 여행객을 실어 나른다.

　두 번째 관계론은 행위자의 선택에 주목하기 보다는 관계의 복잡한 양상 속에 자리 잡은 기회와 제약의 구조에 주의를 기울이게 한다. 관계의 양상이 드러내는 제약이나 자율성의 요소에 주목한 것은 네트워크 분석방법이다. 일례를 들어 '구조적 공백'structural hole 개념은 복잡하게 얽혀 있는 관계의 양상 속에서 서로 연결되지 않은 노드들을 연결해주는 부가적 노드가 발휘하는 영향력을 개념화한 것이다. 공식적인 외교나 교역관계가 존재하지 않는 블록이나 나라들을 연결해주는 제3자의 역할이 이에 해당한다.

　네트워크의 전이성^{transitivity} 또한 관계론적 사고가 가져다 주는 통찰을 잘 보여준다. 모든 관계는 이자관계^{dyad} 혹은 삼자관계^{triad}로 분해할 수 있다는 것이 전이성에 대한 논의의 출발점이다. 예를 들어 A, B, C 세 나라간 관계를 상정해보자. 삼자간 관계에서 가장 안정적인 것은 A, B, C 세 나라가 모두 동맹관계에 있는 경우, 혹은 A와 B는 동맹관계에 있는데, A와 C, 그리고 B와 C간에는 적대적 관계에 있는 경우이다. 이처럼 전이성이 높은 삼자관계로만 구성된 역내의 국제관계는 안정적으로 지속될 가능성이 높다. 반면에 A와 B가 동맹이고, A와 C가 동맹인 반면, B와 C가 적대적이면 삼자관계의 전이성은 불안정하다. '친구의 친구'가 나와 적대적이면 나와 친구의 관계도 영향을 받기 때문이다. 예를 들어 중국과 북한이 전통적 혈맹이었는데, 중국의 개방 이후 중국과 한국간 경제적 상호의존성이 증대되어 동반자 관계로까지 진전되었다. 그러나 남북한간에는 여전히 적대적 관계가 지속되고 있다. 그래서 남한-북한-중국간 3자관계는 구조적인 불안정을 담고 있다. 남북한과 일본의 관계를 또 다른 예로 들어보자. 전통적인 냉전체제 하에서는 이념적 경계선이 두드러졌기 때문에 남북한간에는 적대적 관계가, 그리고 북한과 일본간에도 적대적 관계가 두드러진 반면, 한국과 일본간에는 긴밀한 협력관계가 유지되었다. 그러나 남북간 교류가 활발해지고, 과거사 문제를 둘러싸고 한국과 일본간의 관계가 소원해지면, 기존의 안정적인 삼자관계는 불안정해진다. 이처럼 역내 관계를 삼자관계로 인수분해했을 때, 다른 지역에 비해 아시아, 특히 동아시아의 역내 관계는 유럽이나 북미에 비해 훨씬 전이성이 떨어지며 불안정해질 가능성이 높다. 군사적 동맹관계와 경제적 교류, 그리고 역사적 기억에 의해 구분되는 분리의 선이 겹겹이 쌓인 동아시아 지역은 그래서 구조적인 불안정의 요소를 많이 가지고 있다.

세 번째 관계론은 상호의존성과 동형화의 경향에 대해 주목하게 한다. 아시아의 각국은 오랜 역사를 공유하는 문화적 전통을 가지고 있다. 불교의 영향을 동남아에서 확인할 수 있다면, 동북아에서는 유교의 영향력이 지배적이다. 위계적인 사회관계와 끈끈한 인간관계를 중심으로 형성된 유교적 문화문법으로 인해 동아시아의 기업조직이나 국가운영은 매우 달라 보이지만 실제로는 많은 유사성을 갖는다. 남북한 관계는 전형적이다. 남과 북은 정치적 이념이나 경제체제 등에서는 매우 다르지만, 적대적 상호의존을 지속해 왔다는 점에서 역설적으로 서로 닮았다. 남한의 유신체제와 북한의 유일체제, 남한의 새마을운동과 북한의 천리마운동 등은 내용의 상이성에도 불구하고 형식에서는 유사성을 갖는다. 넓게 보면, 이러한 요소들은 조선 왕조의 위계적 권위주의, 식민지 시기 천황제 하에서 이루어진 다양한 대중동원방식이나 농촌생활환경개선운동 등과도 떼어서 생각할 수 없다. 한 국가의 시스템을 결정하는데는 제도화의 분기점이 존재한다. 그 갈림길에서 굳어진 제도는 경로의존성$^{path\ dependency}$을 만들어낸다. 그리고 유사한 제도들간에는 비교적 번역의 비용이 적게 들기 때문에 쉽게 모방하고 닮아가는 과정을 거친다. 이러한 동형화의 효과^{isomorphism}는 아시아 맥락에서 광범하게 관찰된다. 중국-한국-일본의 산업은 마치 기러기떼의 편대비행처럼 서로 연계되어 있다. 일본의 근대화를 특징짓는 위로부터의 동원에 의한 권위주의적 산업화는 한국에서 박정희시대 산업화의 방식으로, 그리고 대만에서는 국민당에 의한 산업화로 재현되었고, 이는 다시 중국의 개혁개방 이후 권위주의적 산업화의 방식으로 재현되었다. 전반적으로 보면 한중일간에는 이질성도 존재하지만, 다른 대륙과 비교해 보면 공통

점도 두드러진다.

　네 번째, 관계론적 시각에 서면 누가 통합의 주체인지에 대해 다원적인 사고를 할 수 있게 된다. 실체론적 사고에 집착하면 실체적인 행위의 중심으로 권력을 가진 통치자와 일사불란하게 움직이는 정부조직에 주목하기 마련이다. 그래서 정부간 관계나 협약을 중요하게 다룬다. 반면에 관계론적 시각에서는 다양한 주체들의 역할에 주목한다. 특히 점차 그 역할이 확대되는 각국 시민사회 조직들간의 국제적 연계의 효과에 기대를 한다. 정부간 관계만으로는 기대할 수 없는 많은 일들을 풀어나갈 가능성이 존재하기 때문이다. 이처럼 관계론적 시각을 가질 때 규범론적이고 본질주의적인 사고에서 벗어날 수 있는 가능성이 커진다.

2.

이 책은 아시아를 흐름과 관계로 이해하고자 하는 다양한 전공자들의 협동연구의 결과물이다. 사람의 이동과 경제의 흐름을 포착하는 다양한 관계형 자료, 촘촘하게 짜인 국가간 관계 양상, 서로를 어떻게 인지하고 이해하는지를 보여주는 설문조사 자료 등을 토대로 하여 다양한 시도들이 이루어지고 있다. 우선 각 장별 내용들에 대해 간략히 요약하면 다음과 같다.

　임현진은 1장 '아시아는 통한다'에서 이 책 전체를 아우르는 주제인 아시아의 점증하는 중요성에 대해 설명하고 있다. "유럽과 미국을 낀 대서양에서 미국과 아시아를 감는 태평양으로 문명의 전환이 나타나면서 네덜란드-영국-미국-중국으로 부와 권력의 이동이 이루어지고 있다"고 선언한다. 신흥국을 넘어 G2의 일원이 된 중국의 역할은 주목을 요한다.

과거 제국을 운영했던 중국의 복귀는 경제적으로뿐 아니라 문화적으로도 중국 중심의 가치를 세계화하려는 신新천하주의를 예고하기 때문이다. 임현진은 유럽에 비해 아시아에서 초국가 공동체의 형성이 뒤져 있지만, 앞으로 많은 발전의 가능성이 있다고 본다. 특히 FTA가 다자화되면서 과거 APEC이나 ASEAN 같은 협력기구의 범위를 넘어서는 다양한 다자간 협력체계, 예를 들면 미국 주도의 TPP, 중국 중심의 RCEP나 아시아인프라투자은행 등은 새로운 가능성을 보여준다는 것이다.

특히 주목을 받는 것은 동북아시아다. 그동안 국가주의와 민족주의 경향이 매우 강했고 국가 간 패권 경쟁을 거쳤기에 이 지역에서 지역공동체의 건설이 매우 어려웠다. 그러나 한중일간에 인적, 물적 교류나 정보소통이 증가함에 따라 향후 협력을 추진하는 일이 매우 중요해졌다. 민간 차원에서의 교류, 특히 시민사회의 교류는 정부간 관계의 한계를 넘어서는 새로운 출구와 대안으로 주목받고 있다. 실체론적 국가주의적 사고로는 불가능해 보이는 하나의 아시아가 관계주의적 시각에서 비정부적 조직들간의 연대활동을 통해 우회로를 찾을 수 있기 때문이다. 그런 점에서 임현진이 제안하는 문화적이고 비정부적인 교류를 통한 아시아의 협력방안 모색은 음미할만한 주장이다.

2장 '국경을 넘는 위험: 동아시아의 환경변화와 위험의 변화'는 지리학자 박수진의 시각에서 바라본 동아시아의 그늘진 모습을 담고 있다. 아시아지역의 자연재해 발생건수나 피해규모는 다른 대륙에 비해 압도적으로 높다. 자연환경이 다양하고 지각은 복잡한 판구조를 가지며, 섬이 많고 해안선이 긴 데다, 열대성 태풍이 빈번하게 발생하기 때문이다. 그러나 자연재해만으로 설명되지 않는 이유는, 아시아가 세계에서 가장 인구밀도가 높으면서 동시에 급속한 사회변화를 겪었기 때문이다. 그 결과 고도성장으로 인한 인위적 환경변화 또한 세계에서 가장 급격하게 진행되었다. 성장과정에서 농업기반이 된 토지에 대한 변형이나 간척, 급격한 토양침식과 저수지 건설로 인한 침수 등이 빈번하게 발생하였다. 박수진은 재해 증가의 중요한 원인을 인간사회가 안고 있는 취약성의 증가에서 찾는다. 즉, 아시아지역에서 세계화와 경제통합, 인구이동과 도시화 Migration and Urbanization 등이 급속하게 이루어지다보니, 자연재해나 인위적 재난에 취약한 사회적 특징 또한 급속히 증대되었다는 점에서 공통점을 가지며, 따라서 동아시아지역은 인류가 추구하는 지속가능한 발전이라는 지향에 대한 시금석의 위치에 있다고 진단한다.

이근은 3장 '아시아 국가의 추격, 추월, 추락과 아시아적 발전모델'에서 아시아 각국을 대상으로 경제적 측면에서 추격, 추월, 추락이 이루어진 세 가지 다른 경로에 대해 분석하고 있다. 그는 기존의 문헌들이 중시한 세 요소인 제도, 정책, 지리적 위치 세 변수에 슘페터가 강조한 변수인 기술혁신을 도입하여 설명하지만 동시에 이러한 장기성장의 결정요인뿐만 아니라, 후발자의 입장에서 볼 때 추격과 역전의 기회가 어디서로부터 열리는가 하는 개념인 기회의 창을 중시한다. 이근에 의하면 아시아의 경제 성장 모델은 일본이 맨 앞에 서고 한국과 대만 등 2세대 국가들이 뒤따라가는 '날아가는 기러기 편대' 형태라 불릴 만했다. 이 2세대 국가들은 남미 국가들이 소득 수준 정체라는 '중진국 함정'에 빠진 사이 이들을 추월해 성장했다. 그러나 3세대 국가로 꼽히는 중국과 인도라는 대국大國이 등장하면서 기존의 기러기 모델은 더 이상 유효하지 않게 됐다. 일본의 정체와 중국·인도의 급성장으로 아시아의 경제 구조는 훨씬 복잡하고 다양해졌고, 세계경제에 새로운 활력을 주는 원천으로 뜨고 있다.

단연코 주목의 대상은 중국이다. 중국은 1970년대 이후 개혁·개방 실시 이후 지속적인 성장세를 보이면서 G2 국가로 올라섰다. 중국은 한국이나 대만과 달라서 워싱턴 컨센서스와 대비되는 베이징 컨센서스라고 부를 만한 자기만의 독특한 입장을 고집한다. 이근은 중등소득 단계에서 고소득 단계 국가로 이행하기 위해서는 기술혁신 능력과 고등교육이 중요한 원인변수인데, 그에 보태 후발국의 지속적 장기성장을 담보할 수 있는 조건으로 두 가지 즉, 첫째 자본재(투자재)의 안정적 수입을 확보해줄 수출을 통한 외환의 지속적 확보와 둘째 내재적 혁신능력의 확보가 중요하는 점을 강조한다. 그는 또한 동아시아형 후발국모델은 정치적 권위주의(개발독재)와 전략적 개방(수입제한+수출진흥)을 그 핵심요소로 하며, 발전모델의 위기 또한 바로 그 성공 그 자체로부터 나올 수 있다고 주장한다. 하나는 경제성장의 성공과 소득수준 상승에 따라 개발독재의 변화 즉, 민주주의로의 요구가 증대되고, 또한 경제적 성공에 따라 국제사회로부터 이제 국내시장의 개방과 자유화를 요구받게 되는 것이라는 점이다. 이와같이 국가의 흥망은 새로운 기술경제 패러다임의 출현, 급격하고 거대한 시장 수요 및 지리적 변화, 국가의 일관적 체계적 정책 개입이라는 세 가지 요소에 의해 새로운 기회의 창이 열리고, 이런 기회를 잘 이용한 국가들이 장기적으로 흥하는 길로 들어서고 이런 기회를 놓치거나 선점 당하면 장기적 쇠퇴의 길로 들어섰다. 즉 이 글의 핵심적 주장은, 새로운 국가의 장기적 발흥은 기존의 강국과 다른 새로운 경로의 창출과 종종 연결되어 있다는 것이다.

4장 '조약의 네트워크: 한·중·일과 주변국들을 중심으로'에서 박원호는 정치학자의 시각에서 국가 간의 조약^{treaty}에 대한 분석을 통해 아시아가 어떻게 통하는지 분석하였다. 아시아의 정치, 경제, 사회, 문화, 안보는 궁극적으로 국가들이 이루는 관계의 네트워크의 틀 안에서 변화해 왔다. 국제관계의 합종연횡은 각 나라들의 전략적 사고 속에서 만들어지며, 관계의 내용과 폭은 다면적이고 다층적이다. 또한 이 관계망이 본격적으로 구성되고 작용하는 것은 역사적인 과정과 맥을 같이 할 수밖에 없다. 박원호는 한·중·일을 가운데 두고, 다양한 국가군들과의 국제조약 네트워크가 어떻게 변화했는지에 대해 분석한 결과를 다음과 같이 정리한다. 첫째, 한·중·일 세 나라가 국제무대, 특히 아시아에서 지니는 상대적 위상이 시기별로 매우 역동적으로 변화했다는 점이다. 일본이 70년대 이전까지 선점적 지위를 지니고 있었는데, 한국이 이를 뒤쫓아 경쟁하는 와중에, 90년대 이후 중국이 급부상하는 형세다. 둘째, 미국, 러시아, 그리고 아세안제국이 한·중·일과 맺어 나가는 관계 또한 매우 중요하고 흥미롭게 변했다. 비교적 최근까지 지속된 한·미·일 관계의 우호적인 돈독함은 결정적으로 미국을 매개로 했지만, 최근으로 올수록 중국은 아세안 10개 국가에서 점차 그 영향력을 강화하고 전체 구조가 다극화하고 있다. 부문별로는 그 다양성이 더 커지는데, 일본은 경제, 과학·기술, 교육·문화, 교통·통신, 환경 등의 분야에서, 한국은 사법과 행정 부문 또는 일반 협력 부문의 조약에서 두드러지며, 중국은 상대적으로 적은 체결 수를 나타내고 있다. 조약으로 맺어진 네트워크는 국가간 관계를 드러내는 가장 공식적인 자료로서 박원호의 분석은 아시아의 세력관계가 어떻게 동태적으로 변하는지를 잘 보여주고 있다.

5장 '동아시아 사회에서 나타나는 "아시아적 가족가치"의 특징'이라는 은기수의 글은 아시아만의 독특한 가족가치가 발견되는지, 만일 발견된다면 그 양상은 어떠한지에 대해 탐구하고 있다. 가족가치란 결혼, 동거, 이혼, 성역할, 가족과 관련된 여타의 주제 등에 관한 개인의 태도와 가치관을 의미한다. 동아시아 사회조사의 자료를 활용하여 한국, 대만, 일본을 비교한 결과 남성우위, 가부장제, 연령위계 등의 독특한 문화적 특징이 공통적으로 발견된다. 대만은 아시아적 가족가치가 가장 강한 반면, 한국은 중간, 그리고 일본은 가장 약하게 나타나고 있는데, 그 이유를 은기수는 서구와의 접촉경험과 근대화 경험의 기간에서 찾고 있다. 일찍이 근대화한 일본이 가장 탈전통으로 갔다면, 그렇지 않았던 대만이 가장 강한 아시아적 가치의 특성을 보인다는 것이다.

6장 '한중일 청년세대의 얼굴들을 해독하다'에서 김홍중은 세 나라 청년문화의 차이를 얼굴을 통해 드러낸다. 얼굴이야말로 한 시대와 한 사회가 자신을 드러내는 상징이기 때문이다. 그의 글쓰기는 파격적이다. 대표성과 신뢰성을 확보하는 논리적인 작업 대신, 삼국의 차이를 가장 잘 드러내는 전형성을 찾아 내어 21세기 동아시아 청년들의 '안면성^{顏面性}'을 그려내는 에세이다. 그가 잡아낸 대상은 셋. 한국 청년의 얼굴은 『미지의 세계』라는 일상툰의 주인공 조미지다. 그 얼굴을 통해 한국사회에서 고통스런 생존투쟁이 벌어지는 현장에서 내면화한 한국 청년세대의 괴물성과 동물성을 형상화한다. 반면에 중국 청년의 얼굴은 베이징 근교 쏭쫭^{朱庄} 예술특구의 젊은 화가 정위언우(郑元无, 1985년생)로 대표된다. 쏟아지는 '양광^{陽光}' 속에 도전적 오만함과 은밀한 자신감이 넘치는 낙천성과 희망 가득한 마음이 묻어나는 이미지다. 일본의 청년세대는 요절한 일본화가 이시다 테츠야(石田徹也, 1973~2005)의 자화상과 연결된다. 1971년부터 1980대 초반 사이에 태어나 사회적 이동경로가 단절되어 오랜 구직과 실직을 체험하게 된 '로스제네'라 불리는 청년세대의 얼굴에서는 특별한 감정이 묻어나지 않는다. 단지 체념, 무기력, 무감동, 무심함이 주된 이미지다. 김홍중은 삼국의 청년들이 보여주는 전형적 얼굴의 이미지를 통해 '생존'이라는 문제에 대해 상이한 방식의 문화패턴들을 창출해 나가는 작은 조각들을 보여준다. 장기적으로는 방대한 모자이크가 연결되어 큰 그림을 그릴 것을 소망하면서.

7장 '아시아를 흐르는 문화의 강물: 아시아를 보는 아시아의 시선은 오리엔탈리즘을 벗어났을까'에서 강명구는 한중일간의 문화교류, 특히 영화, 텔레비전 드라마, 대중음악 등과 같은 대중문화의 흐름에 대한 분석을 통해 아시아 내부에서 초국가적인 흐름과 이동이 어떤 방식으로 이루어지는지를 다루고 있다. 특히 중국의 개혁개방을 계기로 동북아 문화산업과 시장이 서서히 상호교차 하는 양상으로 변모하고 있다는 점을 밝힌다. 일본은 자체시장 규모가 충분히 크기 때문에 자국 컨텐츠 중심의 산업구조를 유지해 왔지만, 한류가 지난 10여 년간 크게 성장하면서 일본 안에서 외국대중문화의 풍경을 바꿔놓았고, 중국의 대중문화시장은 개혁개방 이후 급격히 성장하여, 중앙정부의 엄격한 규제에도 불구하고, 국내 대중문화 기업들의 경쟁이 격화되면서, 전세계로부터 뛰어난 감독과 음악 아티스트, 텔레비전 제작자들을 끌어들이는 블랙홀이 되었다. 강명구는 대중문화가 그 자체로 어떤 문화생산 영역보다 활발하게 혁신과 창조가 일어나는 영역이며, 질적으로 우수한 컨텐츠에 대해 개방적인 중국 시청자들의 특징을 고려할 때 향후 중국 문화산업의 엄청난 잠재력으로 인해 중국은 세계 대중문화의 중심이 될 것으로 예상한다.

 제8장 '동아시아의 창조성'에서 김청택은 창조성의 개념에 있어서 동서양이 다르고, 개인과 사회의 창조성의 특성 또한 다르다는 점을 보여준다. 창조성을 구성하는 기술, 재능 관용의 세 요소를 비교할 때, 아시아국가들은 기술수준은 매우 높은 반면 관용 수준이 매우 낮다. 소위 서구 선진국들은 기술에 비하여 관용의 정도가 높은데, 아시아 국가들에서 특히 한국과 일본은 기술에 비하여 관용의 수준이 매우 낮은 편이라는 것이다. 이러한 차이로 인해 서양에서 수평적 창조성이 강조되었다. 개방적인 사회이기 때문에 기존의 틀을 깨고 새로운 틀을 만들어내는 창조성이 강한 것이다. 반면, 동양에서는 수직적 창조성이 두드러진다고 한다. 기존의 틀 속에서 새로운 것을 찾아내는 창조성이라는 것이

다. 김청택은 두가지 창조성은 성격이 다르다고 본다. 아시아인의 창조성이 서양인에 비해 낮다고 자학하기 보다는 두가지 상이한 창조성이 균형을 이룰 수 있게 노력하자고 주장한다.

9장 '사회의 질, 경쟁, 그리고 행복'에서 이재열은 아시아 국가들의 행복감에 영향을 미치는 경제적 성장의 효과가 지역에 따라 차별적으로 나타나는 이유에 대해 탐구한다. 유엔자료에 따르면 한국인의 행복감은 전체 82개국 중 41위에 불과하다. 대만이나 일본 등 동아시아 국가들은 대체로 경제적 성취에 비하면 행복감이 유난히 낮다. 행복감과 연관성을 맺고 있는 국가수준 변수들과의 상관관계를 계산해보니, 행복과 소득간의 상관관계가 가장 높지만 투명성이나 신뢰, 언론자유 등의 변수들도 유의미한 관계를 보여주고 있다. 즉, 국제적 비교에서 행복감을 저하시키는 중요한 요인 중 하나는 낮은 사회의 질인 것이다. 사회의 질이란 개인들을 둘러싼 사회적 관계의 양상과 내용을 결정하는 사회성의 수준을 의미한다. 높은 소득 수준을 감안하더라도 북유럽인들의 행복감이 아시아인들보다 훨씬 높은 이유는 개방적 민주주의와 복지국가를 지탱해주는 풍부한 사회자본을 가졌기 때문이다. 반면에 아시아 국가들의 투명성은 그다지 높지 않고, 신뢰 수준의 편차도 크다. 한국은 과거 고신뢰와 저투명성이 결합한 위계적 권위주의 사회에서 출발해, 신뢰 수준은 점차 하락하면서, 투명성의 개선은 제대로 이루어지지 않는 전환의 계곡에 와 있다고 요약할 수 있다. 최근 일본 후쿠야마 사고와 중국의 '부패와의 전쟁'의 사례에서 볼 때에도 아시아 모델의 향후 성패는 신뢰와 투명성 확보에 달려 있다 해도 과언이 아니다.

3.

아시아가 통한다는 것은 어떤 의미인가. 각 장에서는 서로 상이한 차원과 주제를 중심으로 '어떻게 아시아가 통하는지'를 다루고 있다.

〈표 1〉아시아를 통하는 관계의 차원, 내용, 형태에 관한 예시

관계의 차원 (활용할 자원)	관계의 내용
문화적 차원 (문화적 자원)	**정치이념, 언어, 제도, 역사, 민족주의, 예술** 청년세대 (김홍중), 대중문화 (강명구), 창조성 (김청택), 가족가치 (은기수)
제도적 차원 (사회적 자원)	**혈연관계, 직접 방문 및 교류** 조약의 네트워크 (박원호), 각종 경제협력 (임현진) 행복과 사회의 질 (이재열)
물질적 차원 (경제적 자원)	**직접 교역 및 투자, 직접교통로의 개설** 환경변화 (박수진), 국제분업과 추격 (이근)

그 내용을 요약하면 다음의 그림과 같이 정리할 수 있다.

첫 번째 아시아가 통한다는 것은 관계(혹은 사회구조)의 문화적 차원의 문제이다. 즉, 행위나 관계를 규정하는 사회적 규칙이나 문화 문법인 세계관이나 행위의 상황적합성을 규정해주는 언어적·사회적·규범적 체계 등에서 서로 통한다는 의미이다. 개인들은 규범적 이념이나 상징에 의해 획득된 '지식'을 가지고 있고, 또한 그 행동을 수행할 '능력'을 가져야 하며, 이를 수행코자 하는 충분한 '동기'가 주어져야만 행동할 수 있다. 따라서 행위의 방향을 정해주는 규범체계의 의미를 빼놓고 생각할 수 없다. 알게 모르게 행위자들이 당연시하는 일상생활의 구조 속에 이미 상징구조의 영향력이 녹아들어 있는 것이다. 아시아가 통한다는 것은 이러한 세계관에서의 상통을 잘 보여준다. 김청택은 창조성이라는 측면에서 동아시아 국가들간에 서로 통하는 특징이 바로 수직적 창조성이라는 점을 보여준다. 기존의 틀을 깨기 보다는 권위와 질서의 틀을 흔들지 않는

범위 안에서 발휘되는 창조성이라는 점에 공통성이 있다는 것이다. 은기수는 가족가치의 측면에서 아시아가 통한다는 것을 잘 보여준다. 즉, 남성우위, 가부장제, 연령위계 등의 독특한 문화적 특징이 아시아 국가들을 유럽과 대비시켜준다. 물론 아시아 국가들간에도 유교적 가치규범에서 차이가 드러난다. 특히 서구적 산업화가 일찍 시작된 일본에서 영향력이 낮아진다는 것도 흥미로운 관찰이다.

강명구는 대중문화의 컨텐츠가 흘러가는 양상들을 통해 아시아가 서로 통한다는 것을 보여준다. 특히 과거에 강력한 영향력을 행사했던 일본의 대중문화의 일방적 흐름에서, 이제는 한류가 다극화의 핵심으로 자리잡았고, 거대한 흡수처로서 중국의 향후 역할을 예견한다. 거대한 문화의 흐름들이 뒤섞이면서 아시아가 하나로 혼융되는 모습을 그리고 있는 것이다. 이러한 변화의 와중에도 처해있는 상황에 따라 구체적인 개인들이 겪는 문제는 상이하게 나타난다.

김홍중은 청년세대의 얼굴을 통해 한중일 삼국의 실존적 조건이 어떻게 상이하게 드러나는지를 추적한다. 그의 직관적인 판단에 의하면 중국의 젊은이들은 강력한 긍정의 에너지를 분출하는 밀물기에 놓여 있다면, 한국은 젊은 세대가 온갖 좌절을 경험하는 만조기, 그리고 일본의 젊은이들은 체념을 넘어 초월을 경험하는 간조기에 놓인 것으로 묘사된다.

두 번째로 아시아가 통한다는 것은 제도적이고 사회적인 차원의 조응성을 의미하기도 한다. 가장 직접적인 제도적 상통성은 국제조약에서 드러나는 특징들이다. '아시아가 통한다'는 것은 아시아 국가들간에 구체적인 상호조약을 통해 드러나는 결합의 방식, 즉, 개별국가들의 결합방식에 따라 달라지는 전체적인 구성의 특성 configuration 을 드러내는 것이다. 말하자면, 사람들은 복잡한 사회적 관계의 망으로 연결되어 있기 때문에 실재하는 관계의 망을 '사회구조'라고 정의하는 것처럼, 국가들간

관계의 망이 국제질서의 구조라고 정의하는 것이다. 이는 짐멜의 형식 사회학, 혹은 월러스타인의 세계체제론적 분석틀과 바로 연결된다. 아시아 국가들간에 통하는 형식과 그 배열이 아시아의 국제질서를 규정한다고 하는 것이다. 상호작용이 빈번하고 내적 응집력이 높은 국가들이 존재한다면, 거시적인 측면에서는 이 국가들간 관계가 국제질서의 특징을 보여주는데, 이런 점에서 박원호의 연구는 정치군사적 측면에서의 질서를, 그리고 임현진의 연구는 경제적 측면의 국제적 질서가 어떻게 구현되는지를 잘 보여주고 있다. FTA, APEC, ASEAN, TPP, RCEP 등의 초국가 공동체나 다자간 협력체계는 개별국가의 속성이 바뀌지 않았음에도 불구하고 국가간 관계의 양상이 달라짐에 따라 변화하는 국가들의 역할을 잘 드러낸다.

직접적 관계가 존재하지 않는다 하더라도, 국가들간의 제도적 배열의 양상이나 제도들의 질적 수준의 양상이 유사한 프로파일을 공유한다면, 국가들간의 간접적 관계의 양상을 도출해낼 수 있다. 이재열의 연구는 사회의 질이라는 측면에서 비교한 국가간 유사성이라는 측면에서 보면, 동아시아 국가들은 높은 경제적 성취에도 불구하고 취약한 사회의 제도적 역량 때문에 국민들의 행복감을 높이는데는 한계를 가진다는 특징을 공유함을 보여준다. 즉, 투명성과 사회적 신뢰라는 사회자본의 획기적 증대 없이는 더 이상의 사회발전을 기약하기 어렵다는 공통점을 갖는 것이다.

세 번째 아시아가 통한다는 것은 자연적, 혹은 경제적 자원의 분포나 산업구조의 특성들에서 드러나는 공통점을 의미한다. 이는 개인에게 영향을 미치는 실질적인 자원의 분포라는 점에서 실재구조라고 할 수 있다. 행위자나 조직이나 국가의 선택과 능력은 환경이 부여하는 제한된 자원의 한도 내에서만 효력을 발휘한다는 점에서 구조적 영향력이 존재한다. 예를 들자면 자연생태학이나 조직생태학 이론에서는 유기체나 조직의 성장과 소멸을 결정하는 담지능력$^{carrying\ capacity}$이 존재한다고 주장한다. 예를 들면 중산층의 성장은 경제적인 부의 축적과 부의 분포의 변화라는 실재적 구조의 변화에 의해 결정된다. 인도차이나반도를 관통해 흐르는 메콩강은 동남아시아 국가들을 서로 통하게 하는 자연적 요소를 상징한다. 아시아 국가들간의 경제적 격차가 커질수록 경제적 통합이나 이념적 통합은 어려워질 수 있다. 반면에 산업의 발전수준이 차이가 커질수록 서로 보완적인 협력의 가능성은 증대될 수 있다. 그런 점에서 박수진의 연구는 아시아를 관통하는 자연환경과 인위적 환경파괴가 낳은 재난위험이 만들어낸 공통요소들에 주목하게 한다.

이근의 연구는 아시아 국가들 간의 추격과 추월, 추락 양상과 경로를 분석함으로 해서, 다양한 국가들을 연결하는 생태적 효과를 가시적으로 분석해낸다. 즉, 아시아의 경제성장모델은 과거 날아가는 기러기편대의 양상이었다가, 제3세대를 대표하는 중국과 인도가 급성장하면서 훨씬 복잡하고 다양한 양상을 보이고 있으며, 향후 중국의 지속적 성장이 이루어질 경우, 동아시아의 경제적 생태계와 국가간 상호의존성 자체가 매우 복잡한 양상으로 변화할 것이라는 점을 강조한다.

이미 아시아 공동체론을 통해 경험하고 있는 사실이지만, 아시아는 서로 통하지만, 유럽의 국가들이 서로 통하는 것과는 매우 다른 양상이다. 그만큼 아시아 국가들을 한데 묶는 공동체를 만들어내는 것은 훨씬 도전적인 일이며, 많은 난관들이 존재한다. 앞에 제시한 아시아를 통하게 하는 세 차원, 즉 문화적, 제도적, 실재적 차원은 서로 긴밀히 연결되어 있기 때문이다.

행위나 집단관계의 통합의 정도가 곧 제도적이고 사회적인 차원이라 한다면, 이는 늘 상징이나 이념의 통합정도에 의해 그 해석틀을 제공받는다는 점에서 제한되어 있다. 동시에 사회적이고 제도적 구조는 생태적이고 경제적인 관계의 양상에 의해 제한되어 있다. 그러나 행위자들은 자신의 선택을 통해 상징이나 이념구조를 선택적으로 재생산하며, 자원활용이나 통제를 통해 실재구조를 선택적으로 변형시킨다는 점에서 긴밀한 상호작용을 그치지 않는다.

4.

통합적인 아시아연구와 새로운 "인식의 지도^{知圖}"를 만들고자하는 이 연구는 그간의 연구방법에 대한 반성위에서 시작하였다. 급속하게 정보화와 세계화가 진행된 현 시점에서 보면 "국가별 보고서"로 채워진 정보의 수장고^{守藏庫}는 시대착오적이 되었다. 빠르게 경계가 소멸되는 시대에 아시아에 대한 이해는 "흐름"과 "관계"를 통해 총체적으로 이해되어야 한다고 본 것이다. 서울-홍콩-동경의 주식시장이 연동되어 있고, 중국-한국-일본의 산업은 마치 기러기떼의 편대비행처럼 서로 연계되어 있다. 또한 중국의 스모그는 곧바로 서울의 미세먼지 농도를 높여 놓는다. 국경을 넘어서는 흐름과 연관성의 맥을 짚어내는 "관계론적 사고"가 절실해진 배경이다.

이 연구를 통하여 대중문화, 청년문제, 창조성, 가족가치, 국가간 정치군사적 관계, 경제협력, 행복, 환경오염, 경제적 국제분업 등을 화두로 하여 '아시아가 통하고 있다'는 사실을 가시적으로 보여주고자 했지만 여전히 아시아의 소통을 가로막는 장벽들은 강고히 존재하고 있다. 관계론적 사고의 확장을 통해 아시아 대륙 전체를 대한민국의 경제영토이자 문화전파의 장으로 활용할 수 있는 뉴프런티어 정신을 제고할 수 있다면, 아울러 우리 안에 깊숙이 들어온 아시아인들과 함께 공생할 수 있는 다문화사회의 뉴노멀$^{new\ normal}$에 대해 심도있게 모색하는 계기가 된다면, 이 연구가 지향하는 목적을 달성하는 길이 될 것이다.

한편 이 책에 소개된 연구성과의 일부는 2014년 8월부터 10월까지 조선일보 지면을 통해 소개되었는데, 이때 연재된 기사들의 제목은 다음과 같다.

1) 국경 사라지는 아시아
 - 인구이동으로 경제 통합, 원 아시아 기대
 - 韓中日 친밀도 조사… 中華사상 물든 中, 상대국에 제일 배타적
 - 2천만명(2013년 기준), 일자리·결혼 위해 아시아內 대이동… 人口지도가 바뀐다
 - 동남아→동북아 移住… 최근 13년새 倍로 늘어(2000년 66만명→2013년 117만명)

2) 덜행복한 아시아
 - 돈 벌어도 불행한 아시아… 韓·中·日, 불신이 낳은 '幸福의 역설'
 - "과도한 규제 철폐, 철저한 정보 공개가 첫걸음"
 - 정부·민간 투명성 높여야 국민 행복도 높아져

3) 서구보다 창조성 떨어져
 - 위아래 따지는 아시아 문화가 天才를 평범하게 만든다
 - "다름을 칭찬하고 몰입을 장려하라" 전문가들 '창조성 교육' 강조
 - 르네상스·정보화 혁명 뒤엔 인재 키워주는 열린 문화 역사에서 배우는 창조성

4) 경제 성장의 현 주소
 - 中·인도의 지속 성장, 韓·대만 '새 성장모델'이 관심 아시아 경제, 미래의 변수는 韓·대만 등 2세대 발전국가 '중진국 함정' 빠진 南美앞서… 홍콩과

달리 선진국엔 못 끼어
- '경제추격 속도(경제 1위국과 발전수준을 비교한 지수)' 한국 23위… 싱가포르(4위)·홍콩(9위)·대만(18위)에 뒤져

5) 국경 없는 '환경오염'
- 한국 둘러싼 '災害의 고리'… 東아시아 재난 30년새 87배(피해액 기준) 급증

늘 그러하지만, 이 책이 나오기까지는 많은 분들의 노고가 있었다. 우선 연구를 제안하고 전 과정에서 큰 도움을 주신 아시아연구소의 임현진 창립소장께, 그리고 각 주제를 담당하고 연구를 진행해주신 필자들께 감사드린다. 이 책은 서울대 아시아연구소와 ㈜두산의 연구비 지원을 통해 이루어진 연구성과를 묶은 것이다. 이 자리를 빌려 물심양면 지원을 아끼지 않으신 아시아연구소의 강명구 소장과 ㈜두산의 박용만 회장께 감사드린다. 아울러 조선일보는 아시아연구소와 공동 기획으로 다섯 번에 걸친 연속기획을 선보임으로써 대중적 관심을 제고시키고, 향후 아시아시대를 선도할 지적 기반을 구축하는데 큰 도움을 주었다. 기획의 초기단계부터 기사화까지의 전과정을 함께 협의하고 도움을 주신 조선일보 주용중 정치부장과 담당 기자들께 깊이 감사드린다. 이는 모두 이제는 아시아의 시각에서 아시아를 이해할 시점이 되었다고 하는 아시아연구소의 설립취지에 대한 공감이 만들어낸 성과이다. 서울대 아시아연구소의 남은영 박사는 이 과제의 진행 전과정을 꼼꼼히 챙겨주었고, 진인진의 김영진 대표는 꼼꼼하게 편집과 출판의 전 과정을 맡아주었다. 이 모든 분들께 감사드린다.

필자들을 대표하여
이재열

제1장
아시아는 통한다[1]

임현진

1. 머리에

올해는 갑오년. 말의 해다. 동양에선 청마^{靑馬}, 서양에선 유니콘이다. 유니콘은 상상의 동물이고, 파란 색 말은 찾기 어렵다. 다만 말은 힘차게 달리는 만큼 생동적이지만, 서서 자는 처지처럼 고달프기 그지없다. 올해는 나라 안팎의 막힘을 터주듯 희망을 가지면서도 어려움을 이겨내야 하는 인내가 필요하다.

최근 종영된 인기 드라마 '응사', 이번엔 1894년이다. 120년 전 한국을 돌아보자. 동북아 정세는 한반도를 둘러싸고 인접국가들 사이의 패권다툼으로 얼룩졌다. 개화와 척사 사이에서 방황한 조선은 변화를 이끌

---

1 이글은 이미 발표한 다음을 논문들을 보완한 것이다. 임현진, "동북아에서의 내셔날리즘과 보편주의의 조화: 문화공동체의 모색," 〈동북아문화연구〉, 24호, 169-187쪽 및 임현진, "왜 동아시아 공동체인가: 한국, 중국, 일본 사이의 국가주의적 갈등을 넘어," 임현진.임혜란 편, 《동아시아 협력과 공동체》, 나남, 2013, 19-52쪽.

지 못하고 비극의 신세가 되었다. 동학운동, 갑오경장, 청일전쟁 등 갑오년에 일어난 굵직한 사건은 조선의 위상은 물론 동북아의 역학을 바꾸는 전기를 이루었다. 결국 한일합병에 의한 대한제국의 식민지화, 그리고 해방과 함께 한국전쟁을 거쳐 분단국가로 이어지는 오늘에 이르고 있다.

모든 일에 본말本末이 있듯 무대는 한반도에서 시작한다. 조선 후기 문란해진 삼정으로 민란이 잦은 가운데 왕조 리더십은 한계에 직면했다. 서세동점의 시기 조선은 강요된 개항을 통해 일본, 청, 러시아가 아시아의 패권을 두고 각축하는 마당이 되었다. 1884년 일본의 지원을 받아 갑신정변이 일어났지만 청의 개입에 의해 3일천하로 마감했다.

10년이 지나 수탈과 압제에 빠진 농민들이 동학을 사상적 토대로 하여 체제혁파를 위해 봉기했다. 조선의 요청으로 청이 무력으로 개입하고 이를 기다린 듯 일본도 군대를 보내 결국 청일전쟁이 벌어졌다. 청일전쟁의 와중에서 근대국가 체제를 갖추기 위한 위로부터의 개혁인 갑오경장甲午更張이 있었다. 하지만 일본을 배후로 진행된 관제개혁이 민중으로부터 지지를 받기 어려웠다. 타율적 근대화의 자명한 결과였다. 외세에 대한 의존과 개입은 결국 조선의 와해로 이어졌다.

한반도 강점을 위한 일본의 야욕은 아산만과 압록강 어귀에서 연이어 청군을 패퇴시키고 여세를 몰아 요동반도의 여순을 함락하고 산동반도의 위해를 점령한 후 청의 북양함대를 궤멸시켰다. 한반도를 둘러싼 아시아의 패권은 청으로부터 일본으로 넘어갔다. 아편전쟁 이후 계속된 치욕스런 패배로 인해 중국은 제국주의 열강에 의한 침탈의 대상으로 전락했다.

오늘의 동북아 정세는 이전과 다를 바 없다. 역사왜곡이 심각하다. 일본은 한반도의 식민지 지배를 미화하고 있고, 중국은 고구려와 발해의 독자성을 부정하고 있다. 바다와 하늘 사이에서 영토분쟁도 심각하다.

센카쿠에 감도는 전운, 독도도 안심하기 어렵다. 중국은 방공식별구역에 대한 자의적 설정을 주저하지 않고 있다. 신사참배와 같은 아베의 도발적 행동에서 보듯 일본은 우경화와 재무장으로 가고 있다.

근래 방공식별지역을 이어도까지 확대한 중국은 이미 일본-오키나와-대만-필리핀으로 이어지는 제1도련$^{島連: first islands chain}$을 넘어 일본-괌-호주-뉴질랜드-남중국해로 이어지는 제2도련 밖으로 미국의 해상력을 밀어내기 위한 준비를 하고 있다. 일본의 재무장을 눈감아주는 미국의 저의에 이러한 중국의 팽창을 막기 위해 일본으로 하여금 동중국해를 맡아달라는 계산이 깔려 있다. 동북아지역을 나누고 있는 미국과 중국 사이에서 한국은 안보적 이해와 경제적 이해의 중첩으로 인해 균형 외교를 밀고나가기에 매우 어려운 형편이다. '응사', 1894가 주는 교훈은 자명하다. 내분이 외세를 불러들인다면, 적과 동지를 구분하기 어려운 것이 외세다. 우리가 하기 나름이다. 오늘의 진보와 보수, 어느 입장이든 자강^{自彊}은 몰라도 사대^{事大}를 위해선 결코 아니 된다. 작금의 동북아에 국가주의가 넘쳐 있다. 중국의 대국주의와 일본의 군국주의가 그것이다. 세계경제 2위 중국과 3위 일본에 끼여 있는 한국은 분단국가로서 한계를 지닌다. 그러나 말썽꾸러기 북한의 도전을 거꾸로 활용할 수 있다면 우리의 입지는 주변 열강들과의 교섭과 관계에서 강화될 수 있다.

2. 미국과 중국: 뒤바뀌는 위상

인류의 역사를 돌아보면, 아시아의 문명적 우위가 천년을 지속하다가 15세기 이래 유럽의 부흥과 아시아의 하락이 나타났고 다시금 그 상황이 역전되고 있다. 즉, 아시아가 부상하고 있다. 유럽과 미국을 낀 대서양에서 미국과 아시아를 감는 태평양으로 문명의 전환이 나타나면서 네덜란드-영국-미국-중국으로의 부와 권력의 이동이 이루어지고 있다. 일찍이 중국의 등소평과 인도의 간디의 만남에서 공론화되었던 '아시아의 세기'Asian Century가 마침내 도래하고 있다는 생각이 든다.

이미 중국은 유럽을 제치고 미국과 대등하게 G2라는 정상에 올랐다. 이에 그치지 않고 신新천하주의 세계관아래 미국에 도전장을 내밀고 있다. 2013년 6월 7-8일 캘리포니아 란초 미라지에서 열린 미중정상회담에서 미국 오바마대통령의 아시아 재균형 전략에 대해 신형新型대국관계론으로 대응하면서 시진핑 주석은 한편으로 미국과 협력하면서 다른 한편 힘을 길러 중국의 위상을 높이겠다는 의지를 나타냈다. 중국 공산당 창립 100주년을 맞이하는 2021년에 중국은 미국을 대신하여 세계유일무의의 초강대국이 되려는 야심을 지니고 있는 것이다.

최근 신화통신은 미국을 '위선국'으로 지칭하면서 "미국 중심의 팍스 아메리카 아래에서 우리는 미국이 세계에서 벌어지는 폭력과 갈등을 해결하거나 빈곤과 오염을 없애고 실질적인 평화를 가져온 사례를 보지 못했다"고 비판했다. 미국의 정부폐쇄와 국가부도를 보고 이제 중국이 나서 세계에 목소리를 높일 것을 시사하고 있다. 기실 미국의 국채 총 5조 5901억 중 중국이 1조 2773억 달러, 일본은 1조 1354억 달러를 지니고 있다.[2]

오래전 모택동 시절 미국과 구舊소련 사이에서 두 강대국을 제외한 모든 나라들을 자본주의와 사회주의를 가리지 않고 제3세계라고 지칭하고 스스로 그 지도국을 자처했던 후발 개도국의 처지가 옛 이야기가 되어버렸다. 이제 중국은 신흥국이라 불리지만 더 이상 개도국이 아니고

---

[2] 한국의 보유액은 514억 달러이다.

발전중대국^{發展中大國}이라 할 수 있다.

세계은행과 중국 국무원 산하 발전연구중심이 공동으로 작년에 펴낸 『중국 2030』 보고서는 2030년 이전에 중국이 미국을 제치고 세계 1위의 경제대국이 될 것으로 전망하고 있다.³ 일본을 제친 중국, 유럽조차 밀어내고, 미국을 추월할 날도 얼마 남지 않았다는 전망이다. 세계에서 가장 많은 3조5천억 달러를 현금으로 보유하고 있는 나라 중국은 이미 IMF에서 지분율 3.65%를 6.99%로 늘려 세계경제에서 세 번째 영향력을 갖는 국가가 되려 한다. 위안화를 아시아지역의 중심통화로 만들고 차후 달러와 유로화와 함께 3대 기축통화로 자리 잡으려 하고 있다.

경제라는 하드파워에 문화라는 소프트파워를 보태어 진정한 대국이 되려는 시도는 오늘날 전 세계에 깔아놓은 공자학원에서 그 모습을 잘 엿볼 수 있다. 유럽, 북미, 남미, 아시아, 아프리카, 대양주에 총 320여 개의 공자학원을 열어놓고 있다. 중국은 자신의 문화적 전통에서 보편적 가치를 뽑아내고, 동시에 세계 문명이 지니는 보편적 가치를 중국에 맞게 바꾸려는 야심찬 신^{新}천하주의를 추구하고 있는 것이다.

중국은 명분상 화평굴기^{和平屈起}를 내세우고 있지만 실제로는 군사력을 키워 미국을 견제하고 나아가 헤게모니 장악이라는 야심을 보이고 있다.⁴ 2011년 중국의 군사비는 1,500억달러 로 미국의 군사비 7,412억 달러의 20% 수준에 불과했다. 그러나 미국이 재정적자를 줄이기 위해 앞으로 매해 17%씩 군사비를 줄이는 반면, 중국이 매해 10%씩 군사비를

---

3 미국 국가정보위원회(NIC)의 *Global Trends* 2030은 인구, 경제규모, 기술투자, 군사비를 종합한 글로벌 지배력에서 아시아가 북미와 유럽을 능가할 것으로 전망하고 있다.

4 2006년 중국신화사가 대국굴기大國屈起를 방영한 이후 중국은 외부시선을 의식하여 화평굴기라는 표현을 쓰다가 그것마저 경계심을 불러일으킨다는 점에서 과거 등소평이 지적한대로 '화평발전'이란 용어를 사용하고 있으나 여전히 화평굴기를 선호하고 있는 것으로 보인다.

늘이면 2020년에 이르러 미중 사이의 군사력 격차는 없어지고 대등하게 될 수 있다.

중국은 일본-오키나와-대만-필리핀으로 이어지는 제1도련$^{first\ islands\ chain}$ 다음으로 일본 홋카이도-괌-호주-뉴질랜드-남중국해로 이어지는 제2도련 밖으로 미국의 해군력을 밀어내기 위한 지역거부 전략에 따라 비대칭능력을 키우는 데 주력해 왔다. 아직 초보 단계이지만 2012년 중국 최초의 항공모함 랴오닝함을 취역한 중국은 2척을 국내 개발하고 있다. 원양방어를 위해 미얀마 시트웨, 방글라데시 치타공, 스리랑카 콜롬보 및 함반토타, 파키스탄 과다르 등 인도권 나라들 항구에 대규모 투자를 하면서 가능한 빠른 시일 안에 인도양에 항모전단을 배치하고 자원 수송망을 갖추려고 하고 있다(김태현, 2013: 147). 항모전단이 순양함, 구축함, 잠수함과 함께 함재기를 중심으로 독립된 기동성을 가짐으로써 한반도 지역도 그 영향권에서 벗어나기 어렵다. 이와 함께 탄도미사일 및 순항미사일의 개발, 대함미사일을 장착한 전폭기와 잠수함 배치, 정찰위성의 배가를 위해 노력하고 있다. 이중 1,500km 떨어져 있는 미국의 항공모함을 격침할 수 있다는 탄도미사일 동펑 21-D를 실전 배치한 것으로 알려지고 있다.

3. 초국적 공동체는 ASEAN이 선도

아시아는 하나의 동일한 문명지대$^{civilization\ zone}$를 구성하고 있지 않다. 아시아 지역에는 다양한 언어, 인종, 종교가 혼재하고 있다. 거의 모든 나라들이 서로 다른 인종의 배경 아래 독자적인 언어를 사용하고 있다. 세계 주요 종교의 발상지로서 유교, 불교, 힌두, 이슬람, 가톨릭이 뒤섞여 있다. 한국, 중국, 일본, 베트남, 대만, 싱가포르의 유교, 인도의 힌두교, 태국의 불교, 인도네시아, 말레이시아의 이슬람교, 그리고 필리핀의 가톨릭 등이 공존한다. 이 지역의 나라들은 정치 체제, 경제 제도, 사회 구조, 문화 체계 등에서 내부적으로 서로 많은 편차를 드러내고 있다. 대부분이 자본주의 체제를 지니고 있지만, 북한처럼 사회주의 나라도 있고 사회주의로부터 자본주의로 이행하는 중국과 베트남과 같은 체제 전환국들이 서로 섞여 있다. 자본주의 체제 아래에서도 국가 개입(일본, 한국, 대만, 말레이시아)에서부터 자유방임(싱가포르, 홍콩)에 이르기까지 다양한 형태가 공존하고 있다. 민주주의, 시민 사회, 경제 발전의 측면에서도 다양한 모습을 보이고 있다. 실제로 이 지역의 나라들은 발전 수준에서 선진국, 중진국, 개도국으로 나뉜다. 과발전의 비만형 국가군과 저발전의 빈곤형 국가군에 부가하여 후자에서 전자로 가고 있는 이행형 국가군으로 구분이 가능하다. 최근에는 중국, 인도, 인도네시아를 신흥국이라 부르기도 한다.

이러한 다양성에도 불구하고 아시아 지역의 국가들은 인접국들과의 끊임없는 접촉, 교류, 교역, 전쟁 등을 통하여 역사적으로 오래된 문화적이고 제도적 연관성을 유지해왔다. 이러한 문화 및 제도적 연관성이 서로의 차이에도 불구하고 아시아라는 기표 속으로 수렴된다는 점은 아시아 지역의 특징이자, 유럽을 비롯한 다른 지역과의 변별점이라 할 수 있다. 아시아의 다양성 안에는 또한 공통성이 존재한다. '아시아적 길$^{Asian\ Way}$', '아시아적 가치$^{Asian\ Values}$', '아시아적 관점$^{Asian\ View}$', 또는 '신아시아주의$^{Neo\text{-}Asianism}$' 등의 표현이 바로 그것이다. 과거 인도에서 발원한 불교가 중국을 거쳐 한국과 일본으로 전파되었고, 중국에서 생성된 유교가 아래로는 베트남 위로는 한국과 일본으로 보급된 바 있다. 일본의 산업화 모델에 기반을 두어 후발 국가들이 선발 국가들의 발전 경험을 전

수하고 각기 나름대로 독특한 경제 발전을 이끌어가고 있기도 하다.

지역주의라는 초국가적 공동체의 관점에서 볼 때 아시아는 유럽에 비해 훨씬 뒤떨어져 있다. 비록 EU가 유로존의 위기로 인해 흔들리고 있지만 서구와 북구는 물론 남구와 동구를 포용하고 있다는 점에서 지역공동체의 표본을 제공하고 있는 것이다. 위기는 기회라고 EU는 오히려 연방주의로 극복을 시도하고 있는 것이 흥미롭다. 아시아에는 APEC과 ASEAN이 있는데, 전자는 느슨한 협의기구로서 별다른 진전이 이루어지고 있지 않다면 후자가 지역협력이라는 점에서 미래지향적으로 상당히 활발하게 움직이고 있다.

비록 1994년의 보고르^{Bogor} 정상회의에서 역내 무역 자유화에 관한 일정이 합의되었지만(선진국은 2015년, 그리고 개도국은 2020년), APEC이 실질적인 경제적 지역공동체로 기능하기 위해서는 너무 많은 난관이 앞에 가로 놓여 있다. 아시아 지역의 경제적 주도권을 장악하려는 미국과 중국의 입장과 일본의 이중적 이해관계로 인해 APEC의 발전적 제도화가 지체되고 있다.

10개 나라로 이루어져 있는 ASEAN$^{\text{Association for South East Asian Nations}}$은 경제 협력을 강조하지만 회원국들 사이의 경쟁으로 인해 소기의 성과를 거두지 못하고 있다. 그럼에도 ASEAN은 지역협력을 넘어 순차적으로 경제공동체, 외교안보공동체, 문화공동체를 지향하고 있다. ASEAN은 아시아지역에서 미국으로부터의 안보적 이해와 중국으로부터의 경제적 이해가 충돌하는 가운데 어느 편에도 가담하지 않는 방식으로 자신의 위상을 높이려 하고 있다.

최근에는 FTA가 다자화 되면서 미국의 TPP$^{\text{Trans Pacific Partnership}}$에 대항하여 중국이 RCEP$^{\text{Regional Comprehensive Economic Partnership}}$을 제안하고 있다(《그림 1》참조). 두 나라 각기 아시아 지역의 역내 무역을 장악하려

는 의도로 풀이할 수 있다. 미국이 TPP에 중국을 빼고 일본을 끌어들이려고 하고 있다면, 중국은 RCEP에 일본의 이해를 받아들이면서 미국을 배제하는 서로 다른 방식의 아시아.태평양권 자유무역지대를 만들고 싶어 하고 있다. 이미 중국은 미국 중심의 아시아개발은행$^{Asian\ Development\ Bank}$에 대항하는 아시아인프라투자은행$^{Asian\ Infrastructure\ Investment\ Bank}$의 설립을 주도하였다. 이를 견제하기 위하여 호주는 미국과 함께 G20안에 글로벌인프라허브$^{Global\ Infrastructure\ Hub}$를 창설하려고 시도하고 있다.

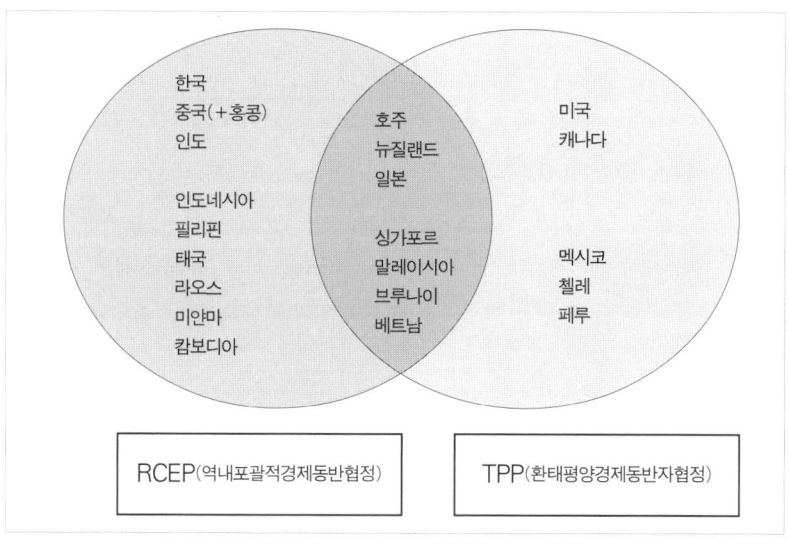

〈그림 1〉 RCEP과 TPP

ASEAN은 경제약소국인 자신들의 입지를 약화시킬 것으로 인식하여 미국의 영향력 아래 있는 APEC에 대해 유보적이다. ASEAN+3은 아시아 금융 위기에 대처하기 위하여 ASEAN에 한국, 중국, 일본이 가담하는 형식으로 출범하였으나, 세 나라는 의사 결정권이 없어 서로 의견을 교환하는 정도의 포럼에 그치고 있다. 그럼에도 이 13개 국가들 사이의 역내 교역이 대폭 증가하고 있다는 사실에 주목할 필요가 있다. 다만 향

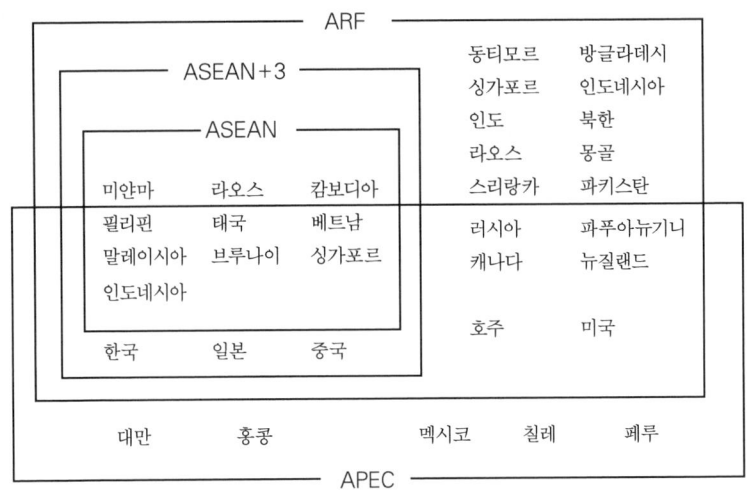

〈그림 2〉 아시아의 지역공동체

후 아시아 지역에는 ASEAN+3, ASEAN+6(Australia, New Zealand, India 포함), ARF$^{\text{Asian Regional Forum}}$, EAS$^{\text{East Asia Summit}}$ 등이 APEC이 병존할 가능성이 짙다(〈그림 2〉 참조).

한국, 중국, 일본 세 나라는 발전, 에너지, 금융, 환경, 테러 등 일련의 문제에서 공통의 협력 틀이 필요하다. 지역공동체라는 먼 미래를 위해 한중일 세 나라는 문화와 경제 교류의 확대를 통해 국민들 사이의 이해와 신뢰를 높여야 한다. 인적·물적 소통과 교섭을 통해 지역공동체를 향한 합의의 기반을 향해 나아갈 수 있다. 흥미롭게도 아시아에는 통합 유럽의 지도자라는 야심을 품었던 지난날의 장 모네$^{\text{Jean Monet}}$나 로버트 슈만$^{\text{Robert Schuman}}$ 같은 인물이 없다. 마오쩌둥^{毛澤東}, 호치민^{胡志明}, 수카르노, 박정희^{朴正熙}, 리콴유^{李珖曜} 등 국익수호를 위한 민족해방적 혹은 개발독재형 정치인은 있었으나 아시아라는 지역적 공통분모 아래 동주공제^{同舟共濟}를 위한 예언자적 풍모를 지니는 걸출한 지도자는 나타나지 않왔다. 이점에서 일본의 '대동아공영권'과 중국의 '중화경제권'이란 자국 중심의 패권주의적 구상을 넘어설 수 있는 동북아시아공동체를 향한 선취적이고 전향적 자세를 가져야 할 것이다.

　동북아시아에서의 긴장과 갈등을 협력과 상생으로 이끌어가기 위해서는 지역공동체의 건설이 중요하다. 그러나 지나친 국가주의와 민족주의의 경향 아래 패권 경쟁은 이 지역에서 지역공동체의 건설을 어렵게 하고 있다. 그러므로 한국과 중국과 일본은 동북아시아에서의 지역공동체 건설을 경제적으로뿐만 아니라 문화적으로 접근하는 것이 유용할 수 있다. APEC과 같은 경제공동체를 이끌어내는 데 조급해하기 보다 세 나라가 일대일로 협상하는 쌍무주의를 통해 화해와 협력을 도모하고, 나아가 세 나라가 모두 참여하는 다자주의적 상생의 길을 모색하는 것이 순서일 것으로 보인다. 동북아시아의 경제력은 동남아시아의 10배에 이르며, 특히 한중일 세 나라의 경제력은 동아시아 지역경제의 90%를 차지한다.

　이점에서 세 나라 사이의 ANEAN(Association for North East Asian Nations)을 모색하는 것도 하나의 방법이다. 지역공동체의 모색 과정에서 한국의 역할을 강조한 것은 한국이 중국이나 일본과 달리 예전이나 지금이나 대국주의와는 거리가 멀다는 것이다. 오히려 한국은 중국과 일본의 대국적 팽창주의로부터의 피해자일 수 있다. 여기서 오늘날 동북아시아에서 강하게 불고 있는 국가주의와 민족주의의 재등장을 극복하기 위한 한국의 시대적 소명이 도출될 수 있다. 물론 한국이 중국과 일본의 국가주의와 민족주의를 견제하기 위해서는 국력 면에서 역부족인 것이 사실이다. 그럼에도 불구하고 이러한 한국의 비非팽창주의적 입장이 중국과 일본에 대해 도덕적 차원에서 헤게모니적 우위를 가질 수 있다는 사실에 주목하고 싶다.

4. 한국, 중국, 일본 사이의 물적·인적 교류

　근래에 들어와 한국과 중국과 일본은 정부와 민간 차원에서 긴밀하게 상호작용해 왔다고 볼 수 있다. 이것은 세 나라 사이의 점증하는 인적·물적 교류에서 잘 나타나고 있다. 자본과 상품 뿐 아니라 사람과 정보가 세 나라를 왕래하고 있는 것이다. 이러한 인적·물적 교류를 통해 한중일이 국가주의로 얼룩진 자폐적인 내셔널리즘을 벗어나 각국의 문화적 특수성을 동북아라는 지역적 정체성으로 제고할 수 있을 때 문화공동체의 구축이 가능할 수 있다.[5] 열린 내셔널리즘을 통해 대화와 소통이 이루어짐으로써 세 나라는 동북아라는 다문화적 콘텐츠를 개발할 수 있다.

　지금까지 한중일이 상호협력을 위해 구성한 정치, 경제, 외교, 사회, 문화, 환경 차원의 정부 및 민간 차원의 협의기구는 상당히 많다. 여기서는 논의의 편의상 먼저 한중일 세 나라 사이의 점증하는 교역규모와 직접투자 현황을 살펴봄으로써 출발점을 삼으려 한다. 한중일 사이의 수출입은 〈표 1〉에서 드러나듯 상당한 정도로 늘어나 왔다. 〈표 2〉는 직접투자가 나라별로 차이는 있지만 최근 엄청난 규모로 증가해 왔음을 알려주고 있다.

---

[5] 동북아 문화공동체에 대한 제안은 많다. 통일연구원, 『평화와 번영의 동북아 문화공동체 형성을 위한 정책연구』, 통일연구원, 2004 참조. 이 중 김광억, "동북아 문화공동체 구상의 의의와 추진방향," 2004이 유용하며, 이우영·전영선, "동북아 문화공동체 형성과 국가의 역할," 국민호 외, 앞의 책2007을 보라.

〈표 1〉한국 · 중국 · 일본 교역 현황

연도	한 · 일		한 · 중		일 · 중	
	한국의 대일 수출	한국의 대일 수입	한국의 대중 수출	한국의 대중 수입	일본의 대중 수출	일본의 대중 수입
2002	151	299	238	174	399	617
2003	173	363	351	219	572	752
2004	217	461	498	296	738	942
2005	240	484	619	386	803	1,091
2006	265	519	695	486	1,080	1,377
2007	264	563	820	630	1,284	1,504
2008	283	610	914	769	1,296	1,483
2009	218	494	867	542	1,024	1,143
2010	282	643	1,168	716	1,309	1,341
2011	397	683	1,342	864	1,290	1,463
2012	388	644	1,343	808	1,44,7	189,0
2013	347	600	1,459	831	129,9	182,2

자료: 한국무역협회 및 일본무역진흥기구 홈페이지

〈표 2〉한국 · 중국 · 일본 직접투자 현황 (단위: 억 달러)

연도	한 · 일		한 · 중		일 · 중	
	한국의 대일본 투자	일본의 대한국 투자	한국의 대중국 투자	중국의 대한국 투자	일본의 대중국 투자	중국의 대일본 투자
2002	3.6	174.9	35.6	4.4	124.0	0.8
2003	4.5	136.6	52.1	6.8	153.0	0.9
2004	7.1	165.3	74.9	7.0	202.1	0.9
2005	8.4	156.5	101.4	14.3	246.6	1.0
2006	10.3	240.8	122.2	12.7	303.2	1.0
2007	18.8	251.9	237.3	12.5	378.0	1.3
2008	26.1	211.7	295.2	5.6	490.0	2.3
2009	25.6	276.5	329.7	9.8	550.5	2.0
2010	28.6	324.0	383.3	10.8	664.8	4.0
2011	43.8	341.5	440.2	14.7	833.8	5.6
2012	39.4	418.5	494.5	20.0	932.2	5.5
2013	38.0	451.2	550.1	21.2	981.3	5.8

*한국과 일본 및 한국과 중국 사이의 직접투자는 국가통계포털의 '지역별 국제투자대조표(IIP)' 상의 '해외직접투자' 항목과 '외국인직접투자' 항목의 해당국가 수치를 사용하였고, 일본과 중국 사이의 직접투자수치는 일본무역진흥기구(JETRO)의 'Inward FDI'와 'Outward FDI' 항목의 해당국가 자료를 이용하였다. 하지만, 일본무역진흥기구의 통계수치는 한국의 자료보다 투자규모를 과소추정하는 경향을 보인다.

자료: 국가통계포털 및 일본무역진흥기구 홈페이지

그러나 이러한 경제적 교류의 증대에도 불구하고 한국과 중국과 일본 세 나라 시민사회 사이의 적극적 연대는 아직 미흡한 것으로 보인다. 아래의 〈표 3〉에 나타난 국민의식 조사결과를 보면, 세 나라 시민 사이의 호감도는 대체로 낮은 편(50점 이하)이거나 오히려 하락하고 있는 것으로 나타나고 있다. 한국인의 중국인에 대한 호감도는 과거보다 하락했으며, 일본인에 대한 호감도는 상승했지만, 여전히 50점에 머무르고 있다. 중국인의 한국인 호감도는 65점으로 높은 편이나 과거에 비해 하락했으며, 일본인에 대한 호감도는 여전히 낮은 상태에 머무르고 있다. 일본인은 중국인보다는 상대적으로 한국인에 더 높은 호감을 보이고 있지만, 50점 내외의 범위에 있다. 실질적인 교류증가에도 불구하고 그에 상응하여 상호간의 호감도가 증가하지 않는 것은, 아직까지도 상대국에 대한 신뢰감이 보다 안정적으로 형성되지 않았기 때문인 것으로 보인다. 이러한 이유로 한·중·일 3국 시민의 서로에 대한 호감도는 정세적인 사건과 분위기에 의해 크게 좌우되는 경향을 나타내기도 한다.

〈표 3〉 한·중·일 3국 시민의 상대국 시민에 대한 호감도 평가(2008년) (괄호안은 2006년 조사 결과)

	중국호감도	일본호감도	한국호감도
중국인		46점(36점)	65점(73점)
일본인	45점		55점
한국인	50점(57점)	50점(39점)	

*'매우 적대적이다'(0점) ↔ '그저 그렇다'(50점) ↔ '매우 우호적이다'(100점)
*2006년에는 일본에서 조사가 이루어지지 않았음.

자료: 이숙종 외, 『미·중·일·한 4개국 소프트파워 비교』, 동아시아연구원, 2008.

한승완(2006)은 세 나라 시민들 사이의 낮은 신뢰가 동북아 지역의 초국적 시민사회transnational civil society 형성을 어둡게 만들고 있다는 비관적인 결론을 제출한다. 그러나 아직은 미약하지만 새로운 경향이 또한 나타나고 있다. 한중일 세 나라 사이의 상호의존성이 단순히 경제적 영역을 넘어서 다양한 형태의 문화적 교류가 전개되고 있는 모습이 보이고 있기 때문이다. 그 대표적인 사례는 관광 등의 목적으로 하는 민간 차원의 인적교류의 증대이다. 이는 국가와 기업이 주도했던 과거의 지역적 교류형태와는 다른, 시민사회가 주도하는 새로운 교류형태가 등장하고 있는 징후이기도 하다. 여기서 중국인과 일본인의 한국 관광객 수를 살펴보면, 〈그림 3〉이 보여주듯 1999년에서 2011년 사이에 일본인은 최소 40% 이상 증가했으며, 중국인은 최소 5배 이상 증가했음을 알 수 있다.[6] 물론 2003년에는 SAS, 2008년에는 세계적인 경기침체 등의 이유로 증가세가 정체되기도 했지만, 장기적으로 보아 중국과 일본으로부터의 입국자는 앞으로 더욱 늘어날 것으로 추정된다.

중국과 일본으로의 한국인 전체 관광객 규모 또한 증가세를 보였다. 〈그림 4〉에서 알 수 있듯 일본과 중국으로의 출국자수 모두 1999년 24만, 28만여 명에서 2005년 102만, 164만여 명 각각 5배, 6배 가량 증가했다. 이는 단기관광객 규모로, 사업이나 유학 등의 장기체류를 목적으로 출국한 인원까지 추산한다면 그 규모는 더욱 커질 것이. 양국의 관광국 자료를 기준으로 볼 때 2006년 이후 일본으로의 출국자수는 정체 국면에 있는 반면, 중국 방문객은 여전히 증가세를 지속하고 있다.[7]

---

6 이 수치는 관광 목적의 방문이 집계되기 시작한 2004년 관광객 수를 기준으로 하였다. 따라서 1999년을 기점으로 할 경우에는 증가세가 훨씬 두드러질 것으로 추정된다.

7 2013년 일본으로의 한국인 출국자수는 246만여 명인 반면, 중국으로의 출국자수는 397만여 명이다(한국관광공사, 국민해외관광객 주요행선지 통계).

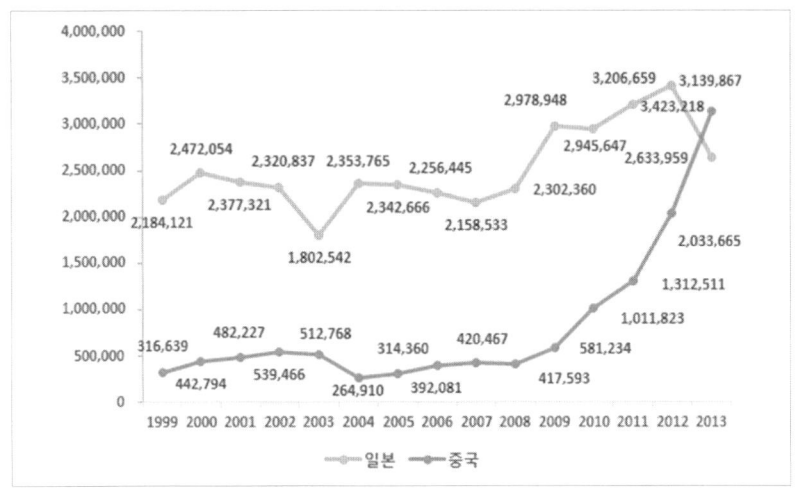

〈그림 3〉 한국으로의 중국인과 일본인 관광객 수

1999~2003년 자료는 관광 목적으로 한정되지 않은 내방객 전체 자료로 실제 관광객 입국자보다 과대평가된 수치임. 2004년 이전까지는 방문 목적에 따른 구분은 집계되지 않음.
자료: 문화관광부, 『관광동향에 관한 연차보고서』(각년도)·문화통계포털 홈페이지, 한국문화관광연구원, 관광지식정보시스템 홈페이지

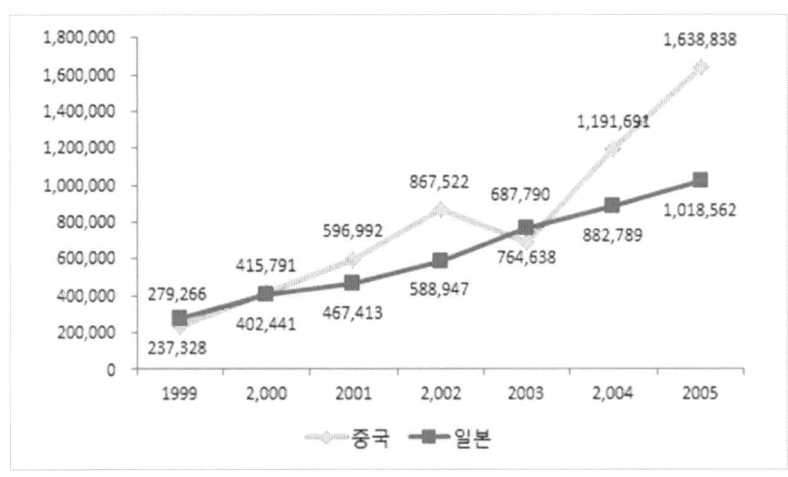

〈그림 4〉 중국과 일본으로의 한국인 관광객 수

2006년 이후에는 내국인출입국 절차간소화 정책으로 행선지와 출국목적이 확인되지 않음.
자료: 한국문화관광연구원, 관광지식정보시스템 홈페이지

아시아는 통한다

위에서 제시된 세 나라 사이의 관광객 규모는 단순히 양적 증대만을 보여줄 수 있다. 그러기에 아래에서 제시되고 있는 유학생 수는 세 나라 사이 관계의 질적인 변화를 가늠해 볼 수 있는 중요한 지표가 된다. 왜냐하면 유학생은 기본적으로 장기체류를 할 뿐만 아니라, 세 나라 사이 관계를 증진하는데 중요한 역할을 담당할 지역전문가로 성장할 수 있기 때문이다. 〈그림 5〉에서 볼 수 있듯, 한중일 사이의 유학생 수가 근래에 이르러 큰 폭으로 증가하고 있다. 중국과 일본의 대학과 대학원에서 수학하고 있는 한국인 유학생 수는 2003년 35,606명에서 불과 10년 만에 2013년 82,407명으로 크게 늘어났을 뿐만 아니라, 전체 유학생 수에서 차지하는 비중 또한 22.2%에서 36.3%로 증가했다.[8] 이는 중국과 일본에 대한 한국인의 관심의 증가를 반영한다.

한국에 수학하는 중국인과 일본인의 규모 역시 증가하고 있다. 〈그림 6〉은 2000년 1,170명에서 2013년 9,737명으로 그 규모가 크게 증가했음을 보여준다. 국내에 수학하고 있는 전체 외국인 유학생 수에서 차지하는 비중 또한 비록 최근에는 하락 추세에 있지만 2007년 70.3%까지 상승하는 등 기간 내내 높게 유지되었다. 특히 중국인 유학생 수의 급증이 두드러지는데, 이미 2004년에 전체 외국인 유학생 가운데 중국 유학생의 수가 과반수를 넘어섰다. 비록 현재 그 비중이 줄었지만 여전히 과반에 육박하고 있다.[9]

---

[8] 2003년 외국대학에 유학하는 전체 한국인 학생 수는 159,903명이었으며, 2013년에는 227,126명이었다.

[9] 2000년 한국 거주 전체 외국인유학생 수는 2,173명이었으며, 2013년에는 20,030명이었다.

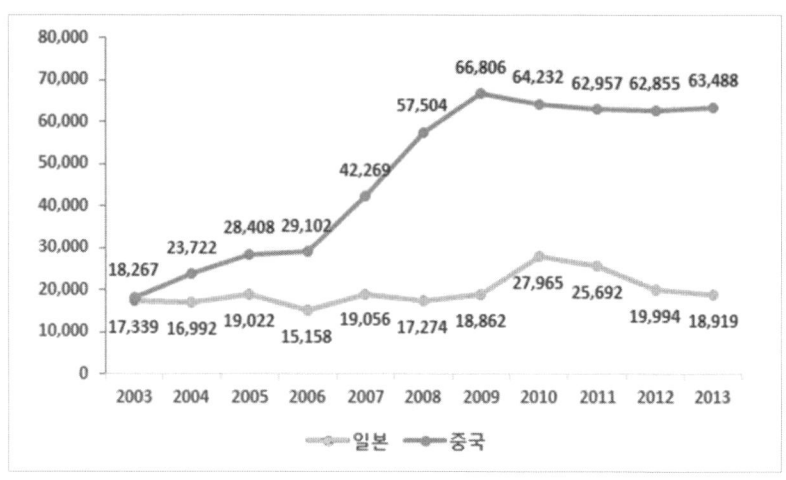

〈그림 5〉 중국과 일본의 한국인 유학생 규모추이(2003-2013) (매년 4월 1일 기준) 자료: 교육부 홈페이지

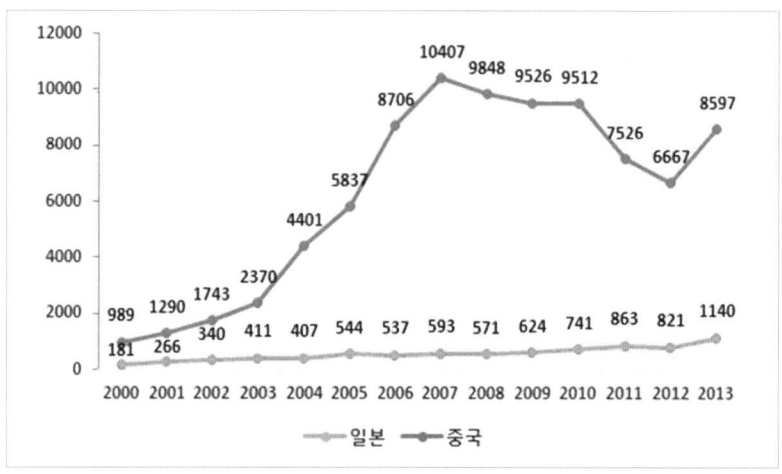

〈그림 6〉 한국 내 중국과 일본 유학생 규모추이(2000년-2013년) ' '통계청의 국제인구이동(체류기간 90일 이상) 자료 중 유학 및 연구 목적으로 입국한 중국인과 일본인의 규모임. 자료 : 국가통계포털 홈페이지

최근 두드러지고 있는 현상으로 '한류'韓流로 표현되는 문화교류의 증가를 꼽을 수 있다. '한류'라는 용어는 1999년 중국 언론이 처음으로 사용한 것으로서, 초기에는 한국 대중문화의 유행을 의미했으나, 현재에는 '해외에서 일어나고 있는 한국 선호현상'을 총칭하는 의미로 확대되었다. 중국에서 시작된 한류는 일본을 거쳐 홍콩, 대만, 베트남, 그리고 우즈베키스탄까지도 확산되고 있다. 이제까지 한국은 동북아 세 나라 가운데 중국과 일본의 문화 콘텐츠를 주로 수입하는 '수용자'의 위치에 있었다면, 한류를 계기로 이제 '전파자'로의 역할전환을 경험하고 있다고 볼 수 있다. '문화수용자'에서 '문화전파자'로의 전환은 '상품으로서의' 한국문화산업이 경쟁력을 지니게 된 것이라고 볼 수도 있겠지만, 한류를 단순히 경제적 가치로 가늠하기 보다는 진정한 세 나라 사이 문화교류를 증대시키는 계기로서 그 의미를 강조할 수 있다는 사실이다.

　특별히 정보통신과 대중매체의 하드웨어적 확산은 한중일 문화교류를 촉진시키는 중요한 하부구조임에는 틀림없다. 아래 〈표 4〉에서 보여주는 것처럼 1993년부터 20여 년 동안 한중일의 정보통신과 미디어의 하드웨어 확산은 주목할 만하다.

〈표 4〉 미디어와 통신기술

국가	1000명당 TV 수			1000명당 케이블 TV 등록자			1000명당 휴대폰 등록자			가구 컴퓨터 보급율 (2011)	100명당 인터넷 사용자 (2011)
	1992	2002	%	1997	2002	%	1993	2011	%		
중국	190.1	350.3	84	40.0	75.0	88	0.5	732	146300	35.4	38.3
일본	635.1	784.7	24	114.8	183.1	59	17.1	1026	5900	83.4	79.5
한국	209.4	458.2	119	148.0	282.2	91	10.7	1085	10040	81.8	83.8

출처: Helmut Anheier & H.Katz. Global Civil Society Yearbook 2005/6, 2007 (341-2쪽 재인용 및 수정), ITU World Telecommunication/ICT Indicators

한류의 확산이 명시적으로 드러나고 있는 분야는 단연 드라마와 영화와 같은 영상산업분야다. 〈그림 7〉이 보여주듯, 한국방송프로그램의 수출규모는 2003년 3,556만 달러에서 2010년 2억 1,494만 달러로 6배 이상 폭증했다. 뿐만 아니라 수입 대비 수출비율은 2003년 1.2:1에서 2010년 1:2.1로 무역역조 또한 크게 개선되었다. 〈그림 8〉의 국가별 수출 구성을 보면, 2009년 현재 일본이 64.3%를 차지하고 있으며, 대만이 10.9%, 그 다음으로 중국이 10.5%를 차지하는 것으로 나타났다. 이에 못지않게 2000년대 중후반 이후 'K-Pop'의 확산이 두드러지게 나타났다. 〈표 8〉의 음악산업 수출입 추이를 보면, 중국, 일본으로의 수출이 불과 5년 만에 각각 3.8배, 4.7배가량 증가한 반면에, 양 국가로부터의 수입은 감소(중국, -0.7배)하였거나 증가율이 급격히 둔화(일본)되고 있다. 특히, 2006~2007년간 54.3% 증가한 일본으로부터의 수입 증가율은 2009~2010년 사이에는 역으로 마이너스 성장(-12.1%)으로 전환되었다.

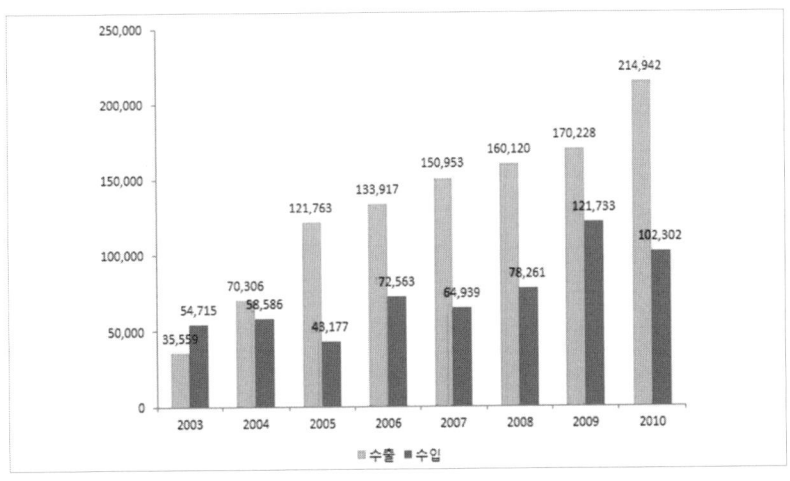

〈그림 7〉 방송프로그램 수출입현황 (단위: 천 달러) 자료: 방송통신위원회, 『2011년 방송산업 실태조사』, 방송통신위원회 홈페이지.

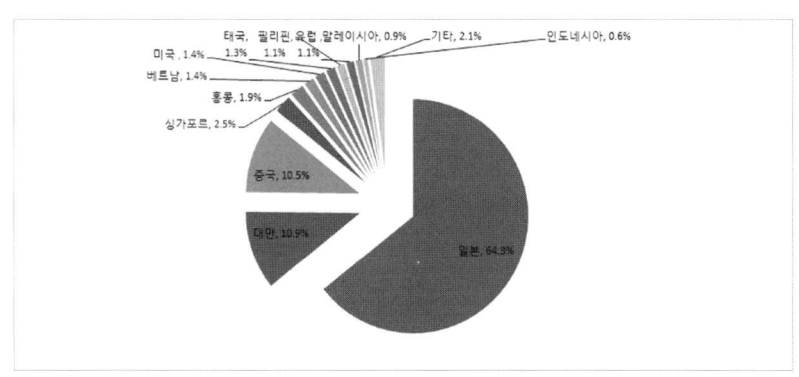

〈그림 8〉 방송콘텐츠 국가별 수출현황 (2011년) 자료: 한국콘텐츠진흥원, 『2011년 방송콘텐츠 수출입 현황』, 한국콘텐츠진흥원 홈페이지.

〈표 5〉 한국 음악산업 수출입 현황 (단위: 천 달러/ 전년 대비 증가율)

		2006년	2007년	2008년	2009년	2010년
수출	중국	850 (-)	1,665 (95.9%)	1,844 (10.8%)	2,369 (28.5%)	3,267 (53.1%)
	일본	14,309 (-)	9,431 (-34.1%)	11,215 (18.9%)	21,638 (92.9%)	67,267 (210.9%)
수입	중국	134 (-)	103 (-23.1%)	99 (-3.9%)	98(-1%)	93 (-5.1%)
	일본	972 (-)	1,500 (54.3%)	2,212 (47.5%)	2,428 (9.8%)	2,135 (-12.1%)

자료: 한국콘텐츠진흥원, 『음악산업 백서』·『문화산업 백서』, 각년도.

 우리가 중시할 사실은 '한류'가 경제적 이득을 가져다주었다는 사실보다 중국과 일본 국민이 가지는 한국에 대한 이미지가 개선되었다는 것이다. 예컨대, NHK 방송문화연구소가 2004년 9월에 발표한 조사결과에 따르면, 일본에서 폭발적인 인기를 끌었던 〈겨울연가〉를 알고 있는 사람은 국민 전체의 90%였으며, 50대 이하의 여성층에서는 96-98%

에 달했다. 또한 〈겨울연가〉를 시청한 사람들에게 의식면의 변화가 있었는지를 질문한 결과 '한국에 대한 이미지가 바뀌었다'라고 하는 사람이 26%, '한국에 대한 흥미가 커졌다' 22%, '한국 문화에 대한 평가가 바뀌었다'가 13%로 나타났다. 이처럼 '한류'는 상품적 가치만을 지니는 것은 아니다. 오히려 두 나라 국민들이 가지는 한국에 대한 이미지와 관심을 개선시킴으로써, 시민사회의 문화적 교류를 위한 시금석의 역할을 할 수 있다는 점이 더 중요하다. 다시 말해 '한류'의 문화적 가치가 강조되어야 하는 것이다. 이는 곧 한류라는 일종의 내셔널리즘의 발현물이 동북아의 지역적 보편주의의 한 구성으로 발전될 가능성을 보여준다. 그러나 최근에는 반反한류, 혹은 혐嫌한류의 움직임도 나타나고 있다. 대만에서는 2005년 7월 한국드라마에 대해 20%의 수입관세를 부과하기로 결정했으며, 일본에서는 한류붐이 진정되고 있는 추세다. 또한 한류에 대해 문화 민족주의적 관점에서 적대적인 태도를 보이기도 한다. 이처럼 내셔널리즘과 보편주의의 조화에는 여전히 해결해야 할 난제들이 기다리고 있다.

   동북아 세 나라 사이 문화적 교류의 활성화와 함께 시민사회운동의 직접적인 교류도 늘어나고 있다. 문화적 교류증대가 동북아의 보편주의를 위한 토대를 닦았다면, 시민사회운동의 교류는 그것의 직접적 행위자의 역할을 한다는 의미에서 더욱 기대가 크다고 할 수 있다. 동북아 세 나라에서 다양한 배경 속에 자생적으로 성장한 시민사회는 근래에 들어 국제적 교류를 확대시키고 있다. 그 단적인 예가 한중일의 INGOs 활동의 증가일 것이다(〈표 9〉 참조).

〈표 6〉 한국 · 중국 · 일본의 NGOs 관련 지표

	INGO 수 1992/2002 (절대증가율, %)	국제적 INGO 사무국 수 1992/2002 (절대증가율, %)	국제적 NGO, IGO 회의 수 2002²
한국	1,357/2,241 (65)	45/51 (13)	156
중국¹	1,251/4,321 (245)	28/105 (275)	122
일본	2,548/3,751 (47)	173/263 (52)	259
벨기에	4,008/5,740 (43)	1,419/1,865 (31)	299
세계	세계평균 증가율(61) 선진국 평균 증가율(48)	세계평균 증가율(43) 선진국 평균증가율(45)	미국(1,131)

1 중국의 경우 티벳(Tibet) 자료 포함. 2 IGO, INGO가 조직한 국제회의.
자료: 전봉근 외(2005) 『동북아 NGO 백서』, 통일연구원.(35쪽 재인용)

나아가 동북아 세 나라 NGOs의 증가에 따라 이들 NGOs 사이 네트워크 또한 증가하고 있는 추세다. 지역 NGOs 네트워크는 주로 일국 차원의 NGOs 네트워크와 다른 나라의 유사한 네트워크와의 연대, 지역적 지향을 지니는 regionally oriented NGOs의 국가 지부들 사이의 네트워크, UN과 같은 국제기구의 주도와 권고에 의하여 형성된 NGOs 네트워크, 지역의 개별 NGOs 간의 네트워크 등의 형태를 띤다. 아래 〈표 7〉은 한국, 일본, 중국 시민사회가 국제 NGO 네트워크 속에 어느 정도 긴밀하게 연결되어 있는지를 보여주고 있다. 서구 선진국의 네트워크 참여비율(예, 미국 19.98; 영국10.17; 프랑스 8.01; 벨기에 9.54 독일 4.90; 네덜란드 4.01; 스위스 4.26)에 비하면 아직도 주변적 위치에 머물고 있지만, 점차 지역과 세계로 확대되어 가고 있다.

⟨표 7⟩ 국제 NGO 네트워크

국가	네트워크 소속 단체 비율(%)	조직간 연결망 (Inter-Org. Links)		양자(dyad) 연결망 수
		Outgoing No.(%)	Incoming No.(%)	
중국[1]	0.13	24(0.34)	38(0.49)	15
일본	1.47	358(1.32)	436(1.61)	269
한국	0.22	38(0.14)	59(0.22)	12

1 중국의 경우 티벳(Tibet) 자료 포함.

출처: Helmut Anheier & H.Katz, Global Civil Society Yearbook 2005/6, 2007(408쪽 재인용)

이러한 네트워크의 등장은 지역 NGOs이 자신들의 역량을 강화하기 위한 수단으로 연대를 모색하는 한편 지구적 차원과 지역적 차원에서 직면하고 있는 새로운 공동의 이슈들-인권, 환경, 여성문제, 이주노동자, 난민, 에이즈의 확산, 인구증가 등-에 대처하기 위한 시민사회 차원의 협력 필요성을 배경으로 하고 있다(전봉근 외, 2005: 35~36).

동북아 지역은 과거와 같이 일국에 의한 대국주의적 질서로 돌아갈 수 없다. 그렇다고 오늘의 한국과 중국과 일본이 국가주의와 민족주의 속살을 지니는 내셔널리즘으로부터 벗어나 있는 것도 아니다. 한중일은 지역공동체의 형성을 통해 동북아 나름대로의 미래상을 공유할 수 있도록 인적·물적 교류와 협력을 강화하여야 할 것이다.

참고문헌

김태현. 2013. "중국의 부상과 인도," 『전략연구』 20권 제3호, 133~165.
이숙종 외. 2008. "미·중·일·한 4개국 소프트파워 비교" http://www.eai.or.kr/type_k/panelView.asp?bytag=p&code=kor_report&idx=7101 (검색일 2015.12.30.)
전봉근. 2005. 『동북아 NGO 백서』. 서울: 통일연구원.
한승완. 2006. "동북아 시민사회와 '동북아 정체성'의 형성," 『사회와 철학』 제11호, 235~258.

문화관광부, 『관광동향에 관한 연차보고서』 (각년도).
방송통신위원회, 『2011년 방송산업 실태조사』.
한국콘텐츠진흥원, 『2011년 방송콘텐츠 수출입 현황』.
한국콘텐츠진흥원, 『음악산업 백서』, 『문화산업 백서』 (각년도).

국가통계포털 홈페이지 http://kosis.kr/
교육부 홈페이지 http://www.moe.go.kr
문화통계포털 홈페이지 http://culturestat.mcst.go.kr/
방송통신위원회 홈페이지 http://www.kcc.go.kr/
일본무역진흥기구 홈페이지 https://www.jetro.go.jp/
한국무역협회 홈페이지 www.kita.net/
한국문화관광연구원, 관광지식정보시스템 홈페이지 http://www.tour.go.kr/
한국콘텐츠진흥원 홈페이지 http://www.kocca.kr/

Helmut Anheier & H.Katz, Global Civil Society Yearbook 2005/6, 2007
ITU World Telecommunication/ICT Indicators

제2장

국경을 넘는 위험

동아시아의 환경과 위험의 변화

박수진

1. 동아시아 발전의 이면

 2011년 3월 11일. 우리는 이웃나라 일본에서 벌어지고 있는 최악의 지진과 지진해일의 피해를 생중계를 통해 직접 목격하게 되었다. 지진으로 건물이 흔들리고 무너지는 모습, 영화에서나 가능할 것 같았던 지진해일이 바다를 건너 육지를 덮치는 모습을 실시간으로 보는 것은 모두에게 큰 충격이었다. 이후 원자력발전소가 폭발하는 모습과 전세계에서 가장 발전된 나라에서 사람들이 잔해를 뒤적이는 모습을 보면서, 자연이 가지고 있는 파괴력과 인간이 이루어 놓은 기술발달의 나약함을 동시에 떠올리게 되었다. 그리고 이어진 방사능 오염의 위험은 우리가 일본의 환경문제로부터 결코 자유롭지 못하다는 것을 직접 느끼게 해주었다.
 동북아시아의 중앙부에 위치한 지리적 특성상 한국은 인접한 국가의 환경문제로부터 자유롭지 못하다. 봄마다 문제가 되고 있는 황사, 그리고 최근 그 정도가 점점 심해지고 있는 중국발 미세먼지 등으로 인해 우리나라는 매년 막대한 피해를 보고 있다. 중국의 동해안, 즉 한반도의 서쪽에는 50여 기에 달하는 원자력발전소가 건설되고 있거나 조만간 건설될 계획이다. 만약에 이중 한 개의 원자로에서라도 사고가 발생한다면, 한국이 방사능에 가장 큰 피해를 입는 국가가 될 것은 자명하다. 중국의 급격한 경제성장과 그에 따른 토지이용변화로 인해 황해는 이미 전 세계에서 가장 오염된 해역이 된 지 오래다. 그에 따른 수산자원의 고갈과 오염은 이미 심각한 수준이다. 북한은 토지황폐화로 인해 매년 심각한 가뭄과 홍수 등의 자연재해 피해를 입고 있으며, 그에 따른 경제적/사회적 어려움은 북한의 격변가능성을 더욱 높이고 있다. 여기에 덧붙여 중국과 북한의 국경지역에 위치하고 있는 백두산의 분출가능성은 미래의 위험요소로 점쳐지고 있다. 우리의 안전과 생존권이 인접국가의 환경문제로 인해 심각한 위협을 받는 단계에 다다른 것이다.

한국이 위치한 동북아시아 지역은 15억 명 이상이 거주하고 있는 전 세계에서 가장 인구밀도가 높고 자원에 대한 수요가 높은 지역이다. 경제적으로 지난 수 십 년간 급격한 성장을 경험하였고, 향후 전세계에서 성장이 가장 빨리 진행될 곳으로 전망되고 있다. 그 결과 인간에 의한 환경변화가 세계 그 어느 지역보다 급격하게 진행되고 있다. 하지만, 동아시아의 지리적 특징은 건조지역에서 열대우림까지 다양한 기후 및 생태지역을 포함하여 인간이 자연환경과 맺고 있는 관계는 매우 복잡하다. 여기에 덧붙여 매년 불어오는 태풍과 지진 등으로 인해 극심한 자연재해의 위험이 그 어느 곳보다 높다. 최근 30년간 동아시아 지역에서 자연재해로 인한 사망자는 126만 명에 이르며, 약 34억 명에 이르는 사람들에 이에 영향을 받았다. 지난 100년간의 재해사망자와 피해액의 추이를 살펴보면 과거 연간 1-2회에 머물렀던 자연재해는 2000년대 이후 연

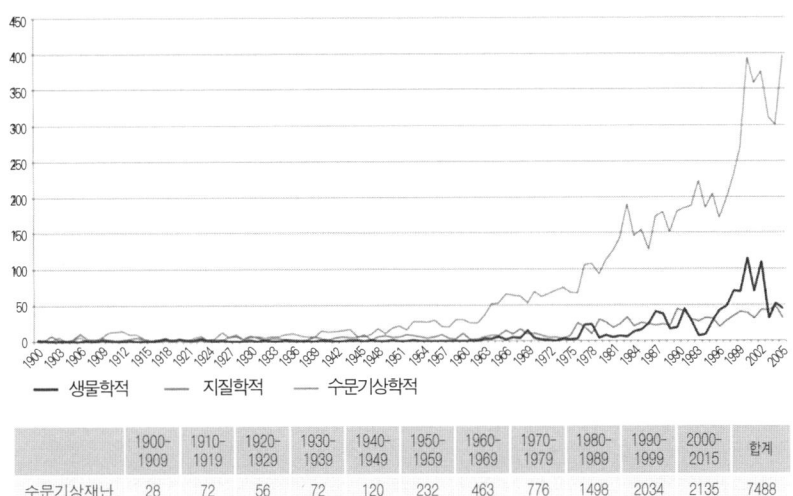

〈그림 1〉 1900년에서 2005년까지 재난유형별 증감현황(출처: EM-DAT, 2009)

간 54회로 급증하였다(그림 1). 자연재해로 인한 사망자의 절대 수는 감소하였지만, 재해에 대한 취약계층과 재해피해액은 기하급수적인 증가를 보이고 있다(UNEP RRC A.P., 2004; 박수진, 2006).

조선일보와 서울대 아시아연구소 연구팀이 국제재난데이터베이스(EM-DAT·벨기에 루뱅대 재난역학연구센터)를 바탕으로 1983~2013년 사이 동북·동남아 지역의 재난·재해 피해액을 조사한 결과, 1983년 6억 달러(약 6108억 원) 수준이던 동아시아 지역의 연간 피해액이 2013년에는 537억 달러(약 54조6666억 원)로 집계됐다.[1] 같은 기간 전 세계의 자연재

---

[1] 조선일보, 2014, 한국 둘러싼 '재해의 고리'(http://news.chosun.com/site/data/html_dir/2014/10/10/2014101000265.html)

해 피해액은 167억 달러(약 17조6억 원)에서 1184억 달러(약 120조5312억 원)로 7배 늘어났다. 동아시아 지역에서 지난 30년 동안 재난·재해로 인한 물적·인적 피해액이 86.8배 증가하고, 발생 건수도 2.4배 증가한 것으로 나타났다. 고도의 경제성장을 이뤄낸 동안, 환경오염 피해는 기하급수적으로 늘어난 것이다.

아시아가 최근 전세계의 경제, 사회, 문화의 핵으로 자리 잡고 있지만, 그 발전의 산물로 급증하고 있는 환경 및 재해문제에 대해서는 적절한 대응을 하지 못하고 있는 것이 현실이다. 자연 환경적으로 다양한 기후 및 생태지역을 포함하고 있어 인간과 환경간의 관계의 다양성이 높아서 공동의 관심사를 이끌어내기 어려운 것이 가장 중요한 원인이다. 역사적으로 동북아시아 지역은 한자문화권으로 상당한 문화적 동질성을 확보하고 있었지만, 제국주의를 경험한 근·현대사는 이 지역의 오랜 기간 유지해온 역사적 동질성을 붕괴시키기에 충분한 것이었다. 최근의 한중일 영토분쟁, 북한의 핵개발논쟁과 전쟁위협, 그리고 중국의 부상으로 인한 전세계질서의 재편 등으로 인해 이 지역의 정치/외교적 불확실성이 그 어느 때보다 높다. 그 결과 환경과 재해에 대한 피해를 가장 많이 받으면서도 실질적인 국가 간 혹은 지역 간 협력이 적절하게 이루어지지 못하고 있는 것이 현실이다.

이 글에서는 현재 전세계적으로 나타나는 재해의 추이를 간략하게 살펴보고, 그 속에서 아시아가 가지고 있는 재난에 대한 취약성의 원인을 살펴본다. 아시아 재난발생의 증가원인을 거시적인 관심에서 살펴보고, 재난을 줄여나갈 수 있는 국제협력의 필요성을 강조하고자 한다.

2. 전세계 재해피해의 증가추이

현재 전 세계에서 발생한 자연재해에 대해 가장 많은 자료를 보유하고 있는 곳은 EM-DAT이다.[2] EM-DAT에서 제공하고 있는 자연재해 자료에 의하면 1900년부터 2005년까지 발생한 각종 자연재해의 횟수는 지난 100여 년간 지속적인 증가경향을 보이고 있다(그림 1). 특히 2차 세계대전이 끝나고 개발이 본격적으로 시작된 1960년대 이후에는 자연재해의 발생횟수가 기하급수적인 증가경향을 보인다. 발생횟수뿐만 아니라 재해로 영향을 받은 사람의 수와 경제적인 피해액 면에서도 유사한 증가 경향이 나타나고 있다.

하지만, 이러한 피해의 증가추이가 자연재해의 위험 그 자체의 증가를 의미한다고 단정하기에는 여러 가지 문제점들이 있다. 먼저 재해의 증가 현상은 부분적으로는 정보통신의 발달과 재해자료의 수집능력 증가와 연관되어 있다(Guha-Sapir et al., 2004). 과거에는 기록되지 않았던 재해들에 대한 정보가 정보기술의 발달과 자연재해에 대한 관심의 증가로 인해 지속적으로 수집되고 있다는 사실이 재해의 수를 늘리는 결정적인 요인이 되고 있다. 하지만, 이 자료를 분석한 여러 연구들은 재해의 절대적인 수가 증가하고 있다는 사실에 대해서는 대체적으로 의견이 일치하는 것으로 보인다(Guha-Sapir et al., 2004; Wisner et al., 2004). EM-DAT

---

[2] EM-DAT는 1900년 이후 전 세계에서 발생한 재해관련 피해사례들을 수집하여 제공하고 있다 (http://www.emdat.be/) 여기에 수록된 자료들은 인명 및 경제적인 피해를 가져온 각종 사건과 사고들에 대한 각 정부의 공식문서, 언론보도문, 국제기구의 문서, 보험회사의 보고서 등에서 채록하여 수록한 것이다(Guha-Sapir et al., 2004). 모든 자연재해 유형을 다 수록한 것은 아니며, 다음의 4개 조건중 하나를 만족시키면 재난(disaster)으로 정리하여 기록하고 있다. 1) 10명 혹은 그 이상의 인명이 사망한 경우, 2) 100명 이상의 사람이 피해를 입은 경우, 3) 국가가 재난을 선포한 경우, 4) 재해로 인해 국제적인 도움을 요청한 경우 등이 이에 해당한다.

의 자료는 자연재해의 유형을 수문기후학적 재난$^{hydrometeorological\ disaster}$과 지질학적 재난$^{geological\ disaster}$, 그리고 생물학적 재난$^{biological\ disaster}$으로 구분하고 있다. 재난의 유형별 시계열적 변화를 살펴보면 세 가지 재난 모두 지난 100년간 뚜렷한 증가경향을 보인다(그림 1). 하지만, 지질학적인 재난의 증가는 비교적 소폭에 그친 반면, 수문기후학적인 재난은 20세기 후반에 급속하게 증가하는 것을 알 수 있다. 1900년대 초반 10년 동안 50여 건에 머물던 수문기상재난은 2000년에 접어들면서 2,000여 건으로 증가하였다. 생물학적 재난 역시 10년 단위로 5~10건에 불과했던 것이 1990년대 이후에는 300~400건으로 증가하였다. 비교적 인간의 간섭을 적게 받는 지질학적 재난의 증가가 1900년대 초반과 2000년대 초반에 약 5배 증가에 머무른 반면, 인간의 활동에 의해 그 발생가능성이 훨씬 높은 수문기후학적 재난과 생물학적 재난의 증가는 40~60배 이상에 달하고 있다. 이러한 기하급수적인 재해의 증가를 단순한 재해 자료의 수집능력의 증가만으로 설명하기는 어렵다는 것이 지배적인 의견이다.

　재해의 시계열적 변화특성에서 가장 주목되는 점은 재해로 인한 사망자의 수는 지난 100여 년간 급격하게 감소한 반면, 영향을 받은 사람의 수 그리고 경제적인 피해의 규모는 기하급수적인 증가경향을 보인다는 것이다(그림 2). 1920년대 재해로 인한 사망자의 수는 전세계적으로 연평균 50만 명 정도였지만, 이후 지속적으로 감소하여 2000년대에는 사망자 수가 연평균 5만 명을 넘지 않는다. 10만 명 이상의 사망자를 발생시킨 자연재해의 경우, 그 대부분이 1900년대 초중반에 밀집되어 있으며 1900년대 후반과 2000년대에는 그 발생빈도가 급격하게 감소하고 있다. 이 기간 동안 나타났던 세계 인구의 급격한 성장을 고려하다면, 재해로 인한 사망자의 수는 절대적인 감소를 보인 것이다. 이러한 사망자

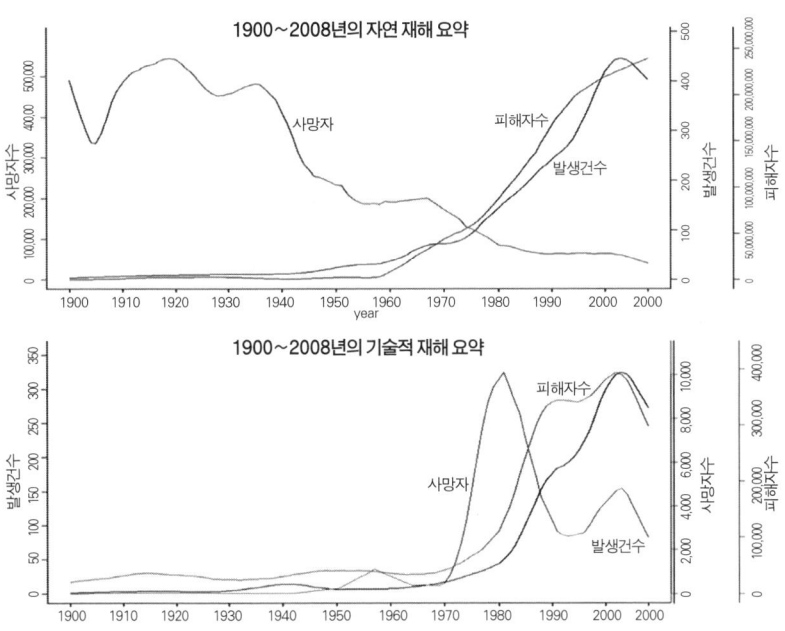

〈그림 2〉 1900년에서 2005년까지 재난과 관련된 피해추이(출처: EM-DAT, 2009)

의 감소는 의료시스템의 정비 및 국제적인 구호 활동, 그리고 방재활동의 증가로 인해서 자연재해가 발생하더라도 사망에까지 이를 위험은 현격하게 줄어들었다는 것을 의미한다.

재해로 인한 사망자의 감소현상과 뚜렷하게 대비되는 것은 재해로 피해를 입은 사람의 수와 경제적인 피해액은 1970년대 이후 기하급수적인 증가를 보이는 점이다(그림 2). 또 다른 특성은 과거의 재해가 대부분 대규모였던 것에 비해 최근에는 소규모 재해의 빈도가 급증하고 있다는 점이다. 즉, 과거에는 한 번의 피해로 많은 사상자가 발생한 반면, 20세기 후반에는 작은 피해들이 빈번하게 나타나고 있으며, 그 결과 재해가 발생하는 지역이 더 넓어지는 양상을 보이고 있다(Guha-Sapir et al., 2004). 즉 위험도는 상대적으로 약해졌지만, 빈도와 위험의 공간적인 범위는 보다 더 확대되고 있는 것으로 해석할 수 있다. 재해의 이러한 시계열적 특성은 궁극적으로 인구의 절대적인 증가와 도시지역에서의 상대적인 인구밀집현상 등으로 인해 재해의 발생위험이 높은 지역에 거주하는 사람의 수가 증가하였다는 점과 이들 지역에 투자되어 있는 유무형의 시설물들의 경제적인 가치가 이전에 비해 훨씬 증가한 점에서 기인한다.

기술적인 재해의 피해추이를 자연재해와 대비시켜보면, 1960년 이후 기술재해에 의한 사망자, 피해를 받은 사람의 수, 그리고 재산피해는 모두 기하급수적인 증가현상을 보이고 있다(그림 2). 1980년대에 정점을 이루었던 사망자수가 이후 급격하게 감소되기는 하였지만, 이전에 비해 사망자의 증가는 뚜렷하게 나타나고 있다. 기술적인 재해로 인한 피해가 자연재해에 비해 현격하게 낮음에도 불구하고, 이러한 재해들은 과거 인간이 경험하지 못했던, 인간이 만든 새로운 재해라는 점에 주목할 필요가 있다. 즉, 자연재해에 관해서는 천재라는 인식이 뿌리 깊게 남아있는 반면, 기술적인 재해는 인간의 실수, 나아가서는 인간이 지나치게 과학기술을 남용함으로 인해 일어난 재해라는 인식이 강하게 남아 있다는 것이다. 이러한 재해의 증가경향은 현대가 과거에 비해 더욱 더 위험하다는 인식을 심어주는 결정적인 원인이 되고 있는 것으로 보인다(Beck, 1997).

그림 1와 2에서 한 가지 염두해두고 넘어가야 할 점은 2000년대 이후 자연재해와 기술재해로 인한 피해가 감소추세로 돌아섰다는 점이다. 증가추세가 지속되고 있는 것은 자연재해에 의한 경제피해액만이고, 다른 모든 항목에서 그 동안의 증가경향이 반전되고 있다. 이 추세가 일시적인 것인지 아니면 앞으로 계속 지속될 것인지에 대해서는 쉽게 결론을 내리기기 어렵다. 하지만, 1990년대는 전세계적으로 위험에 대한 인식이

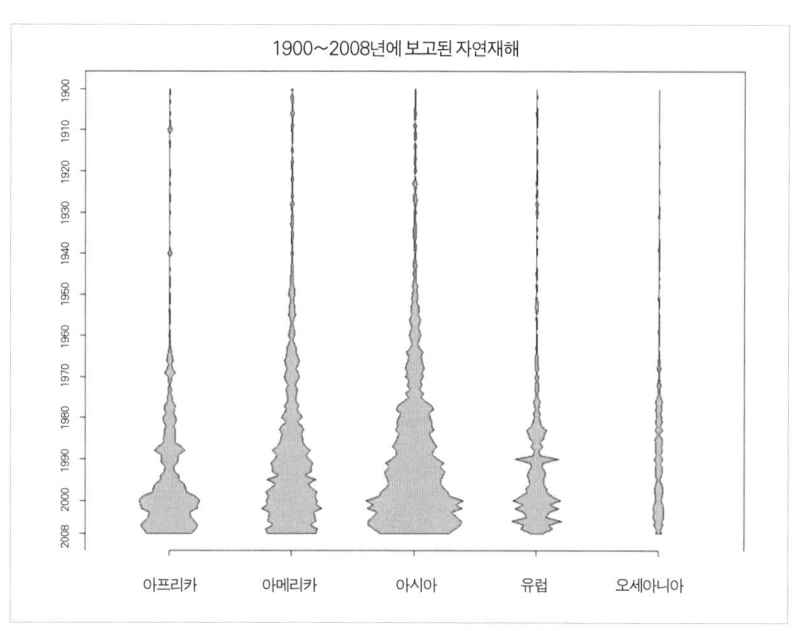

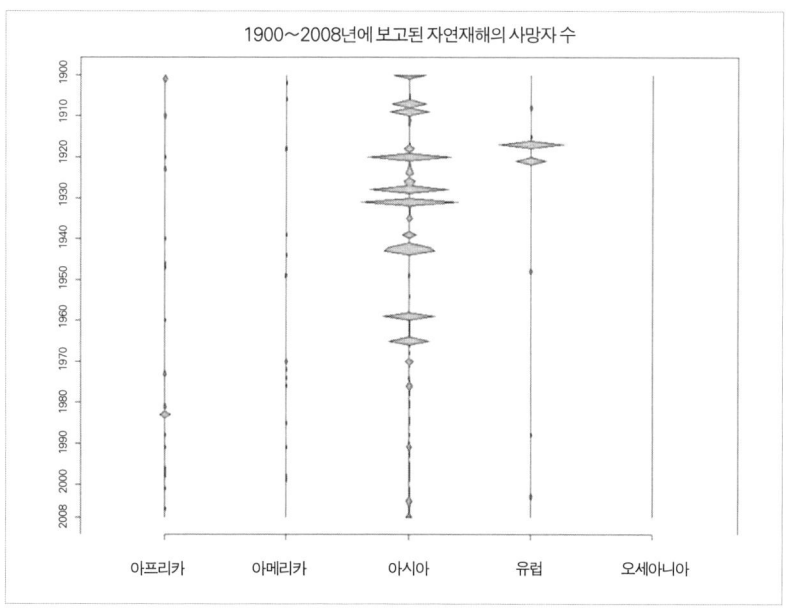

〈그림 3〉 1900년에서 2005년까지 대륙별 재난피해 추이 (출처: EM-DAT, 2009)

급격하게 증가한 시기이다. 1990년에서 1999년은 UN에서 지정한 '재해 경감을 위한 10개년계획'으로 재해의 감소를 위한 국제적인 노력이 본격적으로 이루어진 시기이다(UN/ISDR, 2004). 한국의 경우에도 90년대 다양한 재난사고를 경험한 뒤, 재해관리에 대한 사회적 관심이 크게 높아진 시기였다.[3] 즉, 재해의 발생 후 복구보다는 재해의 발생을 막는 것이 보다 경제적이고 효과적이라는 인식이 보편화되었으며, 각종 국제협력을 통해 위험을 감소시키기 위한 노력들이 폭발적으로 증가한 시기이다. 이러한 노력들이 결실을 맺기 시작하고 있는지는 향후 지속적으로 지켜볼 필요가 있을 것이다.

3. 아시아의 재해에 대한 취약성

재해가 발생한 지역을 대륙별로 살펴보면, 가장 많은 재해를 경험하고 있는 곳은 아시아 대륙이며, 아메리카와 아프리카가 그 뒤를 잇고 있다(그림 3). 유럽과 오세아니아는 다른 대륙에 비해서 재해의 발생건수가 상대적으로 적다. 대륙별 재해 발생의 시간적인 추이 역시, 앞에서 살펴본 바와 같이 1960~70년대를 전후해서 급격하게 증가하는 현상이 모든 대륙에서 관찰되고 있다. 반면, 재해에 의한 인명손실의 경우에는 1900년대 초반에서 후반으로 오면서 급격하게 감소하는 현상이 명확하다.

---

[3] 90년대 한국에서는 '사고공화국'이라는 호칭으로 불릴 정도로 많은 사건사고가 발생하였다. 1993년에는 우암상가 아파트 붕괴로 27명이 사망하였으며, 구포역 열차전복으로 78명 사망, 예비군부대 폭발사고로 19명 사망, 아시아나 항공기 추락으로 66명 사망, 서해 페리호 침몰로 292명이 사망하였다. 이후 1994년에는 성수대교가 무너져 32명이 사망하였으며, 1995년에는 대구 지하철에서 가스폭발로 101명이 사망하였다. 그리고 1995년에는 삼풍백화점이 무너져 502명이 사망하였다(홍성태, 2007).

대규모 인명손실에 가장 취약한 곳은 아시아 지역으로 1900년대 전반기에 중국과 인도, 방글라데시 등을 중심으로 질병과 가뭄, 지진 등의 피해에 특히 취약했었다. 하지만, 1900년대 후반으로 오면서 이전과 같은 대규모의 인명피해는 급격하게 감소하고 있다. 유럽의 경우에는 1917년의 질병에 의해 구소련지역에서 250만 명의 사망자가 발생했으며, 1932년에는 복합재해에 의해 500만 명 이상이 사망한 것으로 기록되고 있다. 하지만, 이후에는 이처럼 광범위한 재해는 유럽에서는 더 이상 발생하지 않고 있다. 반면, 아프리카 대륙에서는 1983년 에티오피아를 중심으로 나타났던 사헬지역의 가뭄에 의해 약 30만 명의 인명피해가 있었던 것으로 기록되고 있다.

　아시아 지역의 재해가 다른 대륙에 비해 압도적으로 높은 이유는 아시아의 인구규모와 밀도와 관련된 것이다. 2009년 현재 대륙별 인구는 아시아가 41억 2천만 명으로 세계 인구의 60.3%를 차지하며, 아프리카 10억 1천만 명(14.8%), 유럽 7억 3천만 명(10.7%), 라틴아메리카 5억 8천만 명(8.5%), 북아메리카 3억 5천만 명(5.1%), 오세아니아 4천만 명(0.5%) 등이다. 인구밀도 역시 아시아(131명/km^2)는 아프리카(34명/km^2), 유럽(32명/km^2), 북아메리카(16명/km^2), 오세아니아(4명/km^2) 등에 비해 압도적으로 높은 인구밀도를 보이고 있다. 많은 인구와 높은 인구밀도는 궁극적으로 재해피해의 증가를 설명하는 중요한 요인이다.

　여기에 덧붙여 아시아 지역이 자연재해에 취약한 중요한 요인으로는 아시아 지역이 가지고 있는 자연환경의 다양성을 들 수 있다(Dilley et al., 2005). 지질적인 측면에서 아시아 대륙은 다른 대륙에 비해 훨씬 복잡한 판구조적 특징을 가지고 있다. 아시아 대륙은 유라시아판을 둘러싸고 동쪽에서 서쪽으로 북아메리카판, 태평양판, 필리핀판, 호주판, 인도판, 아라비아판 등이 충돌하는 위치에 놓여있다. 이러한 판경계부를 따라서 지진이 밀집된 양상을 보이고 있다는 점이 다른 대륙과는 큰 차이를 보인다. 복잡한 지질작용으로 인해 섬이 많고 해안선의 길이가 길다는 점도 중요한 재해에 대한 취약성을 높이는 요인이 된다. 특히 아시아지역의 인구밀집현상이 대부분 연안지역에 집중되어 나타나는 지리적 특성으로 인해 많은 사람들이 지진에 의한 해일, 기타 풍수해의 직접적인 피해대상이 되고 있다. 세 번째로는 대륙의 동안에 위치하고 있는 지역이 열대성 폭풍의 영향을 강하게 받는다는 점을 들 수 있다. 특히 동지나해는 태풍의 발생지이기 때문에 태풍의 영향권에 직접적으로 놓이게 된다. 향후 기후 및 다른 자연환경변화에 의한 영향으로 인해 아시아지역이 자연재해에 가장 취약하다는 보고는 이미 다양한 문헌에서 공통적으로 지적되고 있는 내용이다(UNEP, 2004).

아시아 지역의 재해 중에서 특히 우리의 관심을 끄는 것은 1995년 북한에서 발생한 재해로 61만 명의 사망자를 발생시킨 복합재해이다(Box 1). 이는 우리에게 잘 알려져 있는 소위 '고난의 행군'에 의해 발생한 결과였다). 이 재해의 피해규모는 1900년대 후반부에 발생한 재해 중에서는 인명피해 면에서는 최대에 해당되는 것이다. 아시아 지역의 재해들의 대부분이 인구규모가 큰 중국, 인도, 방글라데시와 같은 나라인데 비해, 당시 북한의 인구가 2,000만 명 수준이었다는 것을 감안한다면 이 피해는 상상을 초월하는 대규모 재난으로 간주할 수 있다.

Box 1. 1990년대 후반 북한의 '고난의 행군'

  1995년과 1996년 북한이 경험한 기근과 그에 따른 대규모의 인명피해는 전근대적인 자연재해가 1900년대 후반에 재현된 대표적인 경우로 볼 수 있다. 당시 언론보도에서는 영양결핍을 겪고 있는 북한의 어린이들은 빈곤의 상징이 되었다. '고난의 행군'이란 1930년대 말 김일성이 이끄는 항일 빨치산이 만주에서 혹한과 굶주림을 겪으며, 일본군의 토벌작전을 피해 100여 일간 행군한 데서 유래했다고 한다. 북한이 경험한 재해의 원인은 자연환경파괴에 따른 부분과 북한이 가지고 있는 패쇄적인 경제구조, 그리고 재난복구가 어려운 사회 및 정치구조의 측면에서 살펴볼 수 있다.

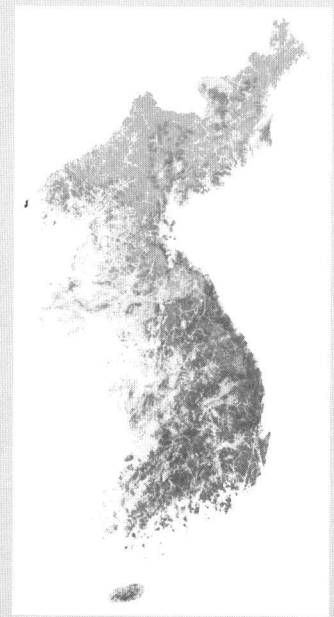

〈그림 4〉 인공위성을 통해 본 북한과 남한의 지표식생의 차이와 다락밭의 경작으로 황폐화된 북한의 산지(사진출처: 저자)

먼저 자연환경 측면에서 북한이 이렇게 대규모의 피해를 입게 된 중요한 요인은 삼림의 황폐화와 토양자원의 질 저하에서 찾을 수 있을 것이다. 산악지형과 척박한 토양, 그리고 계절적으로 변동이 심한 기후는 북한의 자연환경이 인간의 영향에 매우 민감하게 반응할 수밖에 없는 조건을 가지고 있다. 2000년 북한의 산림면적은 전국토의 68.1%인 844만 6천ha를 차지하고 있다. 이 수치는 70년대의 산림율 79.8%와 비교하여 크게 줄어 든 것이며, 더 중요한 것은 산림의 질 역시 급격하게 악화된 것으로 보고되고 있다는 점이다. 인공위성사진에서 추출한 식생지수를 비교할 경우 북한과 남한은 현격한 차이를 보이고 있다(그림4). 북한환경보고서(UNEP, 2003)는 북한의 삼림 면적과 임목축적량이 1945년 970만 ha, 13억 800만 m^3에서 1996년 890만 6천 ha, 4억 9929만 m^3로 줄었다고 보고하고 있다. 이 보고서에서 북한의 임목총량이 크게 줄어든 주요 원인으로는 1990년 이후 벌목, 땔감으로 소비되는 목재량의 증가, 화재 및 병충해로 인한 피해, 농지개간사업 등이 있다고 지적하고 있다.

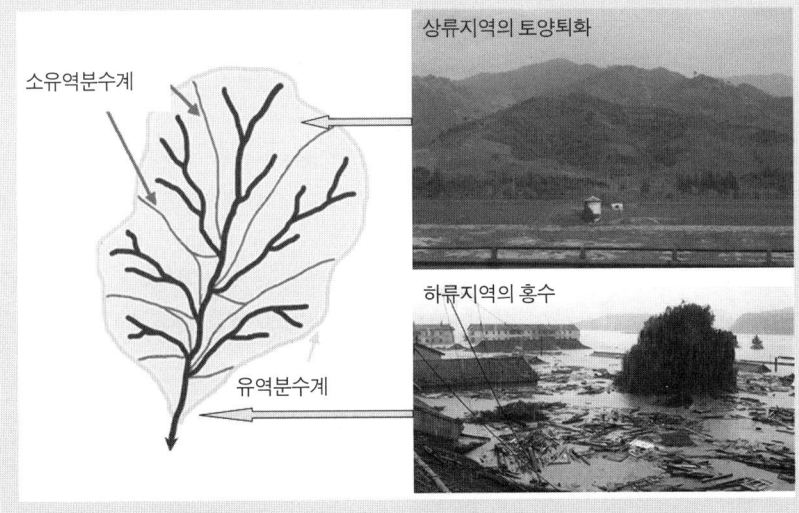

〈그림 5〉 하천유역 내에서의 토양퇴화와 홍수와의 관련성

여기에 덧붙여 70년대부터 진행되었던 산지에서 이루어진 다락밭과 비탈밭의 개간은 토양침식과 수자원시스템을 붕괴시킨 주요요인이 되었다. 북한은 산지가 87%를 차지하고 있으며, 여름과 초가을의 집중호우로 인해 토양침식에 매우 취약한 특징을 보인다. 한편 토지자원의 질 저하의 경우 1996년 이후의 곡물 수확량이 1990년의 수확량의 1/3배에 불과하다고 보고하고 있다. 토지자원의 질 저하는 화학비료 투입에 의존한 농업 방식으로 인한 토양 산성화의 심화, 삼림의 황폐화와 최근 빈발하는 홍수와 가뭄으로 인한 표토 유실의 가속화에서 그 원인을 찾고 있다.[4]

산림의 감소와 경사지의 개간은 목재자원과 동물서식지의 감소, 대기 및 수문에서의 생물권의 제어기능의 약화, 생물학적 종의 감소, 홍수 및 토양침식 등과 직접적으로 연결된다. 또한 부적절한 수자원관리, 가뭄과 홍수 같은 극심한 기후재난은 물의 부족과 동시에 막대한 재산 및 인명 피해로 이어지게 되었다. 1995년 발생한 홍수로 인한 경작지의 침수는 9억 2,500만달러에 달하는 손실을 입힌 것으로 추정되고 있으며, 이후 몇 년간 지속된 기아로 200~300만 명의 북한 주민이 아사한 것으로 알려지고 있다(Natsios, 1999).[5]

---

[4] 특히 1990년에서 1996년 사이 땔감으로 소비된 목재의 양이 3백만m³에서 7백2십만m³로 증가했다고 보고하고 있다. 또한 건조한 기후 하에서 산불이 증가하고 병충해가 만연하여 임목축척량이 감소하였다는 분석도 제시하고 있다. 그러나 상대적으로 농지개간이나 벌목에 의한 삼림훼손의 문제에 대해서는 자세히 다루지 않고 있다. 표토유실에 따른 토지의 질 저하에 대해서는 최근 빈발하는 홍수와 가뭄, 삼림의 황폐화를 주요 원인으로 돌리고 있다. 북한환경보고서(2003)는 삼림 훼손과 토지의 질 저하를 주로 에너지난과 자연재해로 인한 식량난에 기인한 것으로 돌리면서 상대적으로 북한정부의 정책실패 부분에 대해서는 함구하고 있는 것처럼 보인다.

[5] 북한의 인명피해에 대한 수치는 자료별로 큰 차이를 보이고 있다. 그 원인은 북한이 당시 피해 상황을 정확하게 보고하지 않은 것이 중요한 원인이 되지만, 복합재해의 특성상 피해의 범위를 정확하게 규정하기 어렵기 때문에 나타난 현상이다.

사회경제적인 원인으로는 1990년대 구소련의 붕괴로 인해 북한이 대외적으로 경제교류를 할 수 있는 대상이 없어졌다는 점에서 찾을 수 있다. 특히 당시 핵개발과 관련된 국제사회의 경제조치와 더불어, 소련으로부터의 식량지원중단으로 경제적으로 북한사회는 취약해질 수밖에 없는 상황이었다. 여기에 덧붙여 대규모 수해와 그에 따른 빈곤문제가 발생했을 때, 체제의 문제점이 노출되는 것을 꺼린 북한당국이 외국 혹은 국제구호기구의 접근을 막은 것도 피해의 규모를 키우는 데 결정적인 역할을 하였다.

4. 자연재해 증가의 원인

지난 100여 년간 관찰된 자연재해에 의한 피해의 급속한 증가의 원인은 다양한 분야에서 찾을 수가 있을 것이다. 자연재해가 증가하게 된 원인과 그 과정을 도식적으로 표현하면 그림 6과 같다. 자연적인 위험성의 증가요인으로는 인간이 야기한 환경변화, 즉 기후변화와 토양퇴화, 그리고 물부족과 같은 현상들이 자연재해의 위험성 자체를 높이는 것으로 볼 수 있다. 여기에 덧붙여 현재 급격하게 진행되는 세계화 경향은 부분적으로는 식량문제와 불평등의 문제, 그리고 빈곤과 삶의 불안정을 야기해 사회적 취약성을 증가시키는 요인으로 간주된다. 이러한 자연적 위험성과 사회적 취약성을 증가시키는 동인으로는 인구증가와 경제발전에 따른 소비증가를 들 수 있다. 여기서는 재해증가의 근본원인에 대해서 살펴보고, 위험성과 취약성의 증가원인에 대해서 간략하게 기술한다. 마지막으로는 재해의 위험이 현대에 와서 어떻게 변화되었는지 살펴본다.

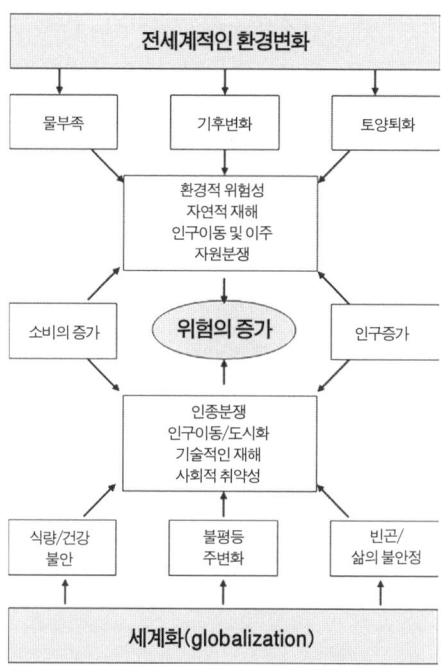

〈그림 6〉 전 세계적인 환경변화와 세계화(globalization)에 따른 자연재해의 위험도의 증가경향
(출처: Pine(2009)를 근거로 필자가 수정보완)

1) 재해증가의 근본원인

자연재해의 증가를 가져온 근본원인으로는 인구의 급격한 성장과 경제성장이다. 하지만, 이 두 요인이 재해의 증가에 미치는 영향은 복잡하며, 각 지역과 사회가 가지고 있는 상황에 따라서 양면성을 가지고 있다는 사실을 유념해야 한다. 예를 들어, 인구의 증가는 재해를 증가시키기도 하고 감소시키기도 하는 요인이 될 수 있다. 즉, 인구가 밀집되어 있는 경우에는 재해의 위험성과 취약성을 높여서 대규모 재해로 연결될 가능성을 높이기도 하지만, 방재노력이 보다 적극적으로 이루어져 재해의 피해를 줄일 수 있다. 인구 및 경제성장의 재해와의 관련성은 향후

보다 체계적인 연구가 필요한 부분이다(Wiesner et al., 2004).

① 인구성장 및 인구구조의 변화

재해에 노출된 사람들의 전체적인 수가 증가하고 있는 것이 재해에 의한 피해를 늘리는 중요한 원인이다. 1950년대부터 기하급수적인 증가를 보이고 있는 세계 인구는 2050년까지 지속적으로 증가할 것으로 전망되고 있다. 특히 주목해야할 사실은 지난 50년간 인구증가의 90%가 자연재해에 취약한 개발도상국에서 집중적으로 나타났다는 사실이다. 개발도상국의 경우에는 안전하지 못한 자연환경에서 급속한 인구증가로 인해 자연환경의 변화를 가속화시키게 되고, 토지에 대한 압박이 증가하게 되며, 그 결과 대규모 이주와 도시화가 진행되어 환경적, 사회적 취약성이 급격하게 증가하게 된다. 예를 들어, 아프리카에서는 현재 전체 인구의 4분의 1만이 정수된 안전한 물을 먹을 수 있으며, 가뭄 등과 같은 기후적인 요인으로 인해 광범위한 지역에서 주기적인 기근을 경험하고 있다. 계속되는 인구 성장은 점차 교육과 다른 사회적 서비스에 투자하는 정부의 능력을 능가하게 되고, 그 결과 토지 자원에 대해 보다 더 높은 경쟁이 이루어질 수밖에 없는 상황을 만들게 된다.

개발도상국과는 반대로 선진국에서는 인구구조의 변동에 따른 취약성의 증가가 보다 뚜렷하게 나타나고 있다. 의료기술의 발달과 더불어 급격한 출산율의 감소는 전체 인구 중 노령인구가 차지하는 비중을 급격하게 증가시키게 된다. 또한 사회적 그리고 경제적으로 취약한 계층의 출산율이 안정계층의 출산율을 능가하는 경우가 대부분이다. 노약인구와 취약계층의 인구증가는 재해발생시 피해를 입을 가능성이 높은 인구가 증가하고 있다는 것을 의미한다. 예를 들어, 영국에서는 장애인에 속하는 성인의 70%가 60세 이상이며, 이들은 재해발생시 상대적으로 큰 피해를 입을 수밖에 없다.

② 경제성장과 소비의 증가

경제성장이 이루어지기 위해서는 생산과 소비의 증가가 반드시 전제되어야 하며, 이것은 직간접적으로 자연환경을 적극적으로 이용하는 행위와 연결된다. 도로와 댐의 건설 등과 같은 토목 및 건설행위는 인간에게 많은 경제적 이익을 주지만, 동시에 재해의 위험성을 높이는 결과를 가져온다. 사면의 절개로 인해 산사태의 위험이 증가하고, 지표면에서의 물의 흐름을 방해해서 도로주변지역이 호우에 침수되기도 한다. 또한 도로의 건설은 생태계의 연결성을 단절시킴으로써 종다양성을 감소시켜 위험성을 간접적으로 증가시키는 결과를 가져온다. 활발한 경제성장이 이루어지면 건물용지가 부족해지면서 위험에 노출된 지역이 적극적으로 개발되기도 한다. 마찬가지로 늘어난 여가 시간을 즐기기 위해서 산과 해안환경 등 잠재적으로 위험성이 높은 지역에 대한 개발을 유도하게 된다. 특히 이러한 위험성이 높은 지역을 개발할 경우에는 방재를 위해 많은 비용이 추가로 투입되어야 한다.

경제성장과 더불어 새로운 기술은 때때로 예보 및 경보시스템의 향상과 안전한 건설 기술로 재해를 줄이는 것처럼 보인다. 그러나 사회가 선진 기술에 의존하면 할수록 기술적인 오류가 발생할 경우 재해의 위험성은 이전보다 커지게 되는 경우가 많다. 높게 솟은 건물, 거대한 댐, 해안지역의 인공섬의 건설, 원자로의 확산, 낮은 비용의 자동차, 대규모의 저렴한 교통수단(특히 항공 교통) 등은 대부분 경제적인 성장 내지 발전의 상징으로 간주된다. 하지만, 이러한 기술에 대한 의존성의 증가는 한

번 사고가 발생할 경우 과거보다 훨씬 대규모의 재해로 이어질 가능성 역시 높인다는 사실을 인식할 필요가 있다.

최근 지속가능한 발전이란 개념이 적극적으로 사용되기 시작하면서 과거 경제성장 중심의 사고가 보다 환경과 재해의 가능성을 높인다는 주장이 지속적으로 제기되고 있다. 현재 경제성장의 지표로 광범위하게 사용되고 있는 국민총생산$^{Gross\ Domestic\ Product,\ GDP}$과 같은 정량적인 지표들은 모든 생산활동의 단순한 합계로 성장과 발전의 정도를 가늠하고 있다. 이 지표는 생산활동의 성격과 질을 전혀 고려하지 않는다. 즉, 자연재해와 오염을 일으키는 각종 행위들도 GDP에 포함되기 때문에, 재해에 대한 취약성을 높이는 각종 활동들도 포함되어 있다. 즉 자연재해를 유발할 수 있는 각종 행위들이 발전을 상징하는 지표가 될 수 있다.

이러한 문제점을 개선하기 위해 다양한 지표들이 개발되어 사용되고 있으며, 그 대표적인 것이 GPI$^{Genuine\ Progress\ Indicator}$이다. 이 지표는 인간의 경제활동에 해당하는 생산활동 중에서 GDP에 포함되지 않고 있는 질적인 요인들을 고려하여 총생산량을 추정하는 것이다. 〈그림 7〉은 미국의 GDP와 GPI를 비교한 것으로 1950년대 미국의 GDP는 지속적인 성장을 이루어왔지만, GPI는 1960년대 이후 지속적으로 감소되고 있는 것으로 나타나고 있다. 즉 많은 경제활동들이 사실은 인간의 복지에 대한 기대를 만족시키지 못하며, 오히려 복지에 부정적인 영향을 미칠 수도 있음을 시사한다.

2) 위험성의 증가

자연재해의 피해증가와 자연이 가지고 있는 위험성이 실질적으로 증가했는지에 대해서는 많은 논란의 소지가 있다. 지진의 경우 지난 100

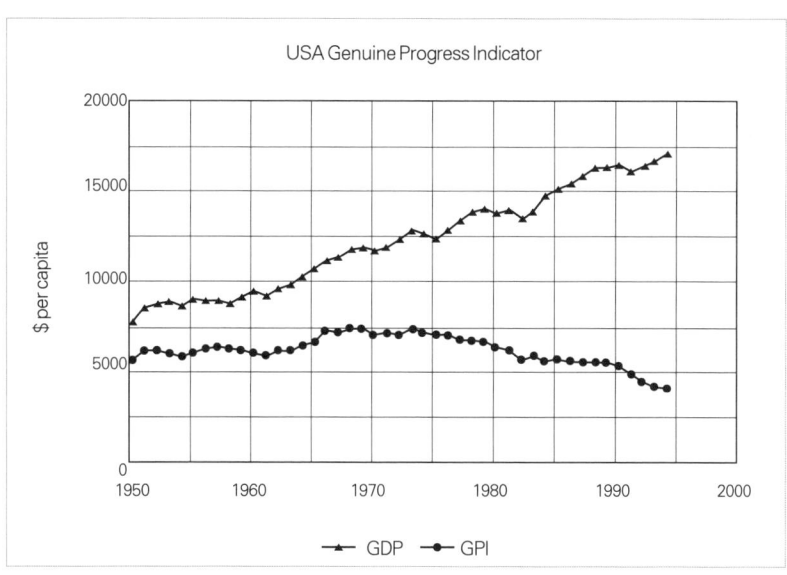

〈그림 7〉 미국의 국민총생산(GDP)와 Genuine Progress Index(GPI)간의 관계
(출처: Friends of Earth, 2010)

여 년간 지진발생 자체가 뚜렷한 증가를 보였다는 사실을 확인하기는 어렵다. 하지만, 홍수와 태풍과 같은 기상재해의 경우에는 극한현상extreme event의 빈도와 강도가 세계적으로 증가하고 있다고 보는 의견이 지배적이다. 특히 이러한 비정상적인 기후현상이 인간에 의한 환경변화, 즉 맥락적 위험성의 증가와 직접적으로 결부된 것으로 해석하는 시각이 주류를 이루고 있다(IPCC, 2007; ISDR, 2009; 1.3장 참조).

지구환경은 지질시대를 거치면서 소규모의 진동과 더불어 대규모의 격변을 여러 번 경험하였다. 따라서 겨우 100여 년간의 자료를 통해 재해의 위험성 증가의 원인을 완벽하게 규명한다는 것은 현실적으로 불가능하다. 그렇기 때문에 여기서 제시하는 이론은 아직은 대부분 가설수준에서 논의되는 것들이 많고 전문가나 정책결정자들에 의해 100% 합의된 것은 아니라는 것을 먼저 전제할 필요가 있다.

① 기후변화

지난 150여 년에 걸쳐 전 세계 평균기온이 약 0.8°C 정도 증가했다는 것은 의심의 여지가 없는 것으로 보인다. 특히 이러한 기온상승이 인간의 활동, 즉 화석연료의 사용과 지표피복의 변화에 의해 야기된 것이라는 사실에 대해서도 큰 이견이 없는 것으로 보인다(IPCC, 2007). 앞으로의 인류의 발전방향에 대한 시나리오별로 지구온도의 변화경향을 예측한 결과를 보면, 21세기 후반의 지구온도는 지금보다 최소 1.8°C 그리고 최대 3.6°C 정도가 증가할 것으로 예측된다.

온도가 상승하면 극지역과 산지에 쌓여 있는 빙하가 녹고, 빙하가 녹은 물이 바다로 흘러들어가서 궁극적으로는 해수면을 상승시킬 수 있다. 해수면이 현재보다 높아지면 해안에 위치하고 있는 저지대가 해일 혹은 호우에 의해서 침수될 가능성 또한 높아진다. 여기에 덧붙여 지속적인 산림벌채와 사막화는 지구상의 수문순환$^{water\ cycle}$의 변화를 가져올 수 있으며, 이러한 현상은 극단적인 기후재해의 가능성을 높여주고 있다. 지금보다 지구온난화$^{global\ warming}$는 단순히 지구의 온도를 높이는 것에 그치지 않고, 대기와 해양의 유동성을 증가시켜 이전에 비해 훨씬 높은 빈도의 극한현상을 야기할 것이라는 전망이 있다(표 1 참조). IPCC(2007)는 1970년대 이후 급증한 홍수와 태풍, 그리고 해일에 대한 피해를 주목하면서 이들 피해가 궁극적으로는 인간에 의한 대기온난화의 결과라고 보고 있다.[6]

---

[6] 최근 증가하고 있는 자연재해에 의한 피해액의 급증이 반드시 지구온난화에 의해서 기인한 것이 아니라는 주장에도 귀를 기울일 필요가 있다. 1990년대 후반만 하더라도 지구의 기후가 상승하고 있다는 사실에 대해서도 학자나 정책결정자들 간에 충분한 합의가 이루어지지 않았다. 과거의 환경변화를 연구해온 학자들 간에는 현재 지구가 빙하기의 정점에 도달해 있으며, 조만간 빙하기가 도래할 것이라는 예견이 우세했다. 현재 기후온난화가 정설로 믿어지고 있긴 하지만, 장기간에 걸친 기후변화에 인간이 어떤 영향을 미치게 될지에 대해서는 앞으로도 많은 연

〈표 1〉 기후변화예상시나리오와 변화가 가져올 재해의 위험성 증가

극단적인 기후현상과 그 가능성(a)에 의해 21세기의 예상되는 변화.	예상되는 영향(b)의 대표적인 사례, 몇몇 지역(c)에서 나타날 가능성이 높은 가능성/신뢰성.
더 높은 최대 기온: 더운 날씨와 지표근처에서의 열파의 증가(가능성 높음a)	• 도시빈곤층과 노년층에서의 사망자와 심각한 질병의 증가 • 가축과 야생동물의 고온스트레스 증가 • 여행대상지의 이동 • 냉방수요의 증가와 에너지공급확실성의 감소
더 높은(증가하는) 최소기온: 추운 날, 서리일수의 감소, 지표근처에서의 냉파의 증가(가능성 높음a)	• 추위와 관련된 인간질병과 죽음의 감소 • 많은 작물에 대한 손상위험의 감소와 다른 것들에게는 위험의 증가 • 몇몇 전염병과 질병매개체의 범위와 활동의 확장 • 난방에너지 수요의 감소
강한 강수의 증가(많은 지역에서 가능성이 매우 높음a)	• 홍수, 산사태, 눈사태, 토석류 피해의 증가 • 토양침식의 증가 • 홍수시 유거수의 증가로 인해 몇몇 평야대수층의 재충전 • 정부와 민간홍수보험체계에 대한 압력과 재난구호에 대한 압력증가
대부분의 중위도 대륙내부지역에서 여름건조와 이와 관련된 가뭄의 위험 증가(가능함a)	• 작물수확의 감소 • 지면수축에 의해서 건물기반의 피해증가 • 수자원의 양과 질의 감소 • 산불의 위험 증가
열대폭풍의 최대바람의 강도, 방법과 최대강우 강도의 증가(몇몇 지역d에서 가능성 있음a)	• 인간의 삶에 대한 위험, 질병과 전염병의 위험 증가 • 해안침식과 해안건물과 시설물에 대한 피해증가 • 산호초와 맹그로브 같은 열대생태계에 대한 피해의 증가
많은 지역에서 엘니뇨현상과 관련된 가뭄과 홍수의 강화(가능성a)	• 가뭄과 홍수다발지역의 농업과 방목장의 생산성 감소 • 가뭄다발지역에서의 수력잠재력의 감소
아시아몬순의 강수변동성의 증가(가능성a)	• 홍수와 가뭄의 규모 온대와 열대아시아의 피해 증가
중위도지역의 폭풍강도의 증가(현재의 모델들 사이에서는 합의가 부족b)	• 인간의 삶과 건강에 대한 위험의 증가 • 빈곤과 시설물 손실의 피해 증가

a) 가능성은 TAR EGI에 의해 사용된 신뢰성의 판단치를 나타냄: 가능성 높음(90~99%), 가능성 있음(66~90%). 특별한 언급이 없으면, 기후현상에 대한 정보는 TAR WGI의 Summary for Policymakers로부터 획득된 것임.
b) 이러한 영향은 적절한 응답측정에 의해서 약화될 수 있음.
c) 높은 신뢰성은 Footnote 6에 묘사된 것처럼 67~95%사이의 확률에 대한 확률을 나타냄.

(출처: IPCC, 2007)

구가 필요하다.

제2장 국경을 넘는 위험

〈표 1〉은 예상되는 기후 및 자연현상의 변화에 의해 발생할 수 있는 재해의 위험성을 정리한 것이다. 예상되는 기후변화가 반드시 부정적인 영향만을 가져오는 것은 아니다. 환경 및 사회경제 시스템에 따라 그 영향이 이로울 수도 있고 해로울 수도 있다. 다만, 기후의 변화와 그 변화율이 클수록 해로운 영향이 우세할 것으로 예견된다. 기후변화는 국지적·지역적 대기오염을 심화시키고 성층권 오존층의 회복을 지연시키며, 토지붕괴 및 담수의 양과 질에 관련된 문제를 심화시킨다. 또한, 생산성을 변화시키고 유전자와 종의 다양성 감소 유발, 육지와 해양 생태계 구성을 변화시킬 것으로 보인다. 특히 배출되는 온실가스가 대기권에 누적될수록, 그리고 이와 연관된 기후 변화가 클수록 해로운 영향이 더 클 것이다. 물론 긍정적 영향도 일부 지역과 분야에서 나타날 수 있지만, 이는 기후의 변화가 커짐에 따라 감소할 것으로 예상된다. 반면 그동안 확인된 해로운 영향은 기후변화의 정도에 따라 그 범위와 심각성 면에서 모두 증가할 것이다. 지역적인 면을 고려할 때, 해로운 영향은 세계의 여러 지역, 특히 열대·아열대 지역에서 클 것으로 예상되며 전체적으로 보면 기후의 변화는 인간 건강에 대한 위협을 증가시킬 것으로 예측된다. 그리고 이러한 변화는 궁극적으로 맥락적인 재해의 위험성을 증가시키게 될 것으로 보인다.

한국의 경우에도 자연재해에 의한 피해의 규모가 지난 10여 년간 급격하게 증가하고 있어, 기후변화로 인한 극한현상의 빈도가 높아졌을 것이라는 우려가 높다.[7] 최근 10년(1994-2005)간 폭염으로 인해 2,127명이 사망하였고, 기온상승으로 말라리아 환자가 1994년의 5명에서 2007

---

[7] 세계적 자연재해의 추이에서는 2000년대 이후 재해에 의한 피해가 감소한 것으로 알려지고 있다. 한국의 자연재해 피해액이 이 시기에 이전보다 급격하게 증가한 이유에 대해서는 보다 체계적인 연구가 필요하다.

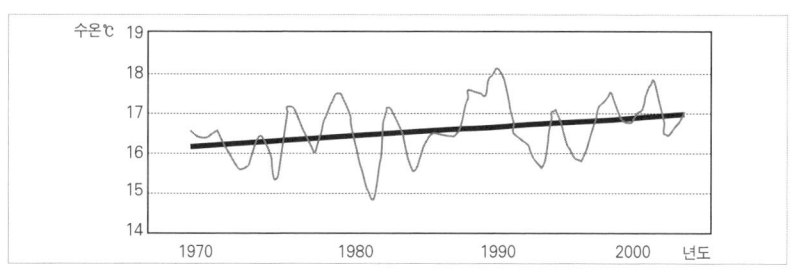

〈그림 8〉 한국 동해안의 평균수온의 변화 (출처: 국립수산진흥원, 2005)

년에는 2,227명으로 증가하였다. 그리고 자연재해의 빈도도 증가하여 1993년에 약 2,000억 원에 머물렀던 자연재해에 의한 피해액은 2000년에 접어들면서 1조에서 2조원 사이의 피해액을 보여주고 있다. 특히 한국에서 조사된 대규모 풍수해 피해 중에서 상위 10위에 해당하는 재해가 지난 10년 이래 발생했다는 사실은 주목할 필요가 있다(환경부 기후변화포탈, 2010). 우리나라의 기온은 지난 100년간 1.5°C 상승한 것으로 나타나고 있으며, 이것은 지구 평균의 2배에 달하는 수치로 알려지고 있다(환경부 기후변화포탈, 2011). 한국이 동해안의 수온을 비교해 보면 지난 30여 년간 평균 1°C 정도가 상승한 것으로 알려지고 있다. 그 영향으로 제주지역의 해수면은 지난 40년간 22cm 상승하였다(그림 8).

② 토양퇴화(Land Degradation)

인구의 증가는 토지에 대한 수요를 급격하게 높이는 역할을 하여 토지압박을 증가시킨다. 많은 개도국에서 인구의 80%이상은 농업에 의존하지만 많은 이들이 토지 자원에 동등하게 접근할 수 없다. 그림 9는 개발도상국에서 토지압박으로 인해 재해에 대한 위험성이 어떻게 증가하는지를 표현한 것이다. 대부분의 개발도상국에서는 기술과 자본의 부족으로 인해 집약적인 토지이용이 어려운 가운데, 인구증가로 인하여 이

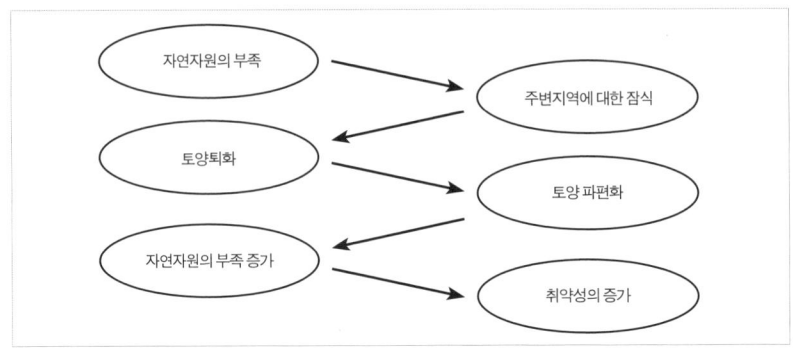

〈그림 9〉 가뭄과 기타재해에 의한 사회적 취약성의 증가 (출처: World Bank, 2002를 저자가 수정)

전에는 사용하기 어려웠던 주변지들을 이용할 수밖에 없게 되었다. 이러한 곳은 경사가 높아서 토양침식이 쉽게 되거나 기후가 건조하여 장기적인 농작물 경작이 어려운 곳인 경우가 많다. 이러한 토지를 이용해야 하는 사람들의 경우에는 충분한 농경기술과 자본을 가지지 못하기 때문에 지력을 유지할 수 있는 영농기술을 적용하기 어렵다. 따라서 급격한 토양침식이 이뤄지게 되며, 비료 혹은 퇴비를 공급하지 못하기 때문에 토양의 질 역시 감소하게 된다. 이 상태에서 추가적인 인구증가는 토지분할$^{land\ fragmentation}$을 통해 1인당 사용할 수 있는 경지의 양이 절대적으로 감소하는 결과를 가져오게 되며, 그 결과 토양에 대한 의존도와 이용정도는 이전보다 훨씬 높아지게 된다.

이렇게 악화된 여건 하에서는 단기간의 가뭄이라고 하더라도 전체 경제시스템의 붕괴로 연결된다. 현재 세계적으로 약 8,500만 명 이상이 심각한 환경저하를 겪는 지역에서 살고 있으며, 이들은 재해에 가장 취약한 인구집단인 것으로 알려져 있다(Wisner et al., 2004). 이러한 토양퇴화에 의한 위험성 증가의 가장 적절한 예는 지난 1990년대 후반이 북한이 경험한 복합재해에서 쉽게 찾아볼 수 있다(Box 1 참조).

농업의 현대화 역시 재해의 위험성을 증가시키는 요인이 되고 있다. 열대지역에서의 외국자본에 의한 자본집약적 집단농업은 농부들에게 자신들의 토지를 떠나도록 만들며, 그 결과 이들 중 대부분이 거주시설이 열악한 도시지역 혹은 재해의 위험성이 높은 지역으로 이주할 수밖에 없는 상황을 만든다. 마찬가지로, 관계농업을 위한 저수지 건설로 인해 하천주변의 비교적 비옥한 토지들이 침수되고 이들 지역에 살고 있던 사람들은 마찬가지로 자연재해에 취약한 지역으로 이주하여 살 수밖에 없게 된다. 개발도상국에서 수산업, 농업, 그리고 소금 생산을 위한 맹그로브 숲의 파괴, 선진국에서 흔히 나타나는 해안저지의 개발 등은 습지가 가지고 있는 재해예방 효과를 없애고 해일이나 큰 파도에 해안지역이 피해를 입을 가능성을 높이고 있다. 특히 농업생산물 유통의 국제화와 식습관의 변화로 인해 농업인구의 급격한 탈농현상과 더불어 도시로의 이주가 뚜렷하게 나타나고 있다.

3) 취약성의 증가

재해의 증가추이의 원인으로 흔히 지적되는 것은 인간사회가 안고 있는 취약성의 증가이다. 자연적인 위험성의 증가의 경우에는 과학적인 불확실성의 영향으로 전체적인 경향성을 파악하는 것이 상대적으로 어려운 반면, 취약성의 증가경향은 상대적으로 쉽게 파악할 수 있다. 특히 지난 4-50여 년간 전 세계적인 사회경제적인 변화는 현재의 재해증가와 직접적으로 관련되어 있다. 취약성의 증가원인 중에서 중요하게 다루어지는 몇 가지를 정리하면 다음과 같다(Wisner et al., 2004).

① 세계화와 경제통합

세계화^{glottalization}라는 용어는 경제, 사회, 문화, 기술 등 각 분야별로 다양한 의미로 사용되고 있지만, 국가 간 인적, 물적 교류가 지속적으로 확대되는 현상으로 정의할 수 있을 것이다. 세계화가 개발도상국과 선진국 내의 취약계층에 미치는 영향에 대해서는 상반되는 두 가지의 주장이 존재하고 있다. 세계은행$^{World Bank}$과 IMF(International Monetary Fund) 등의 국제금융기구와 주류경제학자들은 세계화로 인해 개발도상국 그리고 선진국의 경제취약계층들이 보다 많은 기회를 가질 수 있기 때문에 빈곤의 문제를 해결하고 삶을 개선할 수 있다고 주장한다. 이들은 실제 전 세계의 빈곤지표들에서 지난 30년간 뚜렷한 개선이 나타나고 있다는 주장을 근거로 내세우고 있다.

반면 세계화를 반대하는 사람들의 주장은 세계화가 선진국에 의한 개발도상국의 노동자들에 대한 착취의 형태로 이루어지고 있으며, 개발도상국의 생산구조 자체를 붕괴시켜 빈곤문제를 더욱 악화시키고 있다고 주장하고 있다. 이들은 1980년대 IMF가 주도한 채무국에 대한 구조조정정책$^{Structural Adjustment Programme, SAP}$은 많은 아프리카 국가들의 기아 문제를 더욱 심화시켰고, 라틴아메리카의 많은 빈민들은 더 가난해졌다고 주장하고 있다. 특히, 제2차 세계 대전 이후 지속적으로 증가하기 시작한 금융 및 무역의 확대는 농작물과 광산물의 가격폭락을 가져왔다. 이들 생산물들이 주로 개발도상국의 주요 산업과 수출품이었다는 점을 고려한다면, 개발도상국의 산업에 상당한 부정적 영향을 미쳤을 것이라는 점은 쉽게 예측해볼 수 있다.

세계화를 둘러싼 찬반양론에 대한 평가는 이 연구의 범위를 벗어나는 것이다. 하지만, 이처럼 두 개의 상반된 주장이 팽팽히 맞서고 있는 근본적인 이유는 세계화로 이득을 보는 사람과 피해를 보는 사람들이 국가별로, 지역별로, 그리고 산업부분별로 차이가 나타난다는 사실을 반증하는 것이다. 전 세계를 대상으로 한 빈곤인구의 절대수와 전체 인구에서 이들이 차지하는 비율은 분명히 감소하고 있다. 하지만, 이러한 빈곤인구의 감소는 중국과 인도와 같은 인구대국들의 경제성장과 더불어 빈곤층이 감소하면서 나타난 현상이며, 실제 빈곤문제가 심각한 라틴아메리카와 아프리카의 빈곤층은 그다지 줄어들지 않고 있는 것도 분명한 사실로 보인다.

세계화가 가지고 있는 양면성과 그 혜택의 지역 간 그리고 산업 간의 차이는 자연재해의 취약성의 측면에서도 동일하게 적용된다. 특정 지역은 세계화로 인해 이전에 비해 취약성이 현격하게 감소하는 반면, 다른 지역에서는 과거에 비해 취약성이 증가하게 된다. 세계화가 진행되면서 세계경제 속에서 이전에 비해 훨씬 다양한 기회들을 가질 수 있으며, 각종 서비스와 기술 및 정보의 활발한 교류를 통해 새로운 발전의 기회를 가질 수가 있다. 하지만, 세계화가 취약성을 증가시키는 측면들에 대해서도 지속적인 관심을 기울일 필요가 있다.

첫째는 많은 지역에서 전통사회에 존재했던 사회적인 안전장치들이 급속하게 붕괴되면서 사회적으로 삶의 불안정성이 확대될 수 있다. 과거 자급자족 시대에는 지역 혹은 사회집단 중심으로 다양한 비경제적인 측면의 사회적 안전망이 존재했다. 그러나 세계화에 따른 급격한 사회변동으로 인하여 이러한 사회적 안전망은 더 이상 그 역할을 수행할 수 없게 되었으며, 결국은 경제적인 안전망이 그 역할을 대신해주어야 한다. 하지만, 대부분의 취약지역 혹은 계층은 이러한 새로운 안전망을 확보하기 어려우며 국가에서도 이러한 기능을 제공해주지 못하고 있다.

둘째, 개발도상국의 취약계층이 전통적으로 의존해왔던 중요한 생활

기반인 농수산업 및 광공업의 국제경쟁력이 없어지면서 급격한 이농 혹은 탈농현상이 나타나게 된다. 1980년대 이후 많은 개발도상국에서는 채무에 대한 이행을 완화시켜주는 조건으로 각종 규제와 산업구조를 강제적으로 도입하였으며, 그 결과 농민에 대해서 농업지원금을 지원할 수 없는 상황이다. 이러한 경우 외국에서 기업적인 영농을 통해 싸게 수입되는 농작물과는 가격적으로 경쟁력을 가질 수 가 없을 뿐만 아니라, 에너지와 기술에 대한 가격 상승으로 인하여 가계경제를 유지할 수 없는 경우가 많다. 농수산업 이외의 직업에 대한 교육을 충분히 받지 못한 사람들은 결국 도시의 빈민으로 전락하게 되어 경제적인 취약성이 높아지게 된다.

셋째, 국제적으로 경쟁력을 가진 환경재화에 대한 수요가 급증하면서 세계적으로 환경파괴가 급속도로 진행될 수 있다. 개발도상국의 열대우림이 과거와는 달리 선진국의 목재수요를 감당하기 위해 대규모로 훼손되고 있는 것이 대표적인 예가 된다. 즉 과거에는 자본의 부족 혹은 시장의 부족으로 보존될 수 있었던 자연자원들이 새로운 시장을 위해 적극적으로 개발되고 있다. 이러한 개발행위는 그 지역의 재해의 위험성을 증가시키는 동시에, 그 지역주민들의 전통적인 생산방식을 붕괴시켜 새로운 취약성을 발생시키게 된다.

넷째, 세계적으로 재화와 서비스의 교류가 가능해진다는 것은 전염병과 불법의약품 등도 동시에 활발하게 교류될 수 있게 되었다는 것을 의미한다. 교통의 발달로 인해 특정지역에 발생한 전염병이 전 세계로 확산되는 데는 불과 수주일밖에 소요되지 않게 되었다. 2009년 발병했던 H1N1 바이러스의 경우 처음 질병이 보고된 것은 2009년 4월 24일 미국과 멕시코였지만, 2주 후인 5월 7일 2,000건이 넘는 감염확진이 이루어졌다. 그리고 한 달 뒤인 6월 11일 세계보건기구^{WHO}가 이 바이러스를 전 세계에 영향을 미치는 질병^{pandemic}으로 선언하였다. 이는 다른 부분의 세계화와 동시에 질병, 그리고 원하지 않는 재화와 서비스의 세계화도 급속도로 이루어지고 있다는 것을 의미한다.

다섯째, 동일한 강도의 피해라고 하더라도 개발도상국 혹은 취약지역이 선진국과 비취약 지역에 비해 더욱 큰 사회적, 경제적 충격을 받게 된다는 점을 유념할 필요가 있다. 따라서 동일한 정책이 모든 국가와 지역에서 동일한 영향을 미칠 것이라는 가정은 하기 어렵다. 최근 국가별로 가장 큰 피해를 입힌 자연재해는 2005년의 미국(허리케인 카트리나)과 일본(고베 대지진)이다. 하지만, 이들 선진국의 경우에는 그 피해액을 GDP와 비교해보면 각각 0.1%와 1.92%에 지나지 않는다. 반면 전체 피해액은 적었지만 타지키스탄(1992)과 중앙아메리카의 그레나다와 케이맨제도(이상 2004)에서 발생한 지진과 홍수는 각각 GDP 대비 378~206%의 경제적 피해를 입힌 것으로 나타났다. 결론적으로 산업화된 국가들의 경우 경제시설이나 인구가 밀집해있기 때문에 경제피해액은 크지만 경제규모가 커서 GDP 대비 피해율이 낮은반면, 개발도상국가들은 작은 자연재해에도 돌이킬 수 없는 경제적 타격을 입고 있다는 것이다.

② 인구이동과 도시화(Migration and Urbanization)

현재 세계 인구는 총 67억명으로 집계됐으며, 이중에서 50%에 달하는 33억 명 이상이 도시에 거주하고 있다. 1950년대에는 도시인구수가 10억 명 미만이었던 것과 비교하면 그 증가율이 300%를 상회하고 있다. 도시화의 진행은 선진국과 개발도상국 모두에서 나타나는 현상이다(그림 10). 하지만, 개발도상국의 도시화 진행속도는 선진국의 비교가 되지 않을 정도로 빠른 속도로 진행되고 있다. 도시화 진전 속도는 대륙별

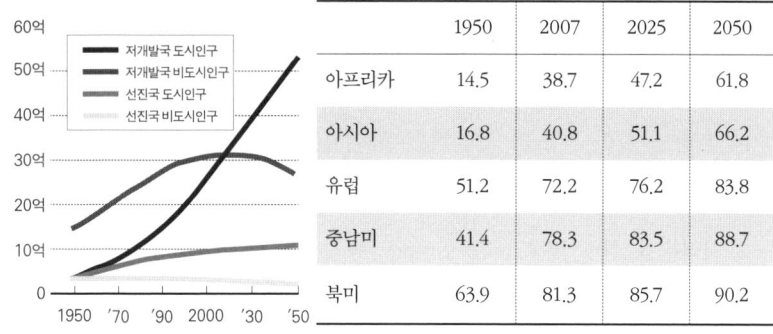

〈그림 10〉 전세계도시인구의 증가추세
(출처: 유엔 인구국 자료를 표현한 이용한 문화일보 2008년 2월 27일자 기사)

로 큰 차이가 나타나고 있다. 북미와 중남미는 현재 81.3%와 78.3%의 도시화율을 보이고 있으며, 2050년에는 각각 90%와 88.7%의 인구가 도시에 거주할 것으로 전망되고 있다. 특히 1950년대에 15%에 불과했던 아시아와 아프리카 지역의 도시화율은 현재 40% 정도를 보이고 있으며, 40여 년 후에는 60% 이상을 보일 것으로 전망되고 있다. 자연재해에 극히 취약한 지역으로 간주되는 아시아와 아프리카 지역의 급격한 도시성장현상은 자연재해에 의한 피해증가의 직접적인 원인이 되고 있다.

토지압박과 세계적인 경제통합으로 농촌에서 도시로 이주하는 농민들의 경우에는 낙후된 기반시설과 밀집된 거주로 인해 자연재해에 극히 취약해지게 된다. 특히 거대도시에서의 인구증가로 인하여 이러한 취약성의 증가현상이 더욱 확연하게 나타난다(Blaikie et al., 1994). 매년 200~300백만 명 정도의 취약계층이 도시로 이주하게 되고, 이들 인구의 절반 혹은 2/3정도가 불법 거주지에 살고 있다. 결과적으로 이들은 도시에 정착할 때 자연재해의 발생가능성이 높은 지역, 즉 범람원이나 급경사지, 매립지, 그리고 지진발생지역 등을 선택할 수밖에 없다. 또한 열악한 도시기반시설로 인해 열악한 상하수도와 위생 상태를 안고 살아가게 된다. 특히 대부분의 빈곤층은 영양섭취가 저조하여 영양실조와 질병에 취약한 특성을 보이고 있다. 농촌지역에 비해 높은 인구밀도는 재해가 발생했을 때 대규모의 피해로 이어질 가능성을 높이게 된다.

③ 지역분쟁 및 전쟁(Armed Conflict)

인류역사에서 인명피해의 가장 중요한 요인은 내전, 전쟁, 테러 등과 같은 정치적 폭력이다. 이러한 정치적 폭력이 일어나고 있는 지역에서는 주민들의 기본적인 수요들이 무시되며, 안전을 도모할 수 있는 사회적, 경제적 장치들이 적절하게 작동하기 어렵다. 특히 전쟁의 형태로 나타나는 분쟁의 경우에는 대규모의 환경 및 시설물의 직접적인 파괴와 더불어, 그 지역 내에서 정상적인 경제활동을 영위하는 것 자체를 어렵게 한다. 또한 분쟁을 피해 이주한 난민들은 밀집된 지역에서 공동생활을 해나가야 하기 때문에, 열악한 위생 및 복지시설로 인해 재해의 위험에 극단적으로 노출되게 된다(Wisner et al., 2004).

제2차 세계 대전 이후 집계된 전 세계 정치적 분쟁의 시계열적 추이를 보면, 국가 간의 전쟁은 완만하게 감소하는 추세를 보이는 반면, 민족 또는 종족간의 전쟁과 분쟁$^{ethnic\ war}$, 그리고 국가내의 정치적인 분쟁 $^{revolutionary\ war}$은 1990년대 중반까지 지속적으로 증가하고 있다(Center for Systematic Peach, 2010). 특히 주목되는 것은 구소련이 붕괴한 1991년을 기점으로 세계적으로 정치분쟁과 민족 및 인종분쟁의 수가 급격하게 감소하고 있다는 점이다(그림 11). 이는 냉전의 종식과 더불어 정치적인 이데올로기에 의한 갈등이 상대적으로 완화되었으며, 분쟁을 배후에서 지원하는 세력들이 급격히 감소하면서 나타난 현상으로 해석된다.

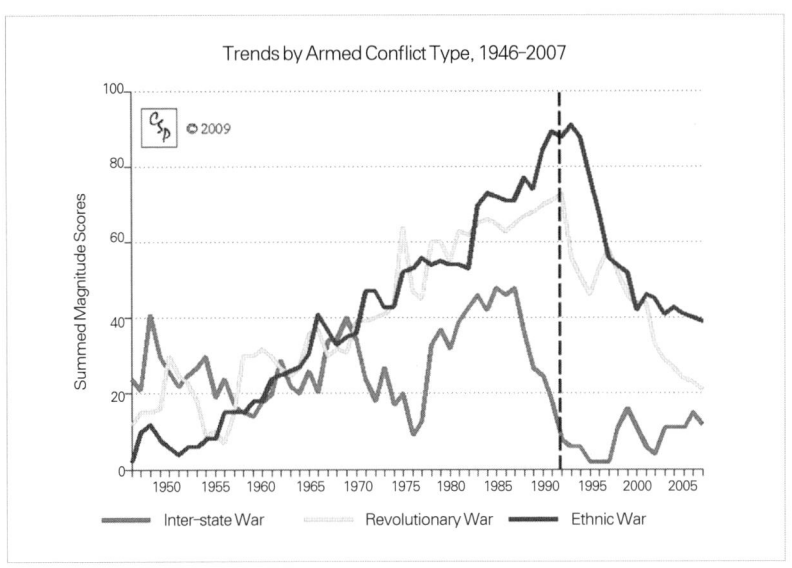

〈그림 11〉 전세계의 전쟁 및 지역분쟁의 시계열적 변화
(출처: Center for Systematic Peace, USA, 2010)

  이러한 분쟁의 감소와는 달리 전쟁에 의해 발생한 난민의 수는 1990년대 4천5백만 명으로 최대를 기록한 뒤, 2000년대 이후에는 1980년대 수준인 3천5백만 명을 지속적으로 유지하고 있다. 분쟁의 감소에도 불구하고 난민의 수가 이처럼 지속적으로 높게 나타나는 이유에 대해서는 (1) 대부분의 분쟁이 저개발국에서 발생하고 있으며, (2) 분쟁지역에서는 주민들의 기본적인 수요를 충족시켜줄 수 있는 기능이 상실되었고, (3) 2000년대 이후 분쟁에서 전투요원과 민간인의 구분이 명확해졌으며, (4) 전 세계적인 구호활동이 적극적으로 진행되면서 원조에 의지하려는 사람들이 늘어났기 때문으로 해석된다(Center for Systematic Peach, 2010).
  자연재해에 의한 사망자와 피해자의 추이(그림 1)와 분쟁의 추이(그림 11)간에는 상당히 유사한 경향성이 있다는 사실을 주목할 필요가 있다다. 세계적인 수준에서 분쟁의 증감과 자연재해 피해자의 증감현상이 상관관계가 있는 지는 불명확하다. 하지만, 1990년대 후반을 전후한 분쟁의 발생추이가 재해의 피해에 영향을 미쳤을 것이라는 것은 의심의 여지가 없을 것으로 보인다.

5. 재해인식과 발생의 향후 전망

적절한 대비와 대책이 수립되지 않는다면 우리나라는 아시아가 경험하고 있는 재해증가의 가장 큰 피해국이 될 것으로 전망된다. 재해에 대한 인식변화와 더불어 새로운 대비패러다임을 적극적으로 수용할 필요가 있는 시점이다.

2000년대 이후 재해연구에서는 이전과는 구분되는 몇 가지 중요한 특징들이 관찰되고 있다. 먼저 재해연구에 대한 학문 간의 통합노력이 강조되고 있으며, 재해에 대한 논의가 학문영역에서 정책영역으로 확대되었다는 점을 들 수 있다. 특히, 참여의 원칙이 강조되기 시작하면서 재해에 관련된 이해당사자간의 활발한 교류가 그 어느 때보다 중요시 되고 있다.

1900년대 후반에 극단적으로 다양화되었던 각 분야별 연구들에서 학문 분과별 연구만으로는 현실의 문제를 해결하기 어렵다는 인식이 보편화되기 시작하였다. 각 분야별로 연구역량과 결과들이 충분히 축적되었다는 점도 중요한 요인으로 작용하였지만, 최근 발달한 인터넷과 같은 정보통신기술들의 발달이 이러한 조류를 더욱 강화시키고 있다. 즉 전 세계의 재해에 대한 성공과 실패의 예들이 교환되기 시작하면서, 과거 단위학문에서 추구되었던 개별적인 접근법이 현실의 문제를 해결하는 것에는 한계가 있다는 인식이 보편화되기 시작한 것이다. 여기에 덧붙여 재해에 대한 관심이 과거의 학문적인 접근법에서 재해저감을 위한 정책분야로 중심이 옮겨진 것도 중요한 계기가 되었다(Eakin and Walser, 2008).

1992년 리우회담에서 제시된 '지속가능한 발전$^{sustainable\ development}$'의 개념은 이전까지 다른 영역으로 간주되어 왔던 발전, 환경문제, 빈곤, 재해문제 등을 하나의 중심개념으로 묶는 역할을 하게 되었다. 1991년 시작된 IDNDR는 2000년 종료되면서 International Strategy for Disaster Reduction^{ISDR}로 대체되었다. ISDR은 '자연재해에 의한 인명, 사회, 경제, 그리고 환경적 피해를 줄이며, 재해에 탄력회복성이 높은 사회를 건설'하는 것을 목적으로 하고 있다. ISDR의 중요한 정책방향은 (1) 위험과 취약성, 그리고 재해감소를 위한 대중의 인식을 증진시키고, (2) 정책결정자들이 재해감소를 위한 정책과 활동들을 실행할 수 있도록 동의를 얻으며, (3) 분야 간 그리고 학제 간 파트너십을 강화하며, (4) 재해감소를 위한 과학적인 지식을 높인다는 4가지의 실행목표를 가지고 운영되고 있다(http://www.unisdr.org/). 그리고 2005년에는 168개국이 참여한 가운데 '재해로부터 인명과 경제적 환경적 손실을 줄인다는 것을 목적'으로 하는 효고선언$^{Hyogo\ Framework\ for\ Action,\ HFA}$이 채택되었다. 리우회담 이후 연달아 이루어진 일련의 국제적인 회의 및 각종 선언은 각 국가들이 실제적인 정책적 해결책을 내놓기를 요구하고 있다. 특히 지구온난화와 같은 지구환경변화에 대한 국제적인 관심이 급속히 확대되면서 재해에 대한 관심이 정치 및 정책연구에서도 그 어느 때보다 많은 관심의 대상이 되고 있다.

재해연구에서 또 다른 중요한 변화는 재해가 더 이상 전문가와 의사결정자의 전유물이 아니라는 의식이 확대되면서, 재해관리의 전 분야에 걸쳐 참여의 원칙이 강조되고 있다는 점이다(Slovic, 2000). 이전의 재해저감은 대부분 전문가 혹은 정책결정자들에 의한 하향적인 방법$^{\text{top-down}}$에 의해 이루어진 것이 사실이다. 하지만, 20세기 후반이 이루어진 재해에 대한 인식연구, 과학적인 지식의 불확실성의 문제 등으로 인해 재해 위험성의 파악에서 재해관리의 모든 부분에 걸쳐 이해당사자^{stalkholder}들의 적극적인 참여를 유도하는 방향으로 전환되었다(UN/ISDR, 2004).

재해에 대한 활발한 연구와 국제적인 기준설정 및 협력이 자연재해의 저감에 실질적인 역할을 하고 있는 지에 대한 객관적인 평가를 하기에는 아직 이른 감이 있다. 하지만, 1990년대 후반부터는 재해의 발생건수와 피해자의 수도 감소하는 추세에 접어들었다. 재해에 대한 정보의 적극적인 교류와 국제적인 구호활동, 그리고 자연재해의 발생과정에 대한 이해가 이러한 피해저감에 기여를 하고 있다는 사실을 부정하기는 어려울 것으로 보인다. 동아시아 지역은 인류가 추구하고 있는 지속가능한 발전$^{\text{sustainable development}}$이라는 지향점에 대한 시금석의 위치를 차지하고 있다.

아시아지역에서 재난·재해가 급격히 늘어난 이유로 과도한 개발에 이은 환경오염, 그리고 '인간의 오만'을 꼽고 있다. 특히 아시아지역에서 나타나고 있는 재해급격한 증가에 대해서는 다양한 원인들이 제시되고 있다. 일본과 한국, 중국, 동중국해 연안과 태평양 서안의 여러 동남아 지역을 연결하는 '재해의 고리'가 동아시아 지역 국가들의 재난·재해에 서로 영향을 준 것으로 보고 있다. 평야 지대인 유럽이나 북미와 달리 이곳은 산악 지형이 많고, 일부 해안가에 인구가 몰리면서 어느 한곳에서 피해가 발생하면 다른 곳에도 그 피해가 연동된다는 것이다. 특히 한반도는 그 재해의 고리 한가운데, '재난 회피 불가' 지역에 있다.

참고문헌

박수진, 2006, "동북아시아의 생태위기와 환경협력: 다중스케일적 해석," 헬레나 노르베르-호지 외(공저), 『지식기반사회와 불교생태학』, 아카넷: 104~146.

Beck, U., 1986, *Risk Society-Towards a New Modernity*(Ritter, M.(trans.)), Sage, London, 홍성대(역), 1997, 『위험사회-새로운 근대(성)을 위해서』, 서울: 새물결.

Blaikie P., Cannon, T., Davis, I. and Wisner, B., 1994, *At Risk: Natural Hazards, People's Vulnerability and Disasters*, London: Routledge.

Dilley, M., Chen, R.S., Deichmann, U., Lerner-Lam, A.L. and Arnold, M., 2005, *Natural Disaster Hotspots: A Global Risk Analysis*, World Bank, 185.

Eakin, H. and Walser, M.L., 2008. Human vulnerability to global environmental change, In *Encyclopedia of Earth*. eds. Cutler J. Cleveland, Washington D.C.: Environmental Information Coalition, National Council for Science and the Environment.

Guha-Sapir, D., Hargitt, D., and Hoyois, P., 2004, *Thirty Years of Natural Disasters 1974-2002: The Numbers, Centre for Research on the Epidemiology of Disasters*, Université Catholique de Louvain.

ISDR, 2009, Global Assessment Report on Disaster Risk Reduction. United Nations, Geneva, Switzerland.

ZPCC, 2007, Climatic change 2007: Summary for Policy Makers, Cambridge University Press.

Natsios, A., 1999, *Northeast Asia Peace and Security network: Special report*, the US Institute for Peace (USIP).
(available at http://www.usip.org/oc/sr/sr990802/sr990802nb.html).

Pine, J.C., 2009, Natural Hazards Analysis: Reducing the Impact of Disasters, CRC Press.

Slovic, P. 2000. *The Perception of Risk, London and Sterling*, VA: Earthscan.

UNDP (United Nations Development Program). 2004. Reducing Disaster Risk: A Challenge for Development. New York: UNDP Bureau for Crisis Prevention and Recovery. (available at www.undp.org/bcpr).

UNEP RRC.AP, 2001, Mongolia: State of Environment 2002, United Nations Environmental Programme Regional Resource Centre for Asia and the Pacific (UNEP RRC.AP).

UNEP RRC.AP, 2003, State of Environment in Demographic People's Republic of Korea, United Nations Environmental Programme Regional Resource

Centre for Asiaand the Pacific (UNEP RRC.AP).

UNEP RRC.AP, 2004, Sustainable Development Priorities for Northeast Asia, United Nations Environmental Programme Regional Resource Centre for Asia and the Pacific (UNEP RRC.AP).

Wisner, B., Blaikie, P., Cannon, T., and Davis, I(eds.), 2004, *At risk: natural hazards, people's vulnerability and disasters* (2nd edition), Routledge, London.

제3장
아시아 국가의 추격, 추월, 추락과 아시아적 발전모델[1]

이근

1. 들어가며: 왜 국가의 흥망성쇠인가

이상적 경제이론에서 보면, 나라간의 경제적 격차는 오래 갈 수 없고 좁혀져야 한다. 즉, 무역과 투자가 점점 더 자유화되고 나라간의 재화와 서비스의 이전이 점점 쉬워지는 경향에 따라 모든 나라들이 점점 더 비슷해져야 하는 것이다. 이러한 세계적 균등화 현상이 일견 일어나는 듯하지만, 선진국과 후진국의 격차는 여전한 것이 현실이다. 이렇게 무엇이 각 국가의 경제적 흥망성쇠를 결정짓는가는 경제학에서 가장 중요하고 흥미 있는 문제이고 주제라고 할 수 있고, 이것이 바로 본고의 연구 주제인 국가 간의 추격, 추월, 및 추락의^{catch-up, forging ahead, and falling behind}

---

[1] 본고는 이근 외, 국가의 추격, 추월, 추락 (2013, 서울대 출판원) 및 이근 (2014)의 4장의 주요 내용에 근거하여 재구성한 것이다.

의 문제의식이다.[2]

국가의 흥망성쇠는 얼마 전 '대국굴기'라는 중국에서 제작한 TV물에서 보듯이 매우 흥미롭고 중요한 주제이다. 더구나, 최근 글로벌 위기 상황으로 그동안 잘 나가던 미국, 영국, 아일랜드 등이 침체에 빠지고, 일본은 회복하는 듯 하다가 다시 동력을 잃어버려 이제 잃어버린 10년이 아니라 20년이 되었다. 반면에 중국, 인도, 인도네시아 등의 신흥 아시아 국가가 선전하고 있어 이제야말로 본격적으로 아시아의 시대가 도래한다는 희망 섞인 관측이 힘을 얻어가고 있다. 그러나 정작 한국은 세계 전체에서 차지하는 GDP 비중으로 본 국가 순위가 계속 하락하면서, 상대적인 침체국면을 맞고 있고 대만도 비슷한 상황이다.

전통 강대국 및 일본과 아시아의 4룡의 상대적 침체, 그리고 이에 대비되는 중국, 인도 등 제2세대 신흥아시아국의 성장은 국가의 장기적 경제적 흥망성쇠에 대한 새로운 논의의 필요성을 시사한다. 즉, 전후에 새로 등장한 아시아 국가를 중심으로 놓고, 이들의 발전 경험과 전망을 비 아시아 신흥국 및 기존 선진국의 경험과 비교하면서, 후발국 중심의 국가의 흥망성쇠에 대한 연구에 대한 필요성이 담보된다.

즉, 본고는 두 가지 큰 목적을 염두에 두고 있다. 하나는 국가의 흥망성쇠라는 일반적 연구 주제 하에서 아시아 각국이 어떤 이유로 인해서 흥하고 망하는가 하는 보다 일반적 문제를 천착한다. 이는 달리 표현하면 국가들의 추격, 추월, 추락이라고 하는 세 가지 다른 경로 내지 운명에 대한 분석이라고 할 수 있다. 둘째는 아시아적 모델에 관한 것이다. 세계 전체로 볼 때, 선진국에 근접하거나 진입하는 경제적 성과를 이룬 비 서구국은 아시아가 유일하다. 그 1세대 아시아 국가들은 일본을 필두

---

2 추격, 추월, 추락이라는 세 단어는 Abramovitz (1986)에 처음 나오면서 유명해졌다.

로 한 한국, 대만 등 4소룡 국가이다. 이들은 모두 국가 및 수출주도의 외향적 성장모델을 추구하였으나, '일본병'의 발생 이래 상대적 침체기에 들어 간 듯한 반면 이제 제2세대 아시아 국가들이 중국 인도를 중심으로 부상하고 있다. 본고는 서구와 대비되는 후발자로서 제1세대 아시아적 발전모델의 성과와 한계를 분석하고, 나아가 제2세대 아시아적 모델의 새로운 경로 탐색에 대해 분석한다.

그 동안 일본을 위시한 한국대만의 동아시아적 발전모델에 대한 연구는 많이 있었으나, 이런 1세대 발전모델의 성과가 소진되어 가고 있는 시점에서 이를 재평가하는 연구가 필요하다는 것이 우리의 출발점이다. 또한 제1세대 발전 모델과는 일정의 차별성을 보이고 있는 중국, 인도 등 제2세대 아시아모델을 제1세대와의 연속성과 차별성 면에서 평가해 주는 기대효과가 예상된다. 마지막으로, 이런 아시아 국가들의 경제적 흥망성쇠를 비아시아 및 선진국 모델과 비교하여, 그 세계사적 함의를 평가하여 주는 것도 중요한 기대효과이다. 이를 통해 최종적으로는 새로운 세계 정치, 경제 환경에 맞는 새로운 성장경로의 모색에도 기여할 수 있다.

여기서는 전체를 아우르는 공통적 이론적 틀을 먼저 논하고, 이를 여러 나라들에 적용하는 비교 분석접근을 취한다. 이론적 시각으로는 장기적 경제성장에서 기술 변화의 요인을 중시하는 신슘페터학파의 접근을 취하되, 이를 후발국에 적용한 후발국 추격이론의 시각을 (이근, 2007; Keun Lee, 2013) 국가 차원에 적용하여 보다 진일보한 이론적 틀을 제시하여 이를 각국에 이용한다.

2. 국가의 추격, 추월, 추락의 일반적 분석틀: 선진국 대 후발국

2차 대전 이후 신흥공업국이 이루어낸 급속한 경제성장 메커니즘에 관한 연구들은 많다. 이근(2007)에서 논의 되었듯이, 상당수 이전 연구들에서 주요 쟁점은 추격 과정에서의 정부와 시장의 역할에 관한 것이었지만, 기술발전 및 추격에 관한 연구도 많이 제시되었다(OECD, 1992; Hobday, 1995; Kim, 1997). 대부분의 기술지향적 관점들은 이른바 버논^{Vernon}의 제품수명주기론에서 말하는 것과 같이 후발도국들이 어떻게 선진국들의 노후화된 기술들을 흡수하고 새롭게 변화시켜 기술능력의 향상을 달성했는지에 초점을 맞추어왔다. 그런데 이러한 관점에서는 추격은 정해져있는 트랙을 따라가는 경주에서의 상대적 속도 문제로 간주되며 기술은 누적적이며 단선적인 과정으로 이해된다(Perez and Soete, 1988). 하지만 보다 최근의 견해는 추격과정에서는 후발자$^{late-comer}$가 단순히 선진국의 기술발전 경로를 답습하는 것만은 아니라는 것이 지적되고 있다. 후발자들은 종종 몇 단계를 건너뛰기도 하고 선발자들과는 다른 독자적인 경로를 만들어내기도 한다. 예를 들어 새롭게 등장하는 기술경제 패러다임 시기에서는 모든 나라들이 초심자이고, 이는 동시에 후발자들에게는 비약^{leapfrogging}의 가능성을 의미한다고 하였다. 비약의 아이디어는 후발국들이 낡거나 성숙된 기술들을 뛰어넘고, 이전 기술시스템에 대한 대규모 투자를 절약하면서 대신 신기술패러다임의 투자에 더 빨리 집중함으로써, 선진국들을 추격 내지 추월할 수 있다는 것이다(Hobday, 1995). 세계화와 정보기술의 발달이 진행되면서 비약의 논리는 더 설득력을 얻었다.

여기서는 기존의 문헌들이 중시한 세 요소인 제도, 정책, 지리적 위치 세 변수와 슘페터가 강조한 변수인 기술혁신을 도입하되, 이러한 장기성장의 결정요인뿐만 아니라, 후발자의 입장에서 볼 때 추격과 역전의 기회가 어디서로부터 열리는가 하는 개념인 기회의 창을 중시한다. 관련하여 Perez and Soete(1988)은 신슘페터주의의 관점에서 새로운 기술경제 패러다임의 출현이 후발자에게 '기회의 창'$^{windows\ of\ opportunity}$이 될 수 있음을 역설한 바 있다. 그 외에, 경기 사이클이나 시장 수요의 변화(Mathews, 2005) 및 정부의 개입이나 규제의 변화도 후발자의 새로운 기회를 열어줄 수 있다는 문헌이 존재한다. 이런 저런 이유로 기회의 창이 열리면, 후발자는 이를 이용하여 선발자와는 다른 새로운 경로$^{path\text{-}creating}$를 개척하여 성공하는 가능성이 있음이 논의된 바 있다(Lee and Lim, 2001). 평상시나 호황기에 후발자가 선발자를 따라잡거나 넘어서는 것은 어렵다. 선발자가 기술, 마케팅, 산업 정보 등 대부분의 면에서 후발자보다 우위에 있기 때문이다. 그러나 '기회의 창'이 열리면 후발자는 선발자와 동등하게 경쟁을 할 수 있다.

요컨대, 국가의 흥망은 새로운 기술경제 패러다임의 출현, 급격하고 거대한 시장 수요 및 지리적 변화, 국가의 일관적 체계적 정책 개입이라는 세 가지 요소에 의해 새로운 기회의 창이 열리고, 이런 변화의 시기와 기회를 잘 이용한 국가들이 장기적으로 흥하는 길로 들어서고 이런 기회를 놓치거나 선점 당하면 장기적 쇠퇴의 길로 들어선다는 것이다. 이상의 설명을 실제로 국가 차원에 적용해 볼 수 있다.

우선, 대국굴기에서 상영된, 포르투갈과 스페인의 신대륙 발견 이후 전개된 세계 강국의 경제사를 보면, 이런 시각에서 해석할 수 있다. 우선, 스페인과 포르투갈의 발흥은 인도/아시아로 가는, 육로가 아닌 새로운 해상 경로를 발견한 것에 기인한 것이다. 영국은 무역이 아닌 제조업에 기반한 경제성장이라는 새로운 경로를 발견한 것이다. 한편, 전후 동아시아 국가의 성장은 소품종 대량생산이라는 포드주의 생산방식에 아시아의 저임금과 수출주도라는 새로운 추격형 성장 방식을 창출함으로써 가능하였던 것으로 볼 수 있다. 여기서, 대기업 주도의 한국과 중소기업 주도의 대만이 갈린다면 중국은 국유대기업과 중소기업 모델이 혼합된 대국형 성장모델이다. 한편 인도는 제조업이 발달 한 후 서비스업이 발달하는 기존의 경로를 답습하지 않고, 제조업이라는 단계를 생략하고 바로 서비스업으로 이행한 단계 생략형 추격이라고 볼 수 있다.

즉, 한 국가의 장기적 발흥은 기존의 강국과 다른 새로운 경로의 창출path-creating과 종종 연결되어 있음이 발견된다. 이런 점에서 쇠퇴는 꼭 절대적 쇠퇴만을 의미하지는 않으며 새로운 승자의 등장에 따른 점진적인 상대적 쇠퇴도 관찰된다. 이런 시각에서 본 연구는 기존 강자의 쇠퇴는 그 자신의 실패나 과오보다는 새로운 후발자가 새로운 기회의 창을 잡아 등장한다는 측면에서 상대적인 것이며, 굳이 이유를 구분하자면 외부충격에 의해서라기보다는 내부의 요인(혁신의 감퇴, 새로운 기회에 대한 더딘 반응, 기존 패러다임에 안주 등)에 의한 측면이 강하다는 입장을 견지한다. 가령 최근 일본의 상황은 이런 점에 부합한다.

바로 위에서 논의한 이론적 틀은 선진국이나 후발국 모두에게 공통되는 장기 성장의 보다 일반적 결정요인을 중심으로 한 이론적 틀이다. 즉, 장기성장에 영향을 미치는 요소 중 선발국이나 후발국이나 모두에게 영향을 미치는 변수들은 대표적으로 제도, 정책, 지리적 위치가 있다. 반면에, 후발국에 좀더 특수한 요소들도 있다. 특히 위의 세 요소 중 후발국의 경우, 후발성이라는 불리함을 극복할 수 있는 정책 즉, 의도적 개입의 가능성이 선진국의 경우 보다 더 중요하다고 볼 수 있다. 가령, 1980년대 이후 중국이 갑작스럽게 등장한 것은, 제도나 지리적 위치 같은 변수로는 설명이 어렵고, 과감한 정책의 변환 즉, 개방과 수출주도 공업화를 축으로 하는 아시아적 발전모델과 유사한 요소를 도입한 것이 촉발하였다고 보는 것으로 밖에 설명이 안 된다.

또한 로드릭^{Rodrik} 교수의 최근 비판에서도 볼 수 있듯이 후발국의 상황에서 민주주의나 사적재산권만 채택하면 금방 경제 성장이 촉발될 수 있다고 보기는 어렵다. 그래서 로드릭은 기본적으로 워싱턴 컨센서스나 포스트 워싱턴 컨센서스와 같이 필요한 여러 가지 성장정책을 죽 나열하는 쇼핑^{shopping} 리스트적 접근을 지양하고, 성장을 저해하는 가장 중요한 제약요인$^{binding\ constraint}$이 무엇인지를 각 나라별로 찾아서 이를 해결하는 방식으로 경제 성장정책에 접근해야 한다고 주장하였다.

로드릭 교수는 포스트 워싱턴 컨센서스에 대한 비판에서 쇼핑 리스트보다는 가장 중요한 제약 요인을 찾아야 한다고 하였지만 그는 그 제약 요인이 무엇인지에 대해서는 그것이 각 나라마다 다르기 때문에 일반적으로 말하기 어렵다고 하며 문제 핵심을 회피하였다. 그러나 본 저자가 보기에 후발국 경제성장을 막는 가장 중요한 제약 요인은 후발국 스스로 경쟁력 있는 제품을 국내외 시장에 낼 수 있고 지속적으로 개발하고 생산할 수 있는 능력, 좁게 말하면 혁신능력이며 새로운 발전론은 이런 혁신능력을 어떻게 형성할 것인가에 대해서 초점을 맞추어야 한다고 생각한다.

실제로 Lee and Kim(2009) 논문에서는 회귀분석을 통해서 국가가 중등소득 단계에서 고소득 단계로 이행하기 위해서는 기술혁신 능력과 고등교육이 중요한 원인변수임을 증명하였다. 장기성장에서 기술혁신이 중요하다는 것은 어쩌면 당연한 생각이지만 장기적 경제성장 결정요인에 대한 기존의 많은 실증분석 문헌에서는 이상하게도 기술혁신 변수를 검토하고 있지 않다. 이는 기술혁신을 외생적으로 취급해 온 주류경제학의 편향성에 기인한 것으로 보인다. 한편 기존의 경제성장론 문헌에서는 교육이나 개방정책, 제도 등을 다루어 왔지만 이들은 각 나라간 발전단계의 차이에도 불구하고 어떤 단일한 변수가 모든 나라에게 중요한 성장 변수로 작용한다는 논리에 집착하여 왔다. 그러나 경제 성장단계별로 각기 다른 변수가 성장의 결정요인이라는 논리가 가능하고, 이 논문은 기존 문헌에서 강조해 온 제도와 초중등 교육은 저소득 국가에서 중등소득 국가로 이행하는 단계에서만 유의하고, 중등소득에서 고소득, 즉 선진국으로 가기 위해서는 고등교육에 대한 투자, 연구개발과 기술혁신에 대한 투자가 필요함을 입증한 바 있다. 이는 매우 중요한 연구결과로서 실제로 많은 개발도상국들이 3,000달러 내외의 소득수준에 도달한 이후에 선진국으로 도약하지 못하는 상황이 많은데 이런 경우에서의 제약요건이 바로 고등교육과 혁신능력임을 이 논문은 논증하고 있다.

실제 대부분의 남미 국가들은 1980년과 2000년 사이에 실질소득이 정체되어 전혀 소득증가가 없으나, 이들 남미 국가들은 1960년대에는 실질소득이 한국보다 대부분 두세 배 정도로 높았던 나라들이다. 그러나 80년대에 오면 한국과 같은 수준이 되고 2000년대가 넘어서서는 실질소득 증가가 전혀 없음에 비해 한국은 3배 이상 증가하였다. 이러한 역전 reversal of fortune 은 미국학자들이 다룬 신세계와 구세계간의 역전과 더불어 매우 중요한 부의 역전 현상이다. 일련의 서구 학자들은 이런 첫 번째 역전의 원인을 서구식 제도의 전파 정도에서 찾았지만 이를 가지고는 남미와 동아시아의 역전을 설명할 수 없다. 각종 제도 발달지수 면에서 남미와 동아시아는 차이가 없기 때문이다.

이런 동아시아와 남미간 부의 역전현상을 설명하기 위해서는 바로 이 두 국가군들이 기술혁신과 고등교육 투자에 대해서 현격한 차이를 보였음에 주목해야 한다. Lee and Kim(2009) 논문에서 제시된 것과 같이 80년대 남미와 한국, 대만 등은 한 해에 50여 개 정도의 특허를 미국에 출원하였고 R&D 대 GDP비율도 0.5% 정도로 서로 비슷하였다. 그러나

2000년대에 들어서면서 남미 국가들은 여전히 한 해에 몇 백 개 정도의 특허 출원한 반면 한국과 대만은 그 수가 5,000개를 넘어선다. 또한 R&D 대 GDP 비율도 한국은 2.5%를 넘어서는 반면 대부분의 남미 국가들은 1%를 넘지 못한다. 이와 같이 연구개발과 고등교육 투자의 차이가 남미와 동아시아간 부의 역전 현상을 낳았음을 보여준다.

이상의 논의에 기초하여, 여기서는 후발국의 지속적 장기성장을 담보할 수 있는 조건으로 다음의 두 가지 즉, 첫째 자본재(투자재)의 안정적 수입을 확보해줄 수출을 통한 외환의 지속적 확보와 둘째 내재적 혁신능력의 확보라고 상정한다. 그 이유는 후발국의 경제성장에는 고정 자본에 대한 투자가 필수 불가결한데, 이는 대부분 수입해야 할 것이고 이에 외환이 필요하기 때문이다. 따라서 외환을 지속적으로 벌어들이는 수출 지향적 산업구조와 경쟁력이 없으면 그런 성장은 시작될 수도 없고 오래가지도 못한다. 바로 이런 점에서, 남미가 과거에 추구한 대내 지향적 수입대체공업화 전략이 동아시아의 대외지향적 수출주도 전략에 밀린 것이다. 즉, 외환위기에 항상 취약한 구조를 갖게 되는 것이다.

한편, 내재적 혁신능력이 중요한 이유는 대부분의 후발국이 저임금에 기초한 노동집약적 수출공업화를 초기 추구하는데, 이의 성공은 바로 그 성공 때문에 국내 임금 상승, 화폐가치 상승(환율 절상화)을 낳아 스스로의 가격경쟁력을 저하시킨다. 더구나 더 싼 임금과 환율을 기반으로 한 그 아래 층차의 차세대 후발국의 경쟁적 등장 등으로 상대적 가격경쟁력의 하락이 발생하므로 경쟁력의 업그레이드와 이를 가능케 할 혁신능력이 없으면 오래 갈 수가 없다. 이런 개도국 간의 상호경합의 문제를 Spence(2011) 등에서는 영어로 Adding-up problem 이라고 한바 있다. 실제로 한국과 대만은 80년대 중반에 이런 '가격경쟁력 위기'를 겪었으며 이의 극복은 기업들이 그전에는 라이센싱에 의존하다가 처음으로 스스로 사내 연구개발을 시작하면서 좀더 고부가가치의 제품으로의 업그레이드와 차별화를 하면서 가능하였었다. 현재 중국의 수출중심기지인 연해 지역이 바로 이런 위기를 겪으면서 자체 혁신능력을 강조하는 단계를 겪어가고 있다. 그러나 이런 위기를 잘 극복하여 업그레이드한 후발국은 극히 드물어 대부분의 중진국들이 그 전 단계에서 소득 증가가 정체되는 '중진국 함정'에 빠져있다.

위에서 언급된 남미의 1980~2000년간의 실질소득 정체는 바로 이에 대한 대표적 사례이고, 동남아시아의 일부 국가에서도 비슷한 현상이 관찰되고 있다. 본고에서 분석하는 아프리카의 모리셔스도 한 때 아프리카의 기적이라고 불렸으나 이런 한계에 봉착하여, 성장이 줄어들면서 그 이전 시기의 기적이 퇴색되고 있다.

위에서 설명한 바와 같이 외환위기와 역량 업그레이딩 위기라는 두 가지 위기는 제1세대 동아시아 발전 모델에 상존하는 위험 요소이다. 사실 이런 파악은 꼭 지역적으로 동아시아에 국한된 것은 아니며, 비용우위에 기초한 수출주도 성장이라는 개도국에 처방된 가장 일반적 모델에 다 해당된다. 다만 동아시아 지역에서만 이 두 위기를 잘 극복한 한국과 대만 같은 나라들이 나온 반면, 남미, 아시아, 아프리카 지역의 많은 개도국들이 이 위기에 봉착하여 이를 극복하지 못하고 중진국 함정에 정체하고 있는 것이다.

혁신능력과 외환확보를 후발국들이 달성해야 할 두 가지 목표 조건이라고 한다면, 지역적으로 동아시아 지역에 특수했던 동아시아 형 후발국모델은 정치적 권위주의(개발독재)와 전략적 개방(수입제한+수출진흥)을 그 핵심요소로 한다고 정의지울 수 있다. 그런데, 이 동아시아 모델이 두 가지 목표 조건을 충족시키면서 성공적인 경제성장을 창출해내더라도, 위기는 바로 그 성공 그 자체로부터 나올 수 있다. 하나는 경제성장의 성공과 소득수준 상승에 따라 개발독재의 변화 즉, 민주주의로의 요구가 증대되고, 또한 경제적 성공에 따라 국제사회로부터 이제 국내시장의 개방과 자유화를 요구받게 되는 것이다. 정치적 민주화와 경제적 개방은 근본적으로 새로운 성장 공식을 찾으라는 요구라고 볼 수 있으며 이 과정은 쉽지 않은 과정이기에 새로운 공식의 발견도 어려울 뿐 더러 그 모색과정이 수반하는 각종 혼란은 경제적 감속이나 위기로 연결되기도 한다.

가령, 개방화가 정책실패와 결부되면 한국, 태국, 인도네시아와 같이 외환위기로까지 폭발할 수 있고 그 정도까지는 가지 않더라도 세계화는 새로운 긴장과 모순을 야기한다. 즉, 해외투자를 점점 많이 하게 됨에 따라 개별 기업의 이윤 추구와 국민경제 차원의 이득과의 괴리를 심화시켜 점차 기업의 성과와 내수, 일자리 창출 등과의 연결고리가 약해지는 것과 관련이 있다. 이런 고리의 약화 심화는 상대적 격차까지 심화시켜 추가로 성장 순환을 약화시키는 악순환 효과가 있다.

한편, 정치적 민주화는 새로운 분배요구와 경제적 민주화와도 연결되어 있다. 전 세대에서의 추격 성공은 대개 이를 주도한 세력, 부문, 집단이 있기 마련인데, 그런 선도 추격에서 낙오된 부문이 야기하는 불균등성이라는 문제가 잠복하여 있다가, 성장이 감속하면서 표면에 문제로 부상하기도 하고 추가적 성장의 제약요인이 되기도 한다. 선도부문의 기득권화도 문제가 될 수 있는데, 집권당의 과도한 장기 집권의 폐해가 심각한 일본의 그런 예가 된다고 볼 수 있다.

3. 후발국가들의 흥망성쇠의 재해석: 외환확보와 내재적 혁신능력

그러면 여기서는 국가의 흥망성쇠에 대한 일반적 분석틀(기회의 창과 경로창출)과 후발국의 특수성(즉, 외환창출과 내재적 혁신능력)을 결합하여 보는 시각에서, 주요 후발국들의 경제성장 경험을 재해석 하여보자. 일본은 일찍이 선진국이 되었지만, 일본 역시, 선진 서구국가에 대해서는 후발국이고, 소위 동아시아 발전모델의 원조국가라는 점에서 여기서 같이 다룬다.

1) 일본

일본경제는 1950년대 중반 이후 70년대 말까지의 고도성장기와 90년대 이후 성장 정체기 소위 잃어버린 10 혹은 20년으로 구분된다. 우선, 일본의 고속성장과 이에 따른 급속한 대 미국 추격을 가능케 한 기회의 창은, 첫째, 1950년대부터 석유화학 및 전자기기 산업을 중심으로 포드주의적 작업방식과 대량생산기술이라는 새로운 기술경제 패러다임과, 둘째, 세계대전 후의 복구사업이라는 거대 시장의 출현, 그리고 셋째, 국가의 일관적·체계적 개입 즉, 산업정책이라는 요소로 요약할 수 있다. 즉, 이것을 잘 활용한 것이, 일본이 서구 선발국들을 추격 및 추월하는 과정이기도 한, 고도성장과 80년대까지의 지속적 성장의 문을 열어준 열쇠였던 것으로 생각된다(우경봉 2013).

반면, 1990년대 이후 등장한 디지털 기술경제 패러다임과 이에 동반하는 기존 시장의 변화나 BRICs 등 새로운 시장 출현에 적절하게 대응하지 못한 것이 일본경제가 기나긴 정체의 길로 들어서게 된 주된 원인이 되었던 것으로 생각된다. 1985년 플라자 합의 이후 발생한 엔고에 의해

1987년부터 진행된 '헤이세이경기^{平成景氣}'라고 부르는 호황기는, 일본경제가 수출주도의 동아시아 모델을 탈피하고 새로운 내수주도의 경제로의 전환 실험이었다고 볼 수 있다. 그러나 이 시도는 결국 버블형성과 그 붕괴로 이어져 일본경제를 잃어버린 10년 혹은 20년으로 귀결시켰다는 점에서, 일본은 새로운 모델로의 전환에 실패하였다고 볼 수 있다. 결국, 고이즈미 신자유주의 개혁기를 포함하여, 90년대 이후 일본경제는 동아시아 모델을 대체하는 새로운 성장 모델을 모색해온 과정이고 거기서 성공하지 못하고 있는 것이 침체를 장기화 시키고 있다고 볼 수 있다.

동아시아 모델의 핵심 요소인 수출주도성은 그 성공이 극대화되면, 결국 외환 공급 과잉 및 자국 화폐의 평가절상으로 이어져 국내적으로 버블, 대외적으로는 경쟁력 저하라는 모순을 낳게 되는데, 일본이 과거 성장모델에서 가장 성공적이었다는 바로 그 이유 때문에 이런 모순에 직면하고 있다고 볼 수 있다. 이런 기존의 성공과 관련된 승자의 자만심과 화폐가치 상승이라는 요인이, 디지털패러다임이라는 새 기술에 대한 과소투자 및 신흥시장 공략 실패 등에도 일정 영향을 미친 측면이 있다. 상대적으로 한국은 성공적 수출 국가임에도 불구하고, 97년 외환위기 이후, 원화 가치의 상대적 안정의 고착화로 일본과 같은 모순에 직면하지 않고 있는 측면이 있다.

2) 한국과 대만

제2차 세계대전 이후 눈부신 경제성장과 함께 최빈국에서 선진국 반열에 오른 몇 안 되는 성공적인 국가가 동아시아의 한국과 대만이다. 구매력 기준 1인당 소득으로 평가해볼 때 1960년대의 한국과 대만은 일본 수준의 30%에 불과하였다. 그러나 1980년대부터 그 격차를 급속히 줄이기 시작하여, 2000년대에는 일본의 90% 수준에 도달한다. 특히 대만은 2000년대 말에 일본의 소득수준을 추월하였고, 한국은 수년째 일본의 1인당 소득의 90% 수준을 넘지 못하는 정체현상을 보이고 있다(〈그림 1〉).

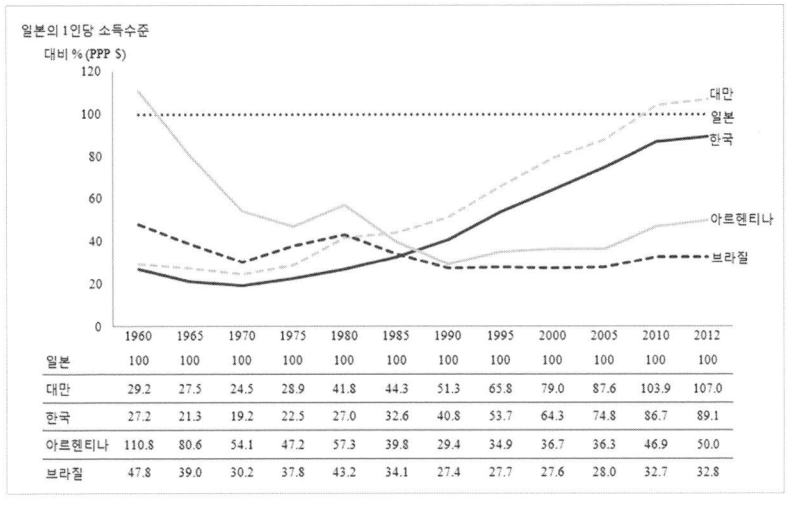

〈그림 1〉 일본의 1인당 소득수준 대비 주요국의 소득수준의 장기 추세
자료: 이근 (2014) : 그림 4-1을 전재

이러한 한국과 대만의 추격형 성장에 기회의 창은 첫째, 2차 대전 종전 이후, 새로이 등장한 팍스 아메리카나라는 정치 패러다임과 둘째, 아날로그 전기전자 기술에 기초한 포드주의적 소품종 대량생산 체제의 등장이라고 불 수 있다. 이런 외부환경 하에서 이 두 후발국은 전략과 정책의 선택 차원에서는 국가의 자원을 총동원하는 권위주의적 국가 개입과 일본을 모방함으로써 성공적 추격을 했다고 볼 수 있다. 그리고 한국 전기전자 산업의 경우, 일본을 넘어서는 결정적 기회의 창은 아날로그에서 디지털로의 패러다임 변화였다. 여기에 일본이 더디게 반응하는 사이

한국기업들은 신속히 이 신기술을 채택하면서 세계시장에서의 경쟁을 주도권을 잡아나갔고 이것이 국민경제의 향상으로 귀결되었다.

한국의 경우, 다른 개도국들과 마찬가지로 한국도 1960년대와 1970년대에 무역적자 등 대외불균형에 처해 있었다. 1970년대 중반부터 정부는 기술발전을 중요시하기 시작하였는데 1970년대에는 정부의 R&D 투입을 늘리고 성과는 민간 기업에 돌렸으며, 1980년대에는 세금 인센티브를 통해 민간 기업들의 R&D 투자를 촉진하는 한편 크고 위험적인 프로젝트에서는 정부와 민간의 합작 R&D를 추진시키기도 하였다. 1980년대 초 한국의 R&D/GDP 비율은 이미 1%를 넘었고 민간 R&D 비율도 높아 1990년대에는 민간 R&D 비율이 무려 80%에 달하였다. 정부의 영향으로 1980년대 중반에 대학생 수도 두 배로 급속히 늘어났는데 대학진학률은 1980년의 14.7%에서 1985년에는 34.1%로 급등하여 선진국의 평균 수준을 초월하였다(Lee and Kim, 2009, 표 1).

R&D 지출 강화와 대학 교육에 대한 중시는 지식기반 성장의 기초를 마련하였는데 이는 한국인이 미국에서 출원한 특허건수의 증가에서 잘 볼 수 있다. Lee and Kim(2009)의 표 1D에서 보듯이 1980년대 초반 한국인의 미국특허 출원 건수는 기타 개도국들의 미국 특허 출원 건수 범위(약 50건)를 초과하지 못했으나 1980년대와 1990년대를 거쳐 그 수는 급속히 증가하여 기타 중진국들의 평균 출원 건수의 10배를 초과했다. 이에 반해 기타 중진국들은 제자리에 머물러 있었다. 2000년, 한국과 대만은 5,000건이 넘는 미국특허를 출원하였으나 기타 중진국 혹은 저소득층 국가들은 한 해의 출원 건수가 500건이 채 안되었다. 이 간과되기 쉬운 정책의 추진으로 한국은 1980년대 말 역사적으로 처음 성공적인 무역흑자를 맛보았고 1990년대 중반부터는 안정적으로 무역흑자를 기록함으로써 장기간 지속되어온 대외무역불균형 또는 무역과 개혁의

스톱고$^{stop\ and\ go}$ 사이클을 극복하였다. 한국과 달리 대부분의 라틴 아메리카 나라들은 R&D 지출을 늘리지 않아 심지어 2000년까지도 R&D/GDP비율이 1%를 넘는 나라는 하나도 없었다. 이에 반해 한국의 R&D/GDP 비율은 1990년대 초반에 벌써 2%를 넘겼고 민간 R&D 지출비율이 80%를 차지하였다.

강영삼(2013)의 연구는, 대만의 경우, 국내 저축을 바탕으로 한 높은 투자, 수출을 통한 성장 동력의 확보, 외국인 직접투자의 적절한 활용, 성공적인 외환관리 등이 성공적인 경제추격에서 중요한 역할을 하였음을 밝히고 있다. 특히, 대만 경제에서 수출은 그 비중이 높을 뿐만 아니라, GDP 성장에 직접적인 영향을 미치는 요인이 되어 왔다. 이는 기존 문헌에서 수출이 후발국가로 하여금 기술습득 능력을 제고시키고 시장을 확장하여 규모의 경제를 누리게 할 뿐만 아니라 후발국 기업들을 국제 경쟁에 노출시키는 역할을 한다는 지적과 일치한다(Lee and Mathews, 2010). 여기서, 선진국 기술의 도입은 후발국가의 경제추격에 있어서의 관건으로서, 외국인 직접투자 유치는 그 대표적인 방식이었다. 그러나 외국인 직접투자를 제한 없이 허용하는 것은 국내시장을 외국기업에 내어주는 결과를 가져올 수 있다. 대만의 경우 외국인 직접투자를 매우 선별적으로 허용하였다. 대부분의 외국인 직접투자를 수출산업에 국한시켰고, 국내시장에 접근이 허용된 합작투자의 경우 부품을 일정비율 이상 국내에서 조달하도록 하는 방식으로 제한을 가하다.

대만정부는 경제추격 초기 외국기업의 국내투자를 유치하는 한편 이들 기업으로부터 국내 기업으로 기술 이전을 위한 노력과 더불어 자국 기업들의 기술 수준을 향상시키기 위한 노력을 다각적으로 기울여 왔다. 그 결과 대만 기업들의 기술은 높은 수준을 유지할 수 있었는데, 이러한 사실은 미국에 출원 등록한 특허 수를 통해서 잘 나타나고 있다.

뿐만 아니라 대만 정부는 1990년대까지도 '공업기술연구소^{ITRI}' 등 공공연구소를 통해서 기술을 개발한 후 이를 민간 기업들에게 보급하는 등의 방식으로 대만 중소기업들의 기술수준을 제고하기 위해서 노력하였다. 이처럼 다각적인 노력의 결과 대만은 산업의 중심을 노동집약적 산업에서 기술집약적 산업으로 이행할 수 있었으며, 국제생산 네트워크상의 지위 측면에서도 부가가치가 낮은 OEM 생산에서 보다 부가가치가 높은 ODM 생산으로 이동하는데 성공할 수 있었다. 이러한 사실은 경제발전 초기단계에서는 외국인 투자 유치로 외국기업들로부터 기술을 습득할 수 있으나, 추격이 지속되기 위해서는 일정한 단계에서 토착 기업 주도로 기술개발과 혁신이 이루어져야하며, 국제적 생산의 가치사슬에서 좀 더 높은 곳으로 이동해야 한다는 명제와 일치한다.

실제로, 대만에서는, 1980년대 들어 노동생산성을 초과하는 임금의 상승과 통화가치의 급격한 상승으로 인해 노동집약적인 수출산업의 경쟁력이 급격히 추락하는, 소위 중진국 함정 현상이 있었다. 그러나 그 이후 노동집약적 산업의 중소기업들에 대한 중국 이전, 대만 기업의 대형화, 국제화, 다각화가 이에 대한 대응과정에서 진행되었다. 뿐만 아니라 정부차원의 산업구조조정 노력과 연구개발 투자의 집중으로 대만 경제는 더욱 고도화되었다. 이러한 경험은 한국이 1980년대 중반 이후, 연구개발 투자를 늘려, 제품군을 고급화 다각화하면서 중진국 함정 현상을 벗어난 것과 일치한다(Lee, 2012).

특히, 양국 모두 이러한 산업구조 업그레이딩에 있어서, 토착대기업이 큰 역할을 했다는 점도 동일하다. 흔히, 대만을 중소기업 주도 경제라고 알고 있으나, 강영삼(2013)의 연구에서 구명하였듯이, 대만의 사례는 경제추격이 지속되기 위해서 중소기업 중심의 산업구조는 일정한 추격단계에서 대기업중심의 산업구조로 전환이 불가피하다는 것을 보여주는 중요한 사례이다. 실제로 대만에서는 1980년대 중반 ~ 1990년대 중반에 걸쳐 임금과 통화가치 상승이 나타났고, 그 결과 외국인 기업들의 철수와 노동집약적 산업의 중소기업들의 해외 이전이 진행되었다. 이 자리는 대만의 민간 대기업들에 의해 메꾸어졌는데, 특히 2000년대 개방화, 공기업 민영화 과정은 대만기업들이 대규모화되는 과정을 가속화시켰다.

이러한 기술역량 노력 결과, 대만은 일시적인 무역적자를 제외하고는 지속적인 무역흑자를 통해 충분한 외환을 보유함으로써, 대외적인 충격을 흡수할 수 있었다. 마찬가지로, 한국도 1980년대 말에 처음으로 무역수지 흑자를 보이면서, 중진국함정을 탈출할 수 있었다. 이러한 거시경제적 안정성은 양국 경제가 지속적 성장을 하는데 필수적인 요소였다. 이런 대만과 한국의 경험은, 앞에서 제시한 외환확보와 내재적 혁신역량

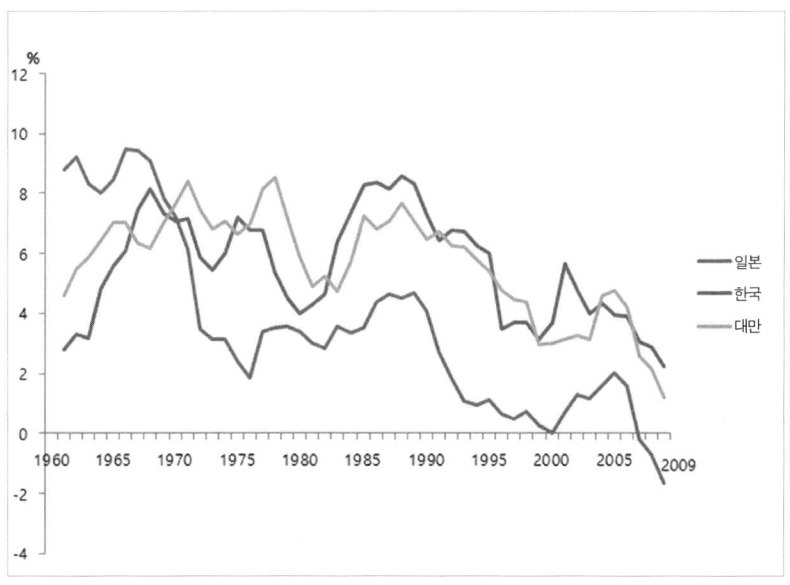

〈그림 2〉 일본, 한국, 대만경제의 연평균 경제성장률의 장기추세
자료: 이근 (2014)의 그림 4.2를 전재

확보를 후발국의 경제성장의 주요 요인으로 본 분석틀과 일치한다.

그러나 1990년대 산업구조의 성공적인 업그레이드에도 불구하고, 대만 경제는 2000년대 이후 성장률이 둔화되는 성장 감속 현상을 맞고 있다. 물론 한국도 마찬가지이다. 대만의 경우 국민당 일당독재가 2001년의 선거로 무너지며 민진당이 집권하였으나 결국 정치 불안과 본토와의 새로운 관계설정 미숙으로 성장이 감속하는 잃어버린 십년을 경험하였다. 한국과 대만의 성장은, 〈그림 2〉에서 보듯이, 이미 1990년대부터 감속을 시작하였고, 이는 전반적으로 이전의 소위 동아시아 형 발전모델이 그 한계를 노정하고 있는 것으로 볼 수 있다.

즉, '정치적 권위주의와 전략적 개방'을 그 핵심요소로 하는 동아시아 모델의 위기는 바로 그 성공 그 자체로부터 나온다. 즉, 경제성장의 성공에 따라 개발독재의 변화 즉 민주주의로의 요구가 증대되고, 국제사회로부터 시장 개방과 금융자유화를 요구받게 되는 것이다. 예를 들면 한국은 1992년 군사정권에서 문민정부로 이행하면서 민주화의 수준이 높아지고 자본시장을 포함한 개방도가 급상승한다. 소득재분배 요구를 포함하는 민주화와 개방은 이 과정에서 정책 실패와 연결되면 위기를 낳기도 하는데 바로 1997년의 외환위기는 이런 시각에서 볼 수 있다. 이 경우는 성공적 후발국의 지속성장의 두 목표 조건 중 첫 번째인 외환확보라는 전제 조건이 개방 정책을 둘러싼 정책실패로 인해 깨지면서 한국 경제를 순식간에 위기로 몰고 간 것이다. 한국이 독자적으로 새로운 성장모델을 찾지 못하는 가운데 위기를 맞고, IMF주도의 개혁을 거치면서 결국 영미식 모델이라는 새 모델을 외부에서 강요받는 상황에 이르게 된 것이다.

한국의 경우, 결국 새로운 성장모델의 모색이 절실한 상황이다. 이 전 세대의 추격이 대기업-제조업-정부 주도의 선도 추격모델이어서, 중소기업-서비스업-민간을 상대적 낙오자로 한 것이 이제 미래 성장의 발목을 잡고 있다. 효율적이고 경쟁력 있는 서비스업이 있어야 제조업의 효율성도 담보되는 것이고, 부품소재를 제대로 만들어내는 중소기업 없이 대기업의 완성제품도 제대로 경쟁력이 없는 것이다. 또한 이제 프론티어에 가까워짐에 따라, 정부의 선별적 지원 정책의 위험성이 커짐에 따라 민간의 창의성과 다양성이 중요해졌다. 그래서 선도추격에서 동반 추격 co-catch-up으로 전환하지 않으면 성장 잠재력은 훼손당하지 않을 수 없다. 중국의 경우라면 현재 업그레이딩 위기를 겪어가고 있는 반면 향후에는 현재의 권위주의적 선도 성장에서 낙오된 부문, 가령 지역 간 계층 간 소득 격차, 정치적 민주화 등이 성장 제약요인으로 등장할 것이 예상된다.

3) 중국

개혁개방 이후 중국경제의 급속한 부상은 본격적 G2 시대의 도래를 불러왔다. 중국의 경제규모가 이제 일본보다 커졌고, 미국과 비교하여도 그 규모가 미국의 절반에 도달하여, 향후 10여 년에 미국을 추월할 것으로 예상된다. 제조업 부문만 얼추 계산하여 봐도 제조업 규모가 중국은 GDP의 40%인 2조 달러가 넘어, 미국의 1.8조 달러(GDP 15조 달러의 12%) 보다 크다. 중국은 개혁개방 이래 지난 30여 년간 고도성장 끝에 경제대국으로 발돋움하였다. 그러나 중국의 성장 방식은 또 한 번 업그레이드 하고 있다(Jin, Lee & Kim, 2008). 발전된 동부 연해지역은 물론 내륙 중심도시들에서도 값싼 노동력과 토지 임대료에 기대어 성장할 수 있는 공간은 빠르게 축소되어 가고 있다. 더불어, 1990년대 중반 이후 고등교육의 급팽창 등으로 인해 중국의 요소부존 구조도 변화하고 있다.

한국과 대만의 추격모델과 비교의 관점에서 보면, 중국은 한국과 대만의 모델이 동시에 존재하는 혼합형 제3의 모델이라고 볼 수 있다. 우선 중국에는, 대만, 홍콩, 그리고 싱가포르 등에서 들어온 화교계 외자기업들이 주도하는 중소형 기업 들이 많이 성장하고 있다. 이들 중소기업들은 OEM, ODM 그리고 OBM이라는 대만식 점진적인 추격 단계를 충실히 밟아가고 있는 듯하다. 그러나 다른 한편으로 중국에는 레노보(IBM의 PC사업 인수), 하이얼(세계 최대의 냉장고 생산업체), TCL, 화웨이 등과 같은 상당수의 토착 대기업들이 자라나고 있다. 이들 기업들은 중국의 브랜드 리더이면서, 최종조립자로서 중요 부품이나 중간재들을 한국이나 일본에 의존하고 있으나, 국산화의 속도를 높이고 있다. 그러나 이들은 한국의 재벌이 밟은 경로 즉, OEM에서 ODM을 건너뛰고 바로 OBM으로 가는 경로를 밟을 것으로 예상된다. 즉, 한국과 같은 비약을 이룰 수 있을지가 관심거리이다.

한편, 중국은 한국과 대만과도 다르고, 또한 워싱턴 컨센서스와 대비되는 베이징 컨센서스라고 부를 만한 자기만의 독특한 특성을 가지고 있기도 하다. 워싱턴 컨센서스는 성공적인 경제성장을 위해서 취해야 할 10가지 정책 패키지로서, 워싱턴 DC에서 IMF와 세계은행을 중심으로 천명되었기에 붙은 말이다. 그러나 이를 그대로 따라한 남미의 경제성과가 초라해지자 이에 대한 비판이 일었고 지금은 위세가 많이 꺾인 상태이다. 워싱턴 컨센서스에 대한 최근의 결정타는 바로 중국의 경제 기적이다. 경제적 성취에 자신감을 얻은 중국 사회는 일찍이 소위 '북경공식'(공식은 공통인식이란 뜻으로 컨센서스의 중국어 표현) 이란 말을 쓴바 있다. 워싱턴 컨센서스를 구성하는 10가지 정책 측면에서 보면, 중국은 금융자유화 등을 점진적으로 하고 있어 워싱톤 컨센서스보다는 동아시아 모델 쪽에 가깝다. 즉, 소위 워싱턴 컨센서스로 대표되는 10개의 대표적 경제정책 중 기본적 거시안정과 인프라 건설 관련 앞 5개 정책을 먼저 실시한 반면, 민영화, 무역자유화, 자본자유화, 규제완화 등을 나중에 혹은 아직 하고 있지 않다는 점에서도 한국과 대만식의 '동아시아 컨센서스'를 따른다고 볼 수 있다(Lee, Eun and Jee, 2011). 그런데 이런 한국과 대만식 모델의 요소 외에 중국에만 발견되는 몇 가지 특징이 있다는 면에서 중국은 북경공식을 추구한다고 볼 수 있는 측면이 있다. 이는 다음의 세 가지 정책/전략을 볼 때 그렇다.

첫째, 중국은 외국인기업을 유치한 후 이를 기술 흡수의 통로로 삼아서 같은 분야에 토착기업을 육성하는 병행 학습(parallel learning: Eun, Lee and Wu, 2006) 전략을 쓰고 있다.

둘째, 중국은 한국과 대만식으로 외국제품을 모방하는 제품을 만드는 역엔지니어링reverse engineering 전략을 쓰기도 하지만, 학교나 연구소의 지식을 바로 이용하여 산업화하여 기업을 설립하는 전방위 엔지니어링forward engineering 전략을 사용하기도 한다. Eun, Lee and Wu(2006)에서 잘 설명되었듯이, 중국의 대표적 기업인 레노보, 팡정, 동팡 등이 바로 학교 기업에 속하고 이미 40여 개의 기업들이 성공하여 상장되어 있다.

셋째, 경제성장의 이른 단계에서부터 거대한 현금동원력을 바탕으로 활발히 외국기업들을 인수합병하여 이를 통해 기술, 브랜드를 확보하여 추격의 시간을 줄이려는 전략을 피고 있다. 상하이 차의 한국의 쌍용차 인수, 레노보의 미국 IBM의 싱크패드 인수 등이 그 사례이다.

한편, 중국의 경제 기적이 워싱턴 컨센서스에 대한 결정적 타격인 이유는 바로 독재와 경제성장의 공존이다. 왜냐하면 남미에서의 워싱턴 컨센서스의 실패에 대한 주류경제학의 변명은 그 나라들의 기본적 제도(민주주의, 법치, 부정부패 억제)들이 불충분하여 좋은 정책이 먹혀들어가지 않았다는 것이기 때문이다. 즉 선 제도 완비 후 경제성장 가능론인데 중국은 과거 한국과 마찬가지로 선 경제성장 후 민주화의 길을 걸을 것으로 보인다. 여기서 핵심 이슈는 중국이 상당수의 개도국처럼 중진국 함정에 빠질 것인가 아닌가이다.

한 나라가 중간소득층 국가에서 고소득층 국가로 이행함에 있어 R&D와 대학교육이 중요하다고 볼 때(Lee and Kim, 2009), 중국은 이 면에서 아주 잘 해나가고 있는 실정이다. 우선 중국은 R&D에 대한 지출을 많이 늘리고 있는데 2000년에는 R&D/GDP 비율이 1%를 넘어 라틴 아메리카의 중진국들보다 더 빨리 1%라는 문턱을 넘어섰고 현재 이 비율은 1.5%를 넘기고 있다. 이 비율은 1995년에는 0.6%에 불과했으나 2003년에는 1.3%로 2배 넘게 뛰어올랐고 최근에는 이미 2%를 넘었다. R&D/GDP 비율의 연평균치 역시 개혁의 전기인 1990-1996년 사이에는 0.68%밖에 안 되었으나 후기인 1997-2003년에 와서는 0.97%로 크게 증가했다. 특히 2000년 이후 R&D 지출이 크게 증가되었는데 R&D/GDP 비율의 증가율을 보면 전기(1990-1996)에는 -2.65%였으나 후기(1997-2003)에 와서는 12%로 대폭 증가되었다. 현재 중국의 R&D 지출액은 이미 일본을 넘었다.

중국의 대학교 진학률을 보면 1990년에는 3.4%로 1980년의 9개 중간 소득층 국가들의 평균인 13.5%보다 현저히 낮은 수치였으나 최근에는 20%에 가까워 2000년의 9개 중간 소득층 국가들의 평균과 비슷한 수준이다. 이 같은 중대한 진보는 1990년대 말의 교육개혁 및 1998년 이후 대학교에 진학하는 대학생 수가 연 20%씩 증가하는 것과 관련이 있다.

Jin, Lee, and Kim(2008)의 논문에 의하면 중국의 성장 엔진은 과거의 외국인 직접투자와 비국유화 및 수출에서 이미 혁신으로 전환하였다고 한다. 중국의 성간 회귀분석을 통하여 이 논문은 개혁의 초기에는 수출, 외국인 직접투자 및 국유비중의 감소가 중요한 성장 엔진이었으나 후기에 와서는 지식과 기술이 더욱 중요한 변수로 새롭게 등장하였음을 발견하였다. 또한 전통적인 정책 변수들 중 수출 비율은 여전히 유의하나 외국 자본과 국유비중은 최근 그 유의성이 사라졌음을 발견하였다.

앞으로 '북경 공식'이 정말 성공할 지는 크게 보아 중국이 남미와 같은 중진국 함정에 빠질 것인가가 관건이고, 나아가서 한국이 넘었던 몇 가지 산 즉, 설계기술의 확보, 부품소재의 국산화, 토착 대기업과 자기브랜드의 육성 등이 산을 넘느냐에 달려 있다(Lee, Jee, and Eun, 2011). 후진타오 정부가 외국인투자에 의존하는 성장 전략의 한계를 극복하기 위해 토착기업과 토착기술을 강조한 이래, 토착산업의 발달은 중국경제의 성공적 진화를 판단하는 중요한 지표가 되고 있다. 중국기업들의 혁신능력 향상을 반영하는 하나의 지표로 특허 신청건수를 살펴 볼 수 있다. 즉, 비교가능한 지표는 중국이 일본, 한국 및 대만이 과거에 보여준 세 가지 중요한 추격$^{catch-up}$을 달성하고 있는지 여부이다. Lee and Kim(2010)에서 논의하였던 세 가지의 기술추격이란, 첫째 해당국가의 토착 특허건수가 외국인 특허건수를 초과하고 있는지, 둘째, 발명 특허건수가 실용신안 건수를 초과했는지, 셋째, 기업특허건수가 개인발명가의 특허건수를 초과하고 있는지 여부이다. 한국의 경우 기업특허건수가 개인발명가의 특허건수를 초과한 것은 1986년이고, 발명특허 건수가 실용신안 건수를 초과한 것은 1989년이며 궁극적으로 국내특허가 외국인 특허를 초과한 것을 1993년이다. 이러한 세 가지 패턴이 중요한 체크 포인트인 것은 바로 일본, 한국 및 대만 모두 이 세 가지 추격을 실현한 반면 다른 어떤 후발개도국도 이를 달성하지 못하였기 때문에 중국이 이를 달성하느냐 여부는 중요한 지표가 될 수 있다; 일반적인 후발개도국의 경우 출원되는 특허의 대부분은 외국인이나 비거주자들이 소유하고 있다(Lee and Kim, 2010).

그런데, 이러한 세 가지 추격은 2000년대 중반 중국에서 모두 나타났다(Lee, 2010). 특허신청건수의 경우, 2003년 국내기업의 특허건수가 외국기업보다 많아졌고(Lee, 2010 중 그림2), 2004년에는 발명특허 건수가 실용신안 건수를 초과하였으며, 2007년에는 기업 특허 건수가 개인특허 건수를 초과하였다.

이상은 총체적 차원의 추격 성과이지만, 중국기업들의 빠른 성장과 관련된 여러 정황적 증거들이 존재한다. 첫째, 많은 중국 토종기업들이 OBM단계 진입 및 국제적인 경쟁력을 가진 기업으로 업그레이드되고 있다. Xie and Wu(2003), Lee and Mathews(2012)가 분석했던 소비자 가전분야의 콩카가 좋은 예이다. 한국과 대만의 기업들의 과거와 유사하게, 콩카^{Konka}는 OEM업체로 출발하였고 홍콩상장사인 Ganghua전자와 JV를 설립하여 1980년 초부터 1991년까지 GE, Emerson Radio 및 Thomson에 제품을 공급하였다. 그러다가 1987년부터는 자체브랜드로 외국업체들과 국내시장에서 경쟁하기 시작하였고, 이후 2007년이 되면 콩카는 중국 칼러TV 시장에서 24%의 점유율을 기록하였다. 현재 전 세계적으로 9000명의 직원을 고용하고 60여 개 국가에 진출하는 등 다양한 소비자 가전제품을 생산하는 주요 업체로 성장하였다(Xie and Wu, 2003; Mathews, 2008). 콩카와 같은 사례는 한국과 대만 업체들에게서 관찰된 많은 특징들을 반복하고 있다. 특히 아웃소싱 계약을 통한 기술력 향상 및 OEM에서 ODM으로, 또다시 OBM으로 업그레이드하는 양상을 보이고 있다(Lee, 2005).

또 다른 유사한 사례로, 중국이 현재 레노보, Haier, 창홍, TCL, 콩카, 화웨이와 같은 많은 대기업들을 육성하고 있음을 지적할 수 있다. 또한 Zeng and Williamson(2007)의 연구에서 보여주듯이 일부 중국 업체들의 경우 자국시장에서 선두에 있을 뿐만 아니라 글로벌 시장에서도 광범위한 산업분야에서 활약하고 있다. 전 세계 컨테이너 운송산업의 55%이상을 점유하고 있는 중국 국제 해양컨테이너그룹(CIMC)이 흥미로운 사례이다. 이 기업의 가장 큰 특징은 로우엔드에서 출발하여 궁극적으로 냉장컨테이너, 제품 이동 추적 시스템, 폴딩 컨테이너 등 하이엔드까지 모든 분야에 진입하였다. 이런 하이엔드는 유럽 컨테이너 메이커들이 방어할 수 있다고 생각했던 제품 영역이었다. 이 회사의 전략을 "저비용 혁신$^{cost\ innovation}$"이라고 하는데, 이 회사는 자신의 저비용 구조를 이용하여 매우 낮은 가격을 제시함으로써 거대한 물량을 확보하였다. 이러한 "저비용혁신"이 놀라운 점은 단순히 이것이 낮은 임금에 기반한 것이 아니라 low-end 제품에 새로운 제품과 프로세스 혁신을 적용했다는 것이다. 이 회사는 바로 이점을 가지고, 중국 국내시장에서 다른 많은 경쟁 상대들을 이길 수 있었던 것이었다. 이 회사는 성장과정에서 라이센싱과 한국 및 유럽 기업들에 대한 M&A등 다양한 방식에 의존하였다.

이러한 중국기업들의 굴기는 Nolan(2002)의 1990년대 중국기업에 대한 회의적인 묘사와는 너무나도 대조적이다. 그는 중국기업의 경우 당시 UK R&D 스코어 보드, 파이낸셜 타임즈 500대 기업, 비즈니스 위크지 100대 브랜드에 아무도 이름을 올리지 못했고 10개 기업만이 포춘 글로벌 500대 기업에 리스트 되었다고 지적했다. 현재 상황을 같은 기준으로 체크해 보면 획기적인 변화를 볼 수 있는데, 중국은 포춘 500대기업에 90개 정도 기업을 등록하여, 이미 일본을 넘어서고 미국 다음이 되었다.

4) 인도, 브라질 등 기타 국가

1990년 이후 인도 경제의 성장은 일차적으로 서비스업 주도형 경제성장으로 볼 수 있고, 나아가서, 제2차 산업과 서비스 산업 사이에 현저한 디커플링이라는 다소 특이한 패턴을 보이고 있다. 인도 경제의 서비스화 현상은, 서비스 산업의 평균적인 노동생산성은 제조업 평균에 비하여 월등히 높다는 점에서, 많은 개도국에서 제조업의 부진으로 인하여 농촌의 유휴인력이 서비스 산업의 비공식 부문으로 유입되는 현상과는 차이가 난다. 즉, 인도에서는 서비스 산업의 생산성 상승이 가속화되고 있는 반면, 제조업에서의 생산성은 낮다는 점에서 다른 동아시아국의 추격과정과 완연한 차이를 보이고 있다. 이러한 패턴은 최근 세계시장에서 생산의 국제화와 정보통신기술의 발전에 힘입어 서비스 부문에 새로운 시장이 창출됨으로 인하여 인도에 기존의 추격국과는 다른 추격 경로를 따를 수 있는 기회가 주어졌음을 시사한다. 더구나 인도는 정치적 민주주의와 서비스 주도의 추격이라는 전혀 새로운 경로를 열어 가고 있다.

또 다른 대국인 브라질의 경우, 소위 중진국 함정의 예로 거론 되었으나, 룰라 정권 이후, 산업정책을 부활하고, 수출되는 자원 가격 상승 덕에 2000년대에는 상당한 성장성과를 보여주었다. 즉, 브라질도 쇠락의 고리를 끊고 시장주의적 중도좌파라는 새로운 경로를 개척해 가고 있는 것이다. 일견 새로운 후발국 성장 모델이라고 할 수 있는 인도의 서비스 주도, 최근 브라질의 일차 산업 주도 모델은 두 경우 모두 제조업이 요구하는 외국산 자본재 수입 필요(외환 필요)로부터 상대적으로 자유로운 저비용 저외환비용 성장 방식이기에 외환위기 요인을 회피할 수 있다는 점에서 유리하다.

그러나 향후 인도의 경우, 현 세대 성장의 주도 부문이 서비스산업이라 이에 낙오된 제조업 부문의 규모와 수준을 어느 정도 이상 올리지 않으면 서비스 주도의 성장은 확산되지 못하고 원활하지 않을 가능성이 크다. 브라질의 경우, 최근의 성장세는 주로 수출용 자원 등 일차산업이 주도한 것이며 이는 다시 중국이라는 거대한 신흥 제조업국가의 출현이 일차산품의 가격을 올렸다는 외생적 요인에 기인한 것이다. 일차산품은 항상 낮은 소득탄력성, 낮은 (경직적) 가격탄력성이 잠재적 문제이기에, 일차산품을 제조업화 하거나 여기에 신기술 신지식을 결합하여 그 자체의 차별성에 기초한 고부가가치화 하지 않으면 브라질을 상위중진국 이상으로 올려놓기 힘들 것으로 예상할 수 있다.

한편, 20세기 말부터 진행된 아일랜드의 경제 성장은 유럽을 비롯하여, 세계 각국의 시기를 받을 만큼 놀라운 것이었다. 1988년, 영국의 권위 있는 경제지인 이코노미스트가 아일랜드를 '자선을 구걸하는 거지'로 표현한 지 불과 20여 년 만에 켈틱 타이거$^{Celtic\ tiger}$로 눈부시게 성장한 놀라운 기적이었다. 이에 대하여 일군의 학자들은 아일랜드를 워싱턴 컨센서스를 바탕으로 한 신자유주의적 발전 모델의 전형이라고 치켜세웠다. 아일랜드의 경제성장이 각종 규제 철폐와 무역자유화를 통한 FDI의 원활한 유입을 바탕으로 이루어졌기 때문이다. 그러나 최근 아일랜드의 경제 상황은 경기침체라고 표현하기에 모자랄 정도로 심각한 위기 국면을 맞았다. 모든 거시 지표들이 곤두박질쳤고, 경제로부터 비롯된 분열은 사회 전반으로 확산되어 가고 있다. 즉, 아일랜드는 급격한 추격의 반전 이후 추락을 노정하고 있다. 자본 자유화와 무역 개방을 통한 경제 성장이 보여 주는 한계가 아일랜드의 경제 위기를 통해 단적으로 나타난 것이다. 이는 단순히 워싱턴 컨센서스의 틀에 따른 자본 개방과 FDI의 유입으로는 일정한 추격은 가능할지언정 장기적 경제 성장이 바로 담보되지 않는다는 것을 보여 준다.

아프리카의 모리셔스는 전통적 아시아 모델이었던, 수출주도의 외향적 모델을 가지고 매우 우수한 성과를 낸 나라다. 그러나 이러한 성과가 국내 임금 상승으로 귀결되는 반면, 더 값싼 노동력을 제공하는 방글라데시 같은 차기 후발국의 출현으로 노동집약적 수출산업의 경쟁력 유지가 어려워지면서 성장이 정체되고 있다. 즉, 전형적인 개도국 간의 '상호경합'(adding-up problem: Spence 2011) 문제의 예가 되는 사례다. 따라서 향후 수출생산 경험이 학습의 기회로 작용하여 보다 높은 고부가가치 산업으로 이행하는 (한국이나 대만에서 발생한) 업그레이딩이나 산업구조의 다각화를 수행하지 못하면 지속적 추격이 불가능한 상황에 빠지고 있다. 사실 이런 상황의 발생은 많은 후발개도국에 발생하고 있어, 이를 일반적 문제로 인식하고, 단순한 저임금에 기초한 수출공업화 모델의 내재적 한계로 인식하는 것이 필요하다.

4. 마치며

본고의 논의는 크게 두 가지 문제의식을 중심으로 전개되었다. 첫째, 국가의 흥망성쇠라는 일반적 주제 하에서 각국이 어떤 이유로 인해서 추격, 추월, 추락이라고 하는 세 가지 다른 경로를 걷게 되는지를 분석하였다. 둘째는 아시아적 모델에 관한 것으로, 일본을 필두로 한 한국, 대만 등 1세대 아시아 모델과 중국 인도를 중심으로 하는 2세대 아시아 모델의 새로운 경로 탐색에 대해 분석하되, 이를 남미 및 기타 비 아시아 지역의 발전 경험과 비교분석하였다.

분석틀로서는 우선 선·후진국을 포괄하는 일반적 틀로서, 기회의 창과 경로창출 개념을 전제로 하고, 후발국에 대해서는 서로 비슷한 상품을 가지고 수출시장에서 경쟁한다는 '상호경합' 문제의 존재 속에서, 후발국들이 성장의 관건인 지속적 외환 확보와 내재적 혁신 역량이라는 두 가지 과제를 어떻게 해결해 나가는가에 초점을 두었다.

이런 틀에서, 국가의 흥망은 새로운 기술경제 패러다임의 출현, 급격하고 거대한 시장 수요 및 지리적 변화, 국가의 일관적 체계적 정책 개입이라는 세 가지 요소에 의해 새로운 기회의 창이 열리고, 이런 기회를 잘 이용한 국가들이 장기적으로 흥하는 길로 들어서고 이런 기회를 놓치거나 선점 당하면 장기적 쇠퇴의 길로 들어섰다. 즉, 스페인과 포르투갈의 발흥은 인도로 가는, 육로가 아닌 새로운 해상 경로를 발견한 것에 기인한 것이고, 영국의 발흥은 무역이 아닌 제조업에 기반한 경제성장이라는 새로운 경로를 발견한 것이다. 한편, 전후 동아시아 국가의 성장은 소품종 대량생산이라는 포드주의 생산방식에 아시아의 저임금과 수출주도라는 새로운 추격형 성장 방식을 창출함으로써 가능하였던 것이다. 인도는 제조업이 발달한 후 서비스업이 발달하는 기존의 경로를 답습하지 않고, 제조업이라는 단계를 생략하고 바로 서비스업으로 이행한 단계생략형 추격이라고 볼 수 있다. 즉, 본서의 핵심적 주장은, 새로운 국가의 장기적 발흥은 기존의 강국과 다른 새로운 경로의 창출과 종종 연결되어 있다는 것이다.

또한 동아시아 모델의 선도국이었던 일본을 포함하여 한국과 대만 등에서 보이는 위기와 혼란은 바로 그 전 세대에서 성공을 이끌었던 성공 공식이 내부 조건과 외부환경 변화에 따라 그 유효성이 대폭 감소되는 것으로 표현할 수 있다. 동아시아 모델의 두 요소 중, 정치적 민주화나 경제적 개방이 가지는 직접적 비용과 위험 요인 등에 대해서는 위에서 설명하였지만 이 두 과정이 직접적인 큰 비용 지불 없이 진행되더라도 이 과정은 보다 장기적 차원의 새로운 문제의 원천이 된다.

우선, 개방화와 세계화에 대해서 보면, 위에서 언급하였듯이 개방화가 정책실패와 결부되면 한국과 같이 외환위기로 까지 폭발할 수 있고 그 정도까지는 가지 않더라도 세계화는 새로운 긴장과 모순을 초래한다. 즉, 해외투자를 점점 많이 하게 됨에 따라 개별 기업의 이윤 추구와 국민경제 차원의 이득과의 괴리를 심화시켜 기업의 성과와 내수, 일자리 등과의 연결고리가 약해지는 것과 관련이 있다. 이런 고리의 약화 심화는 상대적 격차까지 심화시켜 추가로 성장 순환을 약화시키는 악순환 효과가 있다.

참고문헌

강영삼. 2013. '대만경제의 추격과 구조변화'. 이근 외(2013) 3장. 서울: 서울대출판원
우경봉. 2013. '추격 경제학의 관점에서 바라본 일본경제의 번영과 침체', 이근 외(2013) 2장. 서울: 서울대출판원
이근. 2007. 『동아시아와 기술추격의 경제학: 신슘페터주의적 접근』, 서울: 박영사.
이근 외. 2013. 『국가의 추격, 추월, 추락』. 서울: 서울대출판원.
이근. 2014. 『경제추격론의 재창조』. 서울: 오래.

Abramovitz, M., 1986, "Catching-up, forging ahead, and falling behind," *Journal of Economic History*, 46(2), 385~406.
Eun, Jong-Hak, Keun Lee, and G. Wu, 2006, 'Explaining the "University-run Enterprises" in China: A Theoretical Framework for University-Industry Relationship in Developing Countries and its Application to China', *Research Policy*, 35(9), 1329~46.
Hobday, Mike, 1995, 'East Asian latecomer firms: Learning the technology of electronics', *World Development*, 23(7), 1171~1193.
Jin, Furong, Keun Lee, and Y. Kim, 2008, 'Changing Engines of Growth in China: From Exports, FDI and Marketization to innovation and Exports', *China and the World Economy*, 16(2), 31~49.
Kim, Linsu, 1997, *Imitation to Innovation: The Dynamics of Korea's*

Technological Learning, Boston: Harvard Business School Press.

Lee, Keun, 2005, 'Making a Technological Catch-up: Barriers and Opportunities', *Asian Journal of Technology Innovation*, 13(2), 97~131.

Lee, Keun, 2010, '30 Years of Catch-up in China: A Comparison with Korea', in Ho-Mou Wu and Yang Yao, eds., *Reform and Development in China: What can China offer the developing world*, Oxon: Routledge.

Lee Keun, 2012, 'How Can Korea be a Role Model for Catch-up Development? A 'Capability-based View" in Augustin K. Fosu, ed., *Achieving development success*, Oxford: Oxford university press.

Lee, Keun, 2013, *Schumpeterian Analysis of Economic Catch-up: Knowledge, Path Creation, and the Middle-income Trap*, Cambridge: Cambridge Univ Press.

Lee, Keun, M. Jee, and J. Eun, 2011, 'Assessing China's Catch-up at the Firm-Level and beyond: Washington consensus, E. Asian Consensus and Bejing Model', *Industry and Innovation*, 18(5), 487~507.

Lee, Keun., and Y. K. Kim 2010. "IPR and Technological Catch-Up in Korea," in Hiroyuki Odagiri, Akira Goto, Atsushi Sunami, Richard R. Nelson (eds.), *Intellectual Property Rights, Development, and Catch Up: An International Comparative Study*, 133~62. Oxford University Press.

Lee, Keun and Byung-Yeon Kim, 2009, "Both Institutions and Policies Matter but Differently for Different Income Groups of Countries: Determinants of Long-Run Economic Growth Revisited." *World Development*, 37(3), 533~49.

Lee, Keun and Chaisung Lim, 2001, "Technological Regimes, Catching-up and Leapfrogging : Findings from the Korean Industries." *Research Policy*, 30, 459~83.

Lee, Keun and John A. Mathews, 2010, "From Washington Consensus to Best Consensus for World Development." *Asian-Pacific Economic Literature*, 24(1), 86~103.

Lee, Keun and John A. Mathews, 2012, 'Ch 6. Firms in Korea and Taiwan: Upgrading in the same industry and entries into new industries for sustained catch-up', in John Cantwell and Ed Amann, eds., *The Innovative firms in the Emerging Market Economies*, Oxford: Oxford University Press.

Mathews, John A., 2005, "Strategy and the Crystal Cycle." *California Management Review*, 47(2), 6~31.

Mathews, John A., 2008, 'China, India and Brazil: Tiger technologies, dragon multinationals and the building of national systems of economic learning', *Asian Business & Management*, 8(1): 5~32.

OECD, 1992, Technology and Economy: the Key Relationships, Paris: OECD.

Perez, Carlota and Luc Soete. 1988. "Catching-up in Technology: Entry Barriers and Windows of Opportunity," G. Dosi, C. Freeman, R. Nelson, G. Silverberg and L. Soete, *Technical Change and Economic Theory*, London: Pinter Publishers, 458~79.

Spence, Michael, 2011, *The Next Convergence: the future of economic growth in a multispeed world*, New York: FSG Books.

Xie, W. and Wu, G., 2003, 'Differences between learning processes in small tigers and large dragons: Learning processes of Two color TV (CTV) firms within China', *Research Policy*, 32(8), 1463~1479.

Zeng, Ming, and Peter Williamson, 2007, *Dragons at your Door: How Chinese Cost Innovation is Disrupting Global Competition*, Boston: Harvard Business School Press.

제4장

조약의 네트워크[1]

한중일과 주변국들을 중심으로

박원호

1. 들어가며: 왜 조약의 네트워크인가?

아시아의 정치, 경제, 사회, 문화, 안보는 궁극적으로 한국, 중국, 일본과 이를 둘러싼 미국, 러시아 등의 국가들이 이루는 관계의 네트워크의 틀 안에서 진행된다. 여러 아시아 국가들과 북한이라는 특수한 정치체제들도 이 네트워크에 포함될 것이다. 주지하는 것처럼 이러한 국제관계의 합종연횡은 각 나라들의 전략적 사고 속에서 만들어지고 구성되며, 이러한 관계의 내용과 폭은 다면적이고 다층적인 것이다. 또한 이 관계망이 본격적으로 구성되고 작용하는 것은 역사적인 과정과 맥을 같이 할 수밖에 없다. 서로를 발견하고 필요성을 확인하는 것으로 이러한 관

---

1 본 연구의 토대가 된 조약체결 관련 자료를 수집해 준 김한나와 우효평에게 감사를 전한다. 본 연구는 서울대학교 아시아연구소 아시아센서스의 지원을 받아서 수행되었다.

계의 네트워크가 시작되었고, 정복과 전쟁의 갈등의 과정 속에서 동아시아 국가들과 그 주변국들 간의 관계가 정립되었을 것이다.

그런데 이러한 관계의 내용은 무엇으로 채울 것인가? 아마도 다양한 수준의 국가 간 외교에서 시작하여 지역과 민간의 자발적이고 미시적인 관계들이 위의 흐름도를 채울 수 있을 것이다. 본 연구는 그 중, 거시적 변화에 주목하면서 가장 기본적이고 공식적인 국가 간의 기록, 조약treaty에 주목할 것이다.

조약에 주목하는 것은 다음과 같은 함의가 있다. 우선 첫째, 공식적 조약은 이러한 네트워크를 구성하는 가장 기본적인 외교력의 지표이며, 여타의 관계들의 토대가 된다. 이러한 작업을 바탕으로 각종 다양한 민간 수준의 교류와 흐름도 차후에 부가적으로 채워질 수 있을 것이다. 둘째, 공식적 조약은 국가 간의 중장기적 전략과 세력 역관계를 반영할 수밖에 없다. 닉슨 독트린이 그러했고 한일 수교나 한중 수교가 그러했다. 셋째, 공식적 조약 또한 하나의 단일한 요소로 구성된 것이 아니라 외교·경제에서 문화·환경에 이르기까지 그 내용성에 있어서 다양한 분화를 보인다. 이러한 조약의 다면성은 각국 외교의 특징과 중장기적 전략을 엿보는 중요한 프리즘이 될 것이다.

조약법에 관한 비엔나협약 제 2조에 의하면 "조약treaty"은 "단일의 문서에 또는 그 이상의 관련문서에 구현되고 있는가에 관계없이 또한 그 특정의 명칭에 관계없이, 서면형식으로 국가 간에 체결되며 또한 국제법에 의하여 규율되는 국제적 합의를 의미한다." 조약의 체결은 양국 간 또는 다자간의 관계가 공식적인 기록의 형태로 구축되었음을 의미하며, 국가 간 조약을 많이 체결할수록 관계의 강도는 이전보다 강해질 것이고 해당 국가들의 외교 관계가 이전 시기보다 발전하였음을 뜻한다.

한편 특정 부문에서 조약이 많이 체결된다는 것은 해당 부문에서 국가 간 이익이 충돌하기 쉽거나 그 부문의 가치가 높아졌기 때문이다. 조약이란 제도의 형태로 상호 간 이익의 합의 지점을 구체적으로 공식화하여 갈등을 사전에 방지한 것이라 볼 수 있다. 따라서 조약의 체결 관계가 부문별로 차이가 나는 것은 국제 관계에서 권력 갈등이 발생하는 지점이 다르다는 것을 의미한다.

이러한 국가간의 '관계'에 주목하면 자연스럽게 본 연구의 방법론적 선택이 이해될 수 있다. 사회과학 전반, 특히 개인 행태의 차원에서 연구가 진행되어왔던 '네트워크분석'을 국가들 사이의 연결망으로 이해하려는 시도가 국제정치분야에서 활발히 진행되어오고 있으며, 이는 본 연구의 문제의식과도 다르지 않다. 문제가 되는 것은 리바이던적 존재인 국가들이 만드는 네트워크가 일반적으로 우리가 이해하는 네트워크보다 지나치게 복잡하여 분석에 장애가 될 우려가 있다는 것이다. 우선 국가가 포괄하는 영역이 매우 다면적이라는 점을 고려해야 할 것이고, 이에 부가적으로 개별국가들 사이의 관계의 복합성이 중층적으로 겹쳐지는 것을 생각해볼 수 있을 것이다. 요컨대, 개인들은 제한된 시간과 자원으로 인해 기하급수적으로 증가하는 관계의 모든 가능성들을 구현하기 힘든 반면, 국가간의 관계는 훨씬 빽빽한^{dense} 네트워크를 들여다보

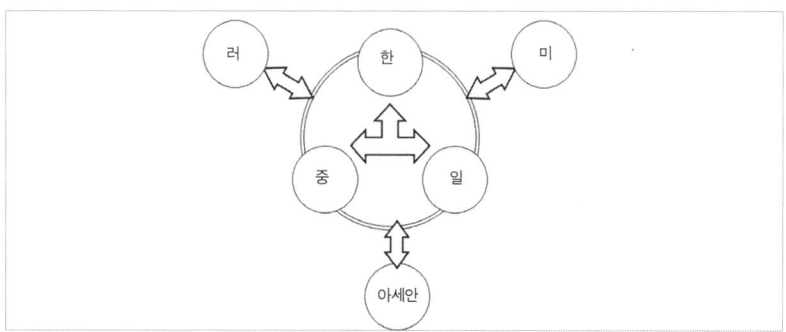

〈그림 1〉 한중일과 그 주변: 단순화된 네트워크

아야 하는 임무가 연구자에게 주어지는 셈이다.

그런 의미에서 이 글에서는 국가들의 관계를 매우 단순화시켜서 바라보고자 한다. 우선 첫째, 한중일 삼개국을 네트워크의 중심부에 놓고 관계를 구성한다. 한국이 처해 있는 역사적 지리적 상황을 고려하더라도, 그리고 오늘날의 실질적인 제반관계들의 총합을 보더라도 중국·일본과의 관계는 본 분석의 중핵을 차지한다. 둘째, 한중일의 '외부'는 일부러 미국, 러시아, 아세안으로 단순화시켰다. 이들을 제외한 다른 나라들은 분석에 제외했다는 의미에서, 그리고 아세안 10개국을 하나의 그룹으로 합쳐서 결과를 보여준다는 의미에서의 단순화이다. 셋째, 이러한 '외부' 국가들은 분석에서 한중일과의 관계로만 조망하며, '외부'국가들끼리의 관계는 분석에서 사상捨象한다. 이는 분석을 간결하게 하기 위한 목적과 동시에 자료 수집의 어려움에 기인하는 것이다. 예를 들어, 미국과 러시아의 관계는 이 글의 분석 대상이 아니며, 분석 대상은 미-러가 어떻게 한중일 삼국과 관계를 맺는가 하는 부분이다.

이러한 분석틀은 한중일 삼국의 협력과 경쟁관계를 잘 보여줄 수 있다는 장점이 있다. 이후에 보겠지만, 현대 사회과학이 이처럼 상당히 거시적인—분석 수준에서, 그리고 분석 대상 기간에 있어서도—역사적·경험적 분석을 어떤 방식으로 수행할 것인가라는 질문에 대해 아직까지 제대로 정립된 대답은 없는 것으로 보인다. 본 글의 또다른 목적은 이처럼 보다 일반적인 역사-거시적 분석을 위한 일반적 템플릿을 제공함으로써, 이후의 다른 확장가능한 주제들, 예컨대 국가간 조약이 아닌 다른 내용의 관계나 흐름, 국가에서 도시 등으로 분석 단위의 변환 등의 내용들을 효율적으로 다룰 수 있는 가능성을 타진하고자 한다.

2. 네트워크 분석과 국제정치학의 기존 연구

네트워크 분석은 다양한 형태의 사회적 시스템 내의 관계적 구조를 파악하는 일련의 연구방법을 말한다(Wasserman et al. 1994; Wellman et al. 1989). 이 분석에 사용되는 기본적인 네트워크 데이터는 행위자인 노드[node]와 행위자 간의 관계를 나타내는 연결선[tie]으로 정의된다(Hanneman 2005). 이 분석 방법의 특징은 한 행위자가 가지고 있는 개체 속성이나 그것이 포함된 시스템의 특성 하나만 보는 것이 아니라 그것이 포함된 시스템과 다른 행위자들이 서로 맺고 있는 관계의 특성을 함께 고려하여 조망한다는 점이다. 국가 간 조약체결의 관계도 하나의 국가만으로는 정의될 수 없고 둘 이상의 행위자가 참여하여 형성되는 쌍무적 계약관계를 기본으로 하고 있기 때문에, 국가 간 조약체결 관계는 구조적 관계를 분석 대상으로 삼는 네트워크 분석 방법론에 적합한 대상이 될 수 있다.

네트워크 분석법을 이용한 연구들이 한국 국제정치학계에 등장하기 시작한 것은 비교적 최근의 일이고 아직까지 많이 활성화되지는 못하고 있다. 최근 연구들을 살펴보면 대표적으로 민병원(2008)과 김형민(2009)의 연구가 있다. 우선 민병원(2008)의 경우 국제관계의 상호작용으로부터 국가들 사이에 어떻게 힘의 클러스터가 형성되는가를 알아보기 위해 동맹관계의 네트워크가 작동하는 알고리듬을 설정하고 시뮬레이션 하였다. 또 김형민(2009)의 경우 1950년부터 2002년까지의 국제체제에 존재하는 모든 국가 간에 이루어진 군사무기 이전의 자료(SIPRI Arms Transfers Database)를 사용하여 50여 년간의 군사무기 네트워크를 분석하였다. 그러나 조약관계를 분석대상으로 삼거나 한중일과 아세안 국가들의 관계를 중점적으로 다룬 연구는 아직 없었다. 또한 민병원에 의하면 국제관계 연구에 이용되는 네트워크 데이터는 국제기구나 경제적 교류에 관한 데이터를 차적으로 가공한 2차 데이터들이 주종을 이루고 있다는 한계가 있다(Emile M. Hafner-Burton et al 2009; 민병원 2009). 이에 본 연구는 한국과 중국, 일본 3국과 아세안 국가간에 맺어진 정치, 경제, 사회, 문화 제반 분야의 공식적인 조약 사실관계의 원자료를 수집하여 아시아 국가들의 조약의 네트워크가 시기별로 분야별로 어떠한 형태로 변화해왔는지 시론적인 분석을 시도해 보고자 했다.

현재까지의 연구 내용은 다음과 같이 요약될 수 있다.

1) 한중일 세 나라가 국제무대, 특히 아시아에서 지니는 상대적 위상을 시기별로 매우 역동적인 변화양상을 보인다. 일본이 70년대 이전 선점적 지위를 지니고 있었다면 한국이 이를 뒤쫓아 가고 경쟁하는 와중, 중국이 90년대 이후 부상하는 형세를 보이는 큰 그림이다. 한국은 어떤 시기에서도 한중일 삼국의 외교력에 있어 압도적 위치를 점한 적이 없었으며, 이는 中日 사이에 끼인 한국의 외교적 위치를 보여주는 것이기도 하다.

2) 이러한 맥락에서 미,러, 그리고 아세안제국이 한중일과 맺어 나가는 관계 또한 매우 중요하고 흥미롭다. 비교적 최근까지 지속된 한미일 관계의 우호적인 돈독함은 결정적으로 미국을 매개로 하고 있다는 점이 가장 핵심이며, 1990년대 이래 韓日 공히 이러한 미국일변도의 관계를 일정하게 중국이나 러시아로 다변화시키려는 노력들이 엿보인다.

3) 아세안에 대한 한중일의 전략은 근본적으로 새로운 외교시장의 개척이었으며, 일본은 매우 일찍이 이를 진행해 온 것이 눈에 띈다. 한국의 경우, 일본만큼은 아니지만 對아세안 외교에 일찍부터 힘을 쏟아왔고 성공적으로 진행해 온 점을 주목할만 하다. 2010년대에 와서야 중국

은 아세안 10개 국가에서 점차 그 영향력을 강화하고 있는 것으로 보이며 이는 韓日뿐 아니라 미러를 압도하고도 남음이 있다.

 3) 부문별 조약에서는 삼국이 어떠한 부문에 더 주안점을 두고 어떠한 부문에 취약한지를 네트워크 분석을 통해 보여줄 것이다. 결과를 요약하자면 가장 눈에 띄는 점은 일본이 일찍이 경제, 과학기술, 교육문화, 환경 등의 부문에서 매우 다각적이고 구체적인 조약들을 맺어왔으며, 한중은 오늘날까지도 이를 따라잡고 있지 못하고 있다는 것이다. 일본에 비해 한중은 여전히 정부 수준의 일반적이고 공식적 조약—일반적인 협력이나 비자협정 등을 포함한—을 맺는 것 이상의 진행을 보여주지 못하고 있으며 이러한 한계들이 단시일내에 극복될 수 있을지는 미지수이다. 韓中이 일본에 비해 양적 우세를 점하고 있는 조약의 형태는 사법—범죄인 인도 조약 등—분야에 국한된다.

이하에서는 이러한 내용들과 관련된 보다 자세한 분석을 수행한다.

3. 분석 결과

1) 시대별 조약의 네트워크

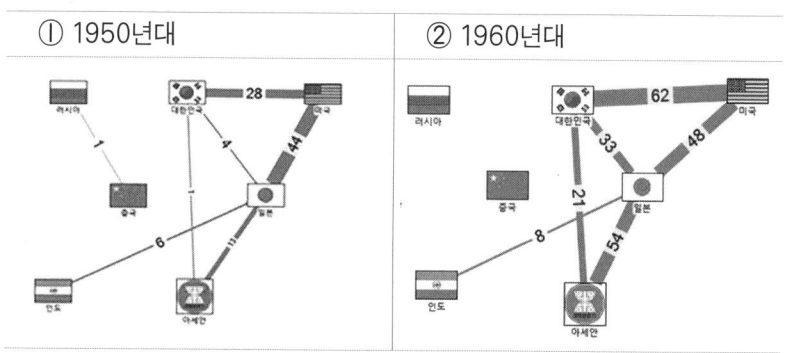

③ 1970년대

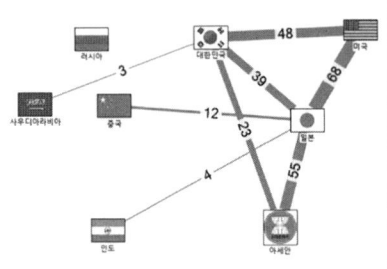

④ 1980년대

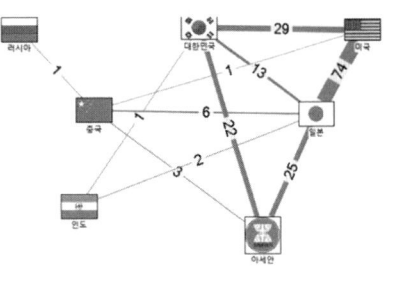

⑤ 1990년대

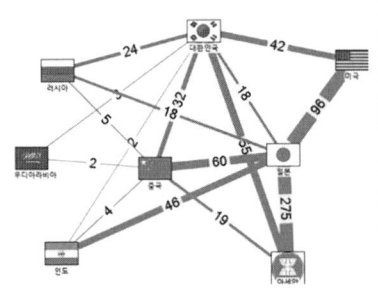

⑥ 2000년대

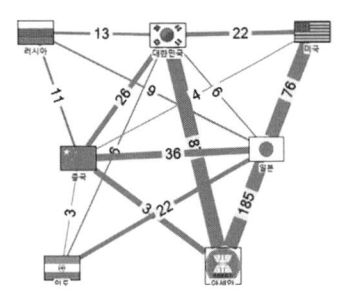

⑦ 2010년대

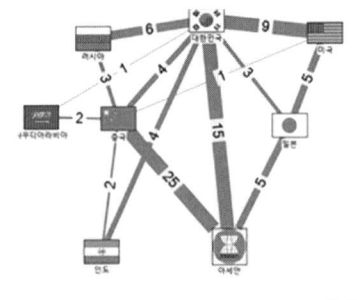

2) 부문별 조약의 네트워크

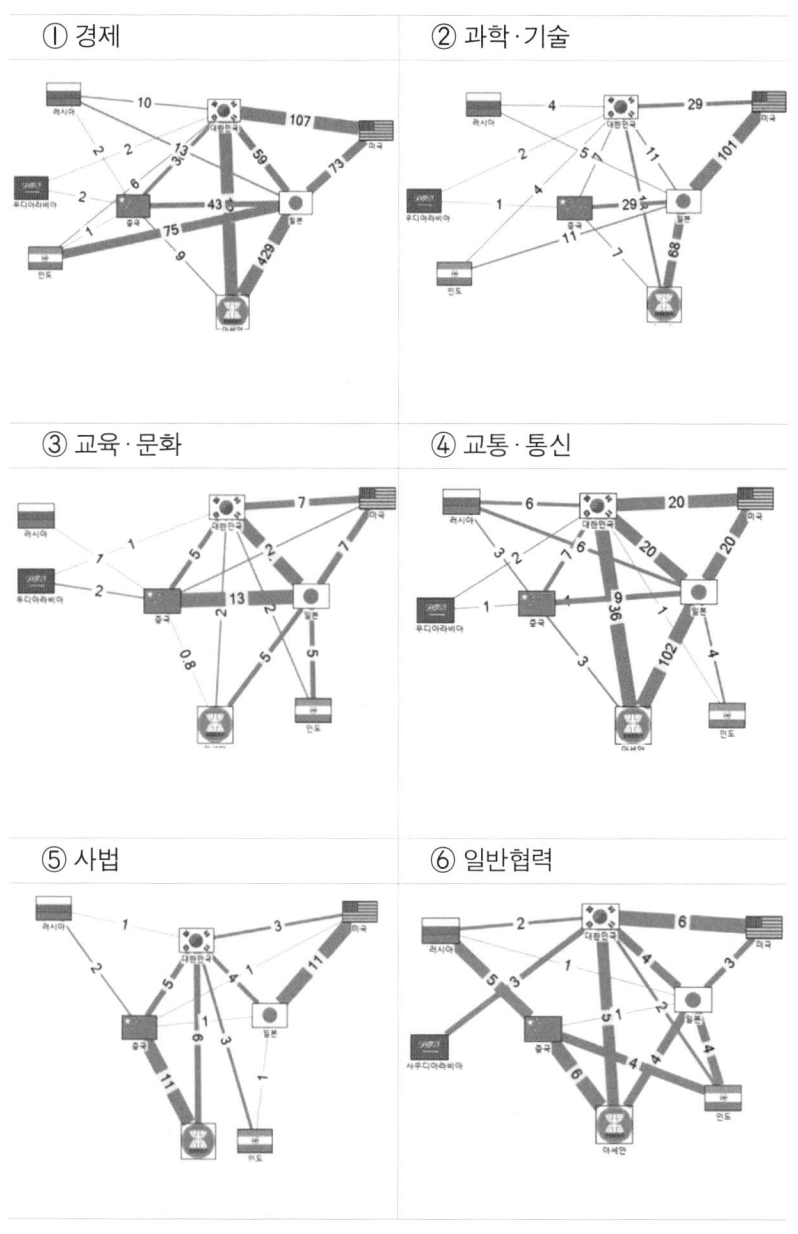

제4장 조약의 네트워크

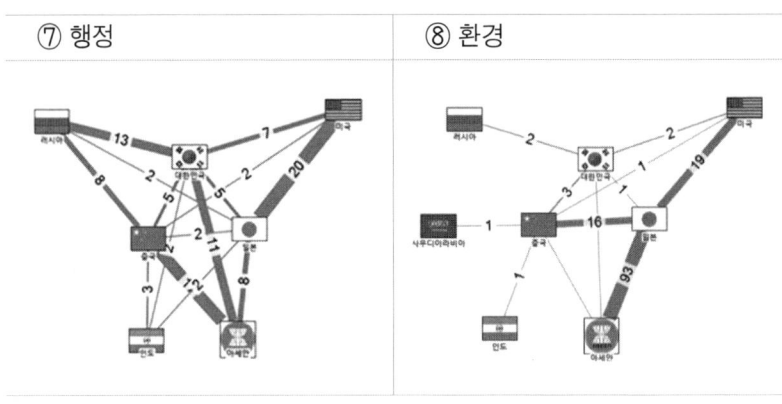

4. 상세 내용

1) 시대별 조약

① 1950년대

1950년대는 전화(戰禍)의 잿더미 위에서 한국이 본격적으로 근대국가로서 주변 나라들과의 네트워크를 구성하기 시작하는 시기이지만 동시에 패전국 일본이 아시아의 중심국가로서 발돋움하는 시기이기도 하다. 기나긴 내전, 한국전 참전, 공산국가 수립의 격변을 뒤로한 중국은 아마도 국제질서로 눈을 돌리기 이전에 국내의 여러 문제들을 직면하기 바빴을 것이다. 국가 간의 공식적 네트워크라는 본 연구의 관점에서 보았을 때 이 시기 동아시아의 핵심적 중추는 역설적이게도 미국이었다. 일본이 1952년 현대국가로서 출범한 이후 가장 직접적인 관계 맺기를 모색했던 국가는 미국이었으며, 한국의 경우에도 다르지 않다. 서방의 전략적 요충지로서의 아시아의 핵심에는 한국과 일본이 있었으며 이는 그림에서도 명확하게 드러난다. 냉전의 다른 축을 형성하고 있는 중국과 소련은 매우 고립적이며 상호간에도 공식적인 조약은 1개에 불과하다.

이 시기 한중일의 총 조약 수를 일별하자면 일본이 67개로 가장 많은 조약을 체결했고 한국은 33개로 그 뒤를 잇고 있다. 구체적으로 일본은 이 시기에 미국과의 관계를 가장 중시한 것으로 나타나지만 인도와 인도네시아, 한국, 필리핀, 베트남, 라오스 등과도 다방면의 관계를 구축했다. 미국과는 주로 '상호방위원조협정(1954)', '우호통상항해조약(1953)', '북태평양공해어업에관한국제조약(1953)', '차관협정(1955)', '범죄인인도조약(1953)' 등의 조약을 맺음으로써, 군사안보 측면에서 미국으로부터 안보를 보장받고 우호적인 관계의 인프라를 구축하며 전쟁 후 재건에 힘쓰는 양상이 나타난다. 또 전후 처리를 위해 인도네시아(1958), 필리핀(1956), 베트남(1959)와는 배상협정을 맺고 인도와는 '평화조약(1952)'을 맺는 등 전후처리와 관계개선을 위한 움직임이 나타난다. 다만 한국과 전후 배상문제나 기본관계에 설정에 관한 문제는 미결로 남겨둔 채 '무역협정(1950)', '잠정해운협정(1950)' 등 경제적인 부문에서 개선을 우선시 했다.

한국의 경우 해방 이후 취약한 군사안보와 경제력의 한계를 미국과 '통치권 이양 및 미국점령군대의 철수에 관한 협정(1948)', '과도기에 시행될 잠정적 군사안전에 관한 행정협정(1948)', '원조협정(1948)' 등을 맺음으로써 극복하고자 한 것으로 보인다. 한국전쟁 이후에도 미국과의 '상호방위조약(1954)', '민간구호활동에 관한 협정(1955)', '우호통상및항해조약(1957)' 등을 통해 무정부상태의 국제질서에서 생존을 위해 노력했다.

한편 중국을 비롯한 말레이시아, 미얀마, 태국, 캄보디아, 브루나이, 싱가포르, 사우디아라비아 등은 한국과 일본과 달리 아시아 조약의 네트워크에서 고립되어 있었다.

② 1960년대

1960년대는 1950년대의 구조가 유지된 채 관계가 보다 강화되는 모습이 그려진다. 마찬가지로 일본과 한국의 최대 조약 체결국은 미국이며 특히 한국과 일본은 서로의 주요 조약상대국으로서 관계가 개선되었다. 이와 달리 중국과 러시아는 아시아 지역 내 국가들 간 조약의 네트워크에서 고립되는 양상이 보인다.

우선 일본의 경우 1954년의 '상호방위원조협정'에서 나아가 1960년에 '상호협력 및 안전보장조약(1960)'을 다시 맺어 미국으로부터 자국의 방위를 더 확고하게 보장받고자 했고 '제품무역에 관한 협정'들을 몇 차례 개정하고(1963, 1966, 1968), '전후 경제원조 처리에 관한 협정(1962)', '어업에 관한 정부 간 협정(1968)' 등의 경제조약을 맺어 경제발전의 기틀을 다졌다. 과학기술 분야에서는 '원자력의 비군사적 이용에 관한 양자협정(1968)'을 비롯하여 원자력과 핵물질에 관한 매매, 임대차계약 등을 맺었고 인재개발을 위해 교육 분야에서는 미일문화교육협력에 관한 공동위원회를 설립하는 등의 교환서를 작성했다.

조약관계에서 1960년대 한일관계는 '기본관계에 관한 조약(1965)'부터 '어업협정(1965)', '재산 및 청구권에 관한 문제해결과 경제협력에 관한 협정(1965)', '무역협정(1966)', '문화재 및 문화협력에 관한 협정(1965)', '항공업무를 위한 협정(1967)' 등에 이르기까지 50년대에 비하면 괄목상대로 크게 발전한다. 1960년대에 한국과 일본은 서로가 미국 다음으로 주요 조약 체결국이 되었다.

그러나 한편으로 일본은 필리핀(1960), 인도네시아(1961), 태국(1964), 캄보디아(1963) 등과 우호 및 우호통상조약을 맺어 이전 시대의 관계개선을 발판으로 경제협력관계로 나아가려는 움직임이 나타난다. 일본과 아세안국가들과의 조약 체결 수는 한국의 두 배 가량 차이가 나며 특히 인도와의 관계에 있어서 일본이 앞서 있었다. 예컨대 1950년대 '평화조약(1952)'을 비롯하여, '공정거래에 관한 협정(1958)', '문화협정(1957)', '항공업무에 관한 협정(1956)', '수산가공센터를 위한 협정(1962)', '모범농장 설치를 위한 협정(1962)', '청구권해결에 관한 협정(1964)', '우편교환에 관한 약정(1965)' 등 경제, 사회, 문화 다방면으로 관계를 구축하고 있었다. 일본과 비교했을 때 한국은 미국과 관계를 우선하는 것은 유사하지만 아세안 국가들과는 소원한 정도였고 다만 필리핀(1961), 베트남(1962), 말레이시아(1962), 미얀마(1964), 캄보디아(1964) 등 여러 아세안국가들과 무역협정, 항공협정 등을 소규모로 맺기 시작하는 정도에 그쳤다.

한국과 미국의 조약관계에서 특기할만한 점은 1950년대에 비해 경제부문의 조약이 압도적으로 증가했다는 것이다. 구체적으로 살펴보면 이 시기 한미간 체결된 경제조약의 대부분은 한국의 국내 인프라 개발을 위한 미국의 원조 차관협정들이다. 예컨대 군산화전건설(1964), 상수도 시설확장(1964, 1966), 디젤기관차도입(1965), 원자재(1965), 화전건설(1966), 씨멘트공장 확장(1966), 섬유공장건설(1966), 중소기업육성(1968) 등을 위한 AID 차관협정 등이 있고 그 외 경제기술원조협정(1961)이 있었다.

③ 1970년대

1970년대의 아시아 국가들 간 조약의 네트워크에서도 여전히 한국과 일본의 최대 조약체결국이 미국인 것과 한일 간 서로가 주요 조약체결국인 사실은 변함없었다. 또 한국의 조약 네트워크는 주로 미국과 일본에 편중되어 있는 반면 일본은 미국과 한국 외에도 아세아 여러 국가들과의 관계를 놓치지 않고 다방면에서 조약을 성사시키는 양상도 계속되었다. 반면 1970년대에 들어 새롭게 달라진 점은 중국이 일본과의 조약관계를 시작으로 아시아 국가 간 네트워크에 진입하기 시작했다는 점이다. 공식기록 상으로 일본이 중국의 유일한 조약 상대국으로 보이며, 평화우호조약(1978), 어업협정(1975), 무역협정(1974), 항공운송협정(1974), 해운협정(1974), 문화교류협정(1979) 등을 통해 우호관계의 기반을 마련했다. 또한 여전히 러시아는 한중일 아시아 조약네트워크에서 고립되어 있었다.

1970년대 조약관계에 있어 한미 간, 일미 간 나타나는 유사점은 군사안보나 과학기술 부문에서의 조약보다는 경제부문의 조약이 가장 큰 비중을 차지한다는 것이다. 특히 한국과 미국, 일본과 미국 간 경제부문에서 '미국 인근에서의 어업활동에 관한 협정'과 '면직물, 모직물 및 인조섬유직물 교역협정' 등이 공통적으로 나타난다. 또 한국과 미국의 경우 1960년대에 이어서 면직물교역(1971), 현미도입(1971), 농업개발(1971) 등을 위한 차관협정이 지속되는 반면 일본과 미국은 '소득세에 관한 이중과세 회피 및 탈세 방지를 위한 조약(1972)' 등이 맺어졌다.

1970년대 한일 간 조약관계는 1960년대에 비해 약간 증가했고 주로 농수산업 개발사업, 기술협력을 위한 협정들과 엔차관협정(1972)이 마련된다. 그 밖에 교육문화부문에 있어선 금오공고, 서울대, 대전직업훈련원, 한국외대, 청주대 등의 설립과 지원을 위한 협정이 있었다. 한편 아세안국가와 일본, 아세안국가와 한국과의 관계는 그 규모에 있어서 1960년대와 비슷하다. 일본이 주로 인도네시아와 캄보디아, 필리핀 등을 상대로 쌀, 식용작물판매에 관한 협정 및 우호통상항해조약을 맺었던 반면에 한국은 태국, 베트남, 필리핀 등을 상대로 무역협정과 기술협정을 맺었다.

④ 1980년대

 1980년대에 들어와도 한국과 일본의 조약체결 상대국으로서 미국의 위치는 강고했지만 일본이 한국에 비해 두 배 이상으로 미국과 조약관계가 강화되었다. 또 달라진 점은 첫째, 한국과 일본의 조약체결 정도가 이전 시기에 비해 3분의 1로 줄어들었고 둘째, 중국이 일본 이외 국가들과 새롭게 조약을 체결하기 시작했다는 것이다. 또 한국과 일본의 아세안 국가들과의 조약체결 건수가 비슷해졌으나 여전히 일본이 더 많은 조약을 맺는다.

 1980년대 일본의 경우 경제나 과학기술보다 군사안보부문에서 상호방위원조협정에서 '자금제공', '무기기술공여', '헬리콥터시스템', '어뢰시스템', '무기체계의 취득 및 생산', '교육훈련제공에 관한 사항' 등에서의 교환공문이 크게 증가했다. 반면 한국과 미국 간에는 이전 70년대에 맺어진 '직물제품에 관한 교역협정'의 개정과 미국 연안에서의 어업에 관한 협정 등과 같은 경제부문의 조약이 12건으로 가장 많았고 군사안보부문에서의 조약관계는 '군사비밀보호보안협정(1987)', '상호군수지원협정(1988)', '전략물자 및 기술자료 보호에 관한 양해각서(1989)' 등 3건에 그쳤다. 또 1980년대 한국과 일본 간 조약관계도 '엔차관 도입에 관한 각서교환(1983, 1984, 1985), 일본해외경제협력기금 차관에 관한 교환각서(1988, 1989)' 등 경제조약이 주를 이루었다. 그러나 이전 시기에 비하면 조약 체결 건수는 현저하게 줄어들었다.

 한편 중국 공식을 보면 1970년대와 달리 일본 이외의 국가들과 조약을 체결하기 시작하는 양상이 나타난다. 예컨대 1980년대 중국은 일본과 '투자장려 및 상호보호에 관한 협정(1985)', '과학기술분야의 협력에 관한 협정(1980)', '원자력의 평화적이용에 관한 협정(1986)' 등의 협정을 맺는 것 이외에도 이제 미국(1980), 러시아(1986)와 영사조약을 맺고, 싱가포르와는 '투자추진 및 투자보호에 관한 협정(1985)', '이중과세방지 및 세금포탈방지에 관한 협정(1986)', '해운에 관한 협정(1989)'을 체결한다.

⑤ 1990년대

1990년대에 오면 이전 시기에 비해 한국, 중국, 일본 세 국가의 총 조약 체결 빈도가 급격히 상승한다. 특히 한중일과 중국, 한중일과 러시아의 냉각되었던 외교관계가 회복됨에 따라 조약체결 건수도 이 시기에 늘어난다는 점을 주목할 만하다. 한중일 세 국가 모두 이전에 비해 조약 체결 국가들이 다각화된다. 또 하나 괄목할 점은 일본과 아세안 국가들 간 조약관계가 80년대에 비해 약 10배 이상 늘어났다는 점이다. 과거 50년대부터 중국이나 한국에 비해서 일본은 해당 지역국가들과 경제협력관계를 공고히 구축해나가고 있었다.

한국과 중국이 1990년대에 체결한 조약관계를 구체적으로 살펴보면 '무역협정(1992)', '투자증진과 상호보호에 관한 협정(1992)', '건설분야협력(1993)', '수자원분야협력(1993)', '이중과세회피 및 탈세방지협정(1994)' 등의 경제관련 조약이 14개로 가장 많고 '과학 및 기술협력에 관한 협정(1992)', '문화협력협정(1994)', '민간항공운수에 관한 잠정협정(1994)', '환경협력협정(1993)' 등 다방면에서의 협력을 도모하기 협정이 맺어졌다. 또 한국과 러시아와의 1990년대 조약관계는 '기본관계에 관한 조약'과 영사협약와 같은 우호관계 일반에 관한 사항을 초석으로 하여 '무역협정(1990)', '투자증진 및 상호보호에 관한 협정(1991)', '어업협정(1991)', '과학기술협력에 관한 협정(1991)', '원자력의 평화적 이용에 관한 협정

(1999)' 등이 체결되어 양국 간의 협력관계가 구축되기 시작했다.

또한 1990년대에 일본과 중국 사이에서 체결된 조약은 '식량증산원조(1992)', '엔차관(1992)', '어업협정(1997)', '소방장비(1992)', '방송국기재(1992)', '의료장비(1993)' 등의 정비계획을 위한 증여 등의 과학기술 분야에서의 협정과 경제부문에서의 협정이 주를 이루었다. 또한 일본과 러시아 사이에서 체결된 경제부문의 조약은 대부분 러시아에 대한 일본은행의 대출과 채무구제, 부채탕감 등에 관한 내용이 다수를 차지한다.

한편 1990년대 일본과 아세안 국가들과의 관계는 이전 시기에 비해서도, 한국이나 중국과 아세안 국가들과의 조약관계에 비해서도 상대적으로 크게 증가했다. 인도네시아, 필리핀, 베트남, 라오스, 태국, 미얀마, 캄보디아, 말레이시아 등과 각각 수차례의 엔차관공여, 식량증산원조, 무상자금협력에 관한 협정을 맺었고, 동남아 지역국가들의 보건소 정비, 도시방재계획, 교육시설확충 등의 기반시설을 마련하기 위한 일본정부의 협조의 노력이 크게 두드러졌다.

⑥ 2000년대

한중일을 중심으로 한 아시아 국가 간 조약의 네트워크에서 2000년대에 들어 눈에 띠게 달라진 점은 한국의 최다 조약체결 상대가 미국에서 중국으로 바뀌었다는 점이다. 조약체결 빈도만을 놓고 살펴보았을 때 한국의 경우 중국, 미국, 인도네시아, 베트남 등의 순으로 조약을 체결한 반면 일본은 미국, 인도네시아, 필리핀, 중국 순으로, 중국은 일본, 한국, 인도네시아, 베트남 순으로 조약을 체결했다. 또 한국과 일본이 2000년대 초반에 맺은 조약은 총 6건으로 지난 세기에 비해 현저히 낮은 수의 조약을 체결했다.

2000년대에 한국이 중국과 체결한 조약의 종류를 구체적으로 살펴보면 '대외경제협력기금 차관약정(2000)', '어업협정(2001)', 등의 경제협력 분야뿐만 아니라 '청소년교류약정(2004)'과 같은 교육문화, '수형자이송조약(2009)', '범죄인인도조약(2002)', 형사사법공조조약(2000)' 등과 같은 사법분야, '철새보호협정(2007)'과 같은 환경 분야 등 다방면에서 중국과의 국제협력관계를 새로 구축하는 양상을 나타내고 있다. 한편 미국과의 조약 관계는 '상호방위조약 제 4조에 의한 시설과 구역 및 대한민국에서의 합중국 군대지위에 관한 협정(2002)', '상호군수지원협정의 개정협정(2004)', '동맹국을 위한 전쟁예비물자로부터의 탄약, 장비 및 물자의 양도에 관한 합의각서(2008)' 등과 같은 군사안보분야에서의 체결이 다른 분야에 비해 특이점이라 할 수 있다.

⑦ 2010년 이후

아시아 지역의 조약 네트워크에서 2010년 이후에 체결된 총 조약 체결 건수를 한중일 간 비교해보면 한국, 중국, 일본 순으로 많아 이전 시기와 다른 양상이 보인다. 즉 1950년대부터 2000년대 초반까지만 해도 일본이 아시아 지역 내 조약체결 건수가 가장 높았던 것과 달리 한국과 중국이 지역 내 영향력을 발휘하는 모습이 나타난다. 특히 한국은 2000년대 이후부터 서서히 일본과의 조약관계가 감소하는 대신에 러시아, 중국, 아세안 국가들과의 조약체결로 다각화시키고 있으며 중국 역시 조약관계를 통해 아세안국가들과에 대한 영향력을 강화시켜 나가고 있다. 무엇보다도 아시아 지역 내에서 미국과 아시아 국가들과의 조약 체결 빈도수는 2000년대 이후부터 현저히 줄어들고 있으며 동시에 조약의 네트워크가 다극화되고 있음을 유의해야 할 것이다.

2) 부문별 조약의 내용

1950년대부터 2010년대 이후까지 한중일을 중심으로 한 아시아 지역 내 조약네트워크에서 한중일 3국 중 일본은 경제, 과학·기술, 교육·문화, 교통·통신, 환경 등의 분야에서 가장 많은 조약을 체결했다. 이에 비해 한국은 사법과 행정 부문 또는 일반 협력 부문의 조약에서만 높은 조약체결 건수를 보인다. 중국은 최근에 아시아 내에서 조약을 맺기 시작하여 상대적으로 적은 체결 수를 나타내고 있다. 결국 일본이 일찍이 경제, 과학기술, 교육문화, 환경 등의 부문에서 매우 다각적이고 구체적인 조약들을 맺어온 데 비해, 한중은 오늘날까지도 이를 따라잡고 있지 못하고 있다.

구체적으로 경제조약 네트워크 살펴보면, 역시 가장 많은 조약을 체결한 국가는 일본이며 한국과 중국이 그 뒤를 잇는다. 특히 일본과 경제부문에서 최다 조약을 체결한 상대국은 인도네시아(80)이며, 라오스(77), 인도(75), 미국(73), 필리핀(65), 한국(59) 순으로 많았다. 이와 달리 한국의 경우 경제부문에서 조약을 가장 많이 맺은 국가는 미국(107)이었고 그 다음으로는 일본(59), 중국(30), 인도네시아(27), 베트남(23), 필리핀(16), 라오스(15) 등의 순으로 미국에 상당히 편중된 네트워크 구조를 가지고 있었다. 즉 한국의 주요 경제조약국은 미국이 압도적인데 비해 일본은 인도네시아, 라오스와의 조약체결 건수가 미국보다 높아 다각적인 모습을 보인다. 중국의 경제조약 네트워크도 일본에 편중된 또는 한중일 3국에 치우친 양상을 띠고 있었고, 아시아 지역 내에서 러시아는 한중일과의 경제조약 관계가 미국에 비해 상당히 빈약함을 알 수 있다.

다음 한중일을 중심으로 한 아시아 지역 국가들의 조약 네트워크는 과학·기술 분야에서도 일본, 한국 중국 순서로 총 조약체결 건수의 차이가 존재한다. 그러나 이 분야에서 일본의 최다 조약체결국가는 미국이며 101건으로 중국(29), 인도네시아(24), 필리핀(15), 베트남(12), 인도(11) 등에 비해 압도적으로 높다. 한국 역시 과학기술분야에서 미국(29), 일본(11), 베트남(10), 중국(7) 순으로 조약 체결 건수가 높았다. 미국을 제외하고 아시아 권역에서 한국은 과학·기술 부문에서 일본과 가장 많은 조약을 체결하지만 이에 비해 일본의 주요 조약 상대 국가는 미국, 중국, 인도네시아, 필리핀, 베트남 등이었으며 일본과 한국에 비해 과학기술 분야에서 중국이 맺고 있는 조약의 수는 상대적으로 적었다.

그 밖에 교육·문화, 교통·통신, 환경 분야에서도 일본, 한국, 중국 순서로 조약 체결 건수가 높았다. 특히 환경 분야에서는 일본이 한국과 중국에 비해 상대적으로 압도적으로 많은 조약 관계를 보유하고 있었다. 이를 통해 공통적으로 드러나는 현상은 일본에게 한국과 중국은 주요 조약 체결 대상 국가가 아니지만 한국과 중국의 주요 조약 대상 국가는 일본이라는 것이다.

5. 결과 요약

이 글은 조약이 단순히 국가 간 계약이 체결되었음을 의미하는 기록에 불과한 것이 아니라 국가 간의 중장기적 세력의 동학을 보여주는 하나의 지표가 될 수 있다는 전제 하에 한중일 3국과 아시아 국가 간의 조약 체결 관계를 살펴보았다. 분석 결과, 한중일 세 나라가 국제무대, 특히 아시아에서 지니는 상대적 위상은 시기별, 부문별로 매우 복잡한 변화양상을 보였다.

1950년대 한국과 일본의 조약 체결 행태를 살펴보면, 군사안보 측면에서 미국으로부터 안보를 보장받고 우호적인 관계의 인프라를 구축하며 전쟁과 해방 후 재건에 힘쓰려는 양상이 나타난다. 1960년대에도 이전 시기의 조약 네트워크 구조가 유지된 채 그 관계의 강도가 보다 강화되었고 특히 경제부문의 조약이 압도적으로 급증했다. 이전에 비해 달라진 점은 한국과 일본의 조약 체결 건수가 크게 증가하여 미국 다음으로 서로가 주요 조약체결국이 되었다는 점이다. 그런데 일본의 경우 한국보다 아세안 국가들과 인도와의 조약 관계를 이 시기부터 탄탄히 다져나갔던 반면 한국은 소규모에 그쳤다. 이후 1970년대에는 중국이 일본과의 조약관계를 시작으로 네트워크에 새롭게 진입하기 시작했고 1980년대에 이르면 다양한 아시아 국가들과 조약 체결 강도를 높여간다. 한편 1980년대에도 한국과 일본의 조약상대국으로서 미국의 지위는 여전히 강고했다. 그러다 1990년대에 이르면 한중일 세 국가 모두 다각화된 조약 체결 양상으로 발전한다. 특히 탈냉전기가 시작된 시기인만큼 러시아와 냉각되었던 한중일의 관계가 서서히 회복됨에 따라 조약체결 건수도 늘어났으며, 일본의 경우 이전 시기에 비해 아세안 국가들과의 관계가 약 10배 이상 강화되었다. 이제 2000년대가 되면 한국이 가장 많은 조약을 맺는 국가는 미국이 아니라 중국이 되며 한일 간의 조약 건수는 이전 시기에 비해 현저히 낮은 수로 감소하게 된다. 그리고 2010년 이후부터는 지난 세기 동안 일본의 행태와는 다르게 한국과 중국이 지역 내 조약 네트워크에서 영향력을 발휘하는 모습이 나타난다. 특히 미국과 아시아 국가들과의 조약 체결 빈도가 2000년대 이후로는 현저히 줄어드는 대신 다극화된다는 점이 유의할만 하다.

부문별로는 경제, 과학·기술, 교육·문화, 교통·통신, 환경 등의 분야에서 일본이, 사법과 행정 부문 또는 일반 협력 부문에서는 한국이 높은 조약체결 건수를 보인다. 다만 중국은 최근에야 아시아 내 조약 네트워크에 본격적으로 진입하기 시작하여 상대적으로 적은 체결 건수를 보이나, 특기할만 한 점은 체결된 조약의 대부분이 경제조약이라는 점이다. 부문별 조약 네트워크의 특징을 요약하자면 아직 일본만큼 한국과 중국은 조약의 네트워크를 다양하고 강고하게 구축하지 못하고 있다는 것이다.

참고문헌

Wasserman, Stanley, and Katherine Faust. 1994. Social Network Analysis: Methods and Applications. Cambridge: Cambridge University Press.

Wellman, Barry, and S.D.Berkowitz, eds. 1989. Social structures: A Network Approach. New York: Cambidge University Press.

Hanneman, Robert A. and Mark Riddle. 2005. Introduction to social network methods. Riverside. CA: University of California, Riverside.

Emile M. Hafner-Burton et al 2009

김형민. 2009. "네트워크 분석방법의 국제정치학적 적용 : 군사무기 이전의 사회연결망 분석". 한국정치학회보 43(1), 2009.3, 301-32.

민병원. 2008. "국가 간 지역적 클러스터의 불균형패턴 연구 : 네트워크 국제관계의 컴퓨터 시뮬레이션". 한국정치학회보 42(3).

민병원. 2009. "네트워크의 국제관계: 이론과 방법론, 그리고 한계". 국제정치논총 49(5).

〈조약 자료〉

한국 조약 : 외교부 홈페이지 http://www.mofa.go.kr (이슈별자료실 〉 조약정보)

일본 조약 : 외무성 홈페이지 http://www.mofa.go.jp (외교정책 〉 조약)

중국 조약 : http://www.fmprc.gov.cn/mfa_chn/ziliao_611306/tytj_611312/tyfg_611314/

제5장

동아시아 사회에서 나타나는 "아시아적 가족가치"의 특징[1]

은기수

1. 서론

 한국, 일본, 중국, 대만이 포함되는 동아시아 사회를 향한 세상의 관심은 점점 높아지고 있다.[2] 동북아시아 여러 국가 중에서는 일본이 근대화를 일찍 경험했고 발전국가의 면모도 상대적으로 먼저 갖추었다. 일본에 비해 한국과 대만은 근대화 시기도 늦었고 산업화, 경제성장, 민주화도 20세기 후반에 경험했다. 동남아시아 국가 중에서는 싱가폴이 이미 발전국가로서의 면모를 갖춘 셈이고 한국과 대만에 뒤이어 말레이시아가

---

1 이 논문은 *Journal of Intimate and Public Spheres*에 출판되었다. 영문 논문을 문현아 박사가 번역하였다. 문현아 박사에게 감사드린다. ※ Ki-Soo Eun, 2013 "Asian Family Values" in East Asian Societies: A Comparative Study, Journal of Intimate and Public Spheres 2(1):105-125

2 일반적으로 동아시아에는 동북아시아(특히 한국, 일본, 중국, 대만)와 동남아시아(싱가폴, 필리핀, 태국, 말레이시아, 베트남, 인도네시아 등)가 포함된다.

급속한 경제성장의 속도를 따라잡고 있는 상황이다. 이런 논의에서 빼놓을 수 없는 중국은 1980년대 이후로 최강의 경제국으로 부상하고 있다.

이런 맥락에서 세계가 동아시아에 대해 관심을 기울이고 있는 것으로 보인다. 또한 동북아시아뿐만 아니라 동남아시아에서도 고도의 경제성장과 급속한 산업화가 진행된 점은 흥미롭다. 동아시아의 근대화가 특히 주목받는 이유는 근대화의 궤적이 미국이나 서유럽의 산업화된 근대화 패러다임을 따라가지 않으면서도 비서구형 근대화의 진전을 보인 성공사례로 간주되기 때문이다. 다른 여러 나라에서도 이런 경험을 배워 또 다른 성공을 거두고 싶어 하기 때문에 동아시아는 세간의 주목을 받고 있다. 성공을 거둔 요인이나 산업화 정책의 배경을 검토하던 학자들은 동아시아 사회의 문화적 맥락에도 관심을 기울이게 되었고, 특히 유교에 기반을 둔 동아시아의 가족제도가 갖는 독특한 특징에 주목하게 되었다. 특히 동아시아 사회에 관심을 기울여 연구하던 서구의 학자들은 동아시아 사회에 대한 이해의 폭을 넓히기 위해 동아시아 가족에 대한 연구를 진행하기 시작했다. 그리고 동아시아 가족이라는 개념과 관련해서 동아시아의 독특한 사회문화적 요소에 초점을 맞추어 연구를 이어갔다.

학자들이 관심을 기울인 결과 동아시아 사회를 표상하는 주요 특징으로 "아시아적 가치"라는 용어가 고안되었다(Patten 1996; Dupont 1996). 아시아적 가치는 서구와 동아시아 학자들의 연구를 통해 그리고 얼마 전 타계한 싱가폴의 전 수상 리콴유(Barr 2000; Zakaria 1994) 같은 정치적 인물을 통해 개념화되기 시작했다. 리콴유 수상은 "유교적 가치"라는 표현을 대신하는 개념으로 빈번하게 아시아적 가치라는 용어를 사용했다.[3] 그러나 아시아적 가치에 관한 여러 논의는 유교를 동아시아 문화의

---

3 김대중은 리콴유가 언급하는 "아시아적 가치"가 싱가폴과 한국을 포함한 여러 아시아 사회의

두드러지는 특징으로 간주한다.[4]

1990년대 후반 아시아 경제위기가 발생하기 전까지, 아시아적 가치는 주요 논쟁거리였다.[5] 베버의 이론틀을 따르는 서구 학자들은 동아시아 사회에서 유럽의 근대화 수준에 필적할 정도의 근대화를 재생하는 것은 불가능하다고 전망했다. 이들은 유교를 동아시아 근대화의 문화적 토대로 바라보는 것에 대해서도 회의적이었다.[6] 반면 동아시아와 또 다른 서구의 학자나 정치인들은 아시아에서 나타나는 고도의 산업성장과 경제부흥이 독특한 아시아적 가치를 통해 가능하게 되었다는 논의를 펼쳤다. 이런 분위기 속에서 아시아적 가치가 논쟁의 핵심 주제로 다루어진 것이다.[7]

21세기로 접어들면서 아시아적 가치에 대한 담론의 열기는 예전에 비해 수그러들기는 했지만 아시아적 가치를 둘러싼 논의는 지속되고 있다. 즉 다른 측면에서 조명된 적이 없던 동남아시아와 동북아시아의 가치체계에 대해 사람들이 주목하게 된 것이다. 특히 이런 가치체계는 부정적인 방향에서 살펴볼 수도 있다. 이를 테면 아시아적 가치는 개인을 집단 사회에 종속시키는 위험한 논리를 합리화하거나, 개인의 창의력과 개인

권위주의적 통치를 정당화하는 데 활용될 수 있다며 강하게 비판한다(Kim 1994).
4 김상준은 "아시아적 가치" 개념이 의미도 모호하며 부적절한 표현이라며 오히려 "아시아적 가치"보다 "유교적 가치"를 제안한다(Kim 2002).
5 1997년 아시아 경제 위기에 대한 자세한 논의는 Lim (1998)과 Poon and Perry (1999)를 참고할 수 있다.
6 경제학자 폴 크루그먼(Paul Krugman)은 아시아의 발전이 생산력 증가에 의한 것이 아닌, 투입요소의 극대화에 기반하고 있기 때문에 아시아 경제발전은 이미 붕괴의 조짐을 갖고 있다고 예측했다(Krugman 1994).
7 오크스는 "아시아적 가치"를 일종의 문명화 담론으로 접근한다. 그러면서 아시아적 가치가 지역문화 혹은 중국인됨(Chineseness)를 방어하기 위한 신유교와 결합된 엘리트적 이데올로기이자 가치라고 지적한다(Oakes 2000: 673).

성 발현의 존중을 억압하는 논리로 제공되거나, 더 나아가 독재자나 지배집단의 통치를 합리적으로 정당화하는 빌미로도 활용될 수도 있다. 그러나 부정/긍정적 영향에 대한 판단은 유보하고 이런 논의를 통해 아시아적 가치가 "유교적 가족"에 기반을 둔 문화의 일부로서 존재하고 있다는 점은 확인할 수 있다.

이런 면에서 가족연구를 하는 학자에게 이 같은 아시아적 가치를 둘러싼 논쟁은 중요하게 주목해 볼 주제가 아닐 수 없다. 한국을 연구하는 학자를 비롯, 일반적인 사회학자를 포함해서 동아시아의 연구자들은 아시아적 가치를 유교적 가치의 주요한 아시아적 특징으로 볼 것인지를 둘러싸고, 또 아시아적 가치를 긍정/부정적으로 볼 것인지를 둘러싸고 서로 다른 입장을 밝히고 있다(Dupont 1996; Kim 1997; Patten 1996; Pye 2000; Robinson 1996). 그러나 서로 다른 입장에도 불구하고 동아시아 가족가치가 다른 사회와 달리 두드러지는 어떤 특징이 있다는 점에 대해서는 대체로 공통적으로 합의하고 있다. 특히 가족가치 체계는 다른 사회와는 완전히 다른 양상으로 나타난다.

그렇다면 아시아적 가족가치의 두드러지는 특징은 무엇인가? 간단히 결론부터 이야기하면 아시아적 가족가치는 여전히 보수적이고 전통적인 것으로 나타난다(은기수 2006). 이렇게 결론내릴 수 있는 근거는 무엇인가? 이제 이 글을 통해 아시아적 가족가치의 전통적 특징을 살펴보는 접근을 시도해보자.

서구의 많은 국가들이 전통사회로부터 근대사회로 그리고 포스트모던사회로 바뀌어감에 따라 전통적 가치에서 근대적 가치, 더 나아가 포스트모던 가치로 가치관도 변화되었다(Glass et al, 1986; Inglehart 1990, 1997; Inglehart and Baker 2000; Inglehart and Norris 2003; Inglehart and Welzel 2005; Thornton 1989). 이처럼 서구사회가 경험한 유형의 가치변화가 근대화를 경험하는 비서구사회에서도 나타나리라고 기대되고 있다. 이 같은 상황으로 인해 한국을 포함한 동아시아의 사회과학자들도 유사한 방향의 예측을 내놓고 있다. 일례로 한국 학자들은 한국사회의 가치변화를 연구하고 분석한 결과 동아시아 사회에서처럼 한국에도 개인주의와 근대적 가치체계 양상이 나타나고 있다고 했다(김경동 1992; 임희섭 1986).

그러나 이와 같은 분석틀이 동아시아의 가족에 대해서도 동일하게 적용될 수 있다고 보기는 어렵다. 외형적인 측면에서 한국, 일본, 대만 등 여러 동아시아 국가에서 가족은 전통시대와는 전혀 다른 양상으로 나타난다. 물론 그럼에도 불구하고 가족에 대한 가치, 가족을 구성하는 원칙, 가족 구성원으로서의 역할에 대한 기대, 배우자, 부모, 자녀와 맺는 관계, 사회적으로 각인된 성역할, 결혼에 대한 제도화된 사회규범, 동거에 대한 부정적 인식 등 여러 요인을 고려하면 오늘날의 포스트모던한 동아시아 사회에서도 전통적인 가족가치는 여전히 적용되고 있다(Ochiai 2011). 가족체계를 벗어난 영역에서는 몇 가지 주요한 급속한 변화가 포착되고 있다. 그러나 여전히 한국사회에서 가족과 가족가치 체계는 보수적이고 전통적인 형태로 나타난다(은기수 2006). 특히 가족은 다른 사회로부터 동아시아 사회를 구별 짓는 하나의 주요한 측면으로 고려된다(Yi 2007). 서구의 학자들도 동의하는 맥락에서 동아시아의 학자들은 가족을 다른 사회와 동아시아를 구분 짓는 중요한 요인으로 지목한다.

그렇다면 동아시아와 다른 사회가 서로 다른 길을 걷게 된 기원은 무엇일까? 이 글에서는 다른 사회와 동아시아를 구별하는 주요 측면의 하나로 가족가치에 초점을 맞춰보려고 한다. 동아시아 가족은 가족의 개념이나 역할 그리고 가족에 대한 기대의 측면에서 매우 다른 양상을 보인다. 또한 여러 가족의 유형에서 나타나는 가치나 태도가 다른 문화에 비해 동아시아에서는 두드러지게 다르다.

그러나 동아시아 가족가치에 대한 분명한 설명은 아직 부족한 상황이다. 왜냐하면 가족가치에 대한 연구가 주로 서구학계를 중심으로 진행되었기 때문인데, 이런 배경에서 서구의 분석틀과 방법론을 적용해서 동아시아 가치를 측정하는 시도는 그다지 성공을 거두지 못했다.

이 글은 동아시아 가족을 독특한 형태로 설명할 수 있는 아시아적 가치가 있음을 이야기해보려고 한다. 이 글에서 사용하는 아시아적 가치 개념은 아시아적 가족가치라는 의미로 이해하면 좋을 것이다. 이를 고려할 때 다음의 질문을 던져볼 수 있다. 독특한 그 어떤 아시아적 가족 가치라는 것은 존재하는가? 동북아시아(한국, 일본, 대만)와 동남아시아(싱가폴, 말레이시아, 베트남, 태국, 인도네시아)를 아우르는 아시아 사회에 적용되는 독특한 아시아적 가족가치가 발견될 수 있을까? 만일 발견된다면 그 가치는 어떤 양상으로 나타날까? 아시아적 가족가치는 다른 사회의 가족가치와 근본적으로 다른 어떤 형태로 나타날까? 이 글은 이러한 궁금증을 조금씩 풀어가보려는 시도다.

물론 이 글이 위에 적은 모든 궁금한 문제를 한 번에 다 해결할 수 있다는 것은 아니다. 다만 가족가치 연구를 통해 궁금한 문제를 풀어가는 여정을 시작하려는 것이다. 이 글에서 활용되는 연구는 양적통계방법이다. 여기에서 가족가치는 가족의 가치를 의미하며 성역할에 대한 태도도 포함하고 있다. 이 연구는 동북아시아 사회(이를 테면, 한국, 일본, 중국, 대만)를 초점으로 진행한 사회조사연구를 기반으로 해서 먼저 동아시아 사회의 가족가치를 분석함으로써 아시아적 가족가치에 대한 새로운 논의를 시도하려고 한다. 그리고 결과로 도출된 가족가치가 동아시아 사회에서 공유되는지 여부를 살펴보려고 한다. 아시아적 가족가치의 분석적이며 방법론적인 측면 모두를 고려하는 새로운 논의를 제안한다는 맥락에서 이 연구는 결과적으로 다소 부족해 보이는 면이 있을 수 있다. 그러나 이를 통해 도출된 새로운 자료를 토대로 아시아적 가족가치에 대한 기존의 통념을 넘어서는 설명과 이와 관련된 문화적 동질성에 대한 해석의 기회가 열릴지도 모른다.

이 글에서는 어떤 특별한 아시아적 가족가치가 존재한다는 이야기를 언급하게 될 것이다. 그러나 그렇다고 해서 동일한 가족가치가 아시아 전역에서 모두 똑같이 나타난다고 이야기하는 것은 아님을 강조해야 할 것 같다. 오히려 이 글은 다양한 동아시아 사회에서 가족가치가 서로 비슷하면서도 동시에 다르게 나타나는 양상에 관심이 있다. 19세기와 20세기를 거치면서 동아시아 국가는 각각 서로 다른 산업화와 근대화를 경험했다. 이 시기를 거치면서 가치관의 변화도 이에 상응해서 진행되었다. 주의해야 할 점은 각각의 사회마다 그 전통과 문화가 매우 독특하다는 것이다. 이런 특징으로 인하여 개별 사회의 가치체계가 이에 상응하는 다양한 수준의 산업화와 경제발전에 따라 서로 다르게 반영된다.

더 나아가 가치관이 변화하는 속도는 각 사회에서 세대별로 다르다. 이른바 포스트모던한 서구의 국가에서 포스트모던한 가치관이 보편적이라 해도 세대를 고려하면 가족가치에 관해 서로 차이가 있을 수 있다(은기수 2006). 이는 동서양을 막론하고 진행되는 현상이라고 하겠다. 만일 세대 간 가족가치에 대한 차이가 크게 나타나면 그 사회의 가족체계는 양극화 될 수 있다(DiMaggio et al. 1996). 뒤에서 자세히 언급하겠지만 가족가치의 양극화 양상은 한국보다 일본에서 더 두드러진다. 이런 특징을 고려하면 가족가치관이 변화하는 속도는 동아시아 사회 내에서도 상당히 다르게 나타날 수 있다. 그렇기 때문에 동아시아 사회 내부를 서로 비교하는 경우, 동질적인 측면에만 초점을 맞출 것이 아니라 이

질적인 특징에 대해서도 주목해서 살펴볼 필요가 있다. 이를 테면 한국, 일본, 대만처럼 지리적으로 서로 인접해 있는 동북아시아 국가를 떠올릴 때에도, 서로 간에 유사점에만 주목할 것이 아니라 차이점에 대해서도 고려해야 하는 것이다.

2. 자료와 방법론

이 연구는 한국, 일본, 대만, 중국의 사회과학자가 함께 조직한 '동아시아 사회조사연구'Organization for East Asian Social Survey의 도움을 받았다. 이 연구는 특히 여기에서 진행한 2006년 동아시아 사회조사East Asian Social Survey 2006 자료를 활용했다.[8] 최근 들어 한국을 포함한 동아시아의 사회과학자들은 사회조사 연구를 적극적으로 진행하고 있다. 특히 시카고대학교의 국민여론연구센터National Opinion Research Center에서 개발된 종합사회조사General Social Survey: GSS와 같은 자료는 미국에 국한되지 않고 전세계적인 사회조사 자료로 활용되고 있다. 이 사회조사는 일본에서는 일본종합사회조사Japanese General Social Survey: JGSS라는 이름으로 진행되고 있다. 대만에서도 대만중앙연구원Academia Sinica이 주도적으로 종합사회조사와 유사한 형태의 사회조사를 사회변동조사Social Change Survey라는 이름으로 진행하고 있다. 한국에서는 성균관대학교에 서베이리서치센터Survey Research Center가 설립되어 2003년에 한국종합사회조사를 진행했다. 거의 비슷한 시기에 미국의 종합사회조사를 근간으로 동아시아 각국이 사회조사를 진행한 것은 우연이다. 그런데 이 우연으로 인해 한국, 일본,

---

8 동아시아 사회조사에 대한 상세한 설명과 안내는 다음의 사이트를 참고할 수 있다. http://www.eassda.org/moduels/doc/index.php?doc=greet&_M_ID=19.

대만을 포함하는 동아시아 사회에서 개인의 가치, 행동양식, 태도를 설명할 수 있는 큰 계기가 마련된 것이다.

그러나 사회과학자들이 서로 다른 동아시아 사회에서 종합사회조사를 진행하면서 미국의 종합사회조사에서 쓰이는 문항이 한계가 있음이 드러났다. 미국의 종합사회조사, 세계가치조사$^{World\ Values\ Survey}$ 및 여러 주요한 사회조사 등에서 쓰이는 문항이 서구문화를 기준으로 하여 작성되었음이 드러난 것이다. 어떤 사람은 이런 조사연구에 쓰이는 질문이 사회적 태도, 가치, 행동을 알아보는 보편적인 척도로서 문제될 것이 없다고 하지만, 사실상 이런 문항은 서구문화를 배경으로 구성된 것이기 때문에 서구사회의 맥락에서 개인의 태도, 가치, 행동을 측정하는데 가장 적합한 측면이 있다. 즉 동일한 질문을 동아시아 사회의 사회조사에서 적용해서 진행한 결과 일부 문항은 현대 동아시아 사회의 태도, 가치, 행동을 살펴보는데 문제가 없었지만 또다른 문항은 현대 동아시아 사회의 맥락에는 적합하지 않은 경우도 있었다. 사회과학자는 특히 동아시아 사회에서만 두드러지는 독특한 태도, 행동, 가치를 잘 드러낼 수 있는 조사가 진행될 수 없다는 점에 크게 실망했다. 한 예로 가족은 모든 사회에 존재하는 사회적 제도이다. 그러나 가족의 존재양식은 서로 다른 사회에서 각기 다르게 나타나기 마련이다. 많은 사람들이 동아시아 사회에서 서로 다른 양상이 나타나리라 기대하며 그렇게 믿고 있지만 그런 특수한 차이점을 분명하게 설명할 수 있는 일반적인 설명틀은 만들지 못했다. 그래서 동아시아 사회에서 사회조사연구를 진행하고 연구하는 사회과학자들이 모여 새로운 사회조사 연구 방법틀을 모색하기에 이르렀다. 이 연구자들은 동아시아 사회만의 독특한 측면을 찾아냄과 동시에 동아시아 사회와 다른 사회가 공유하는 보편적 특징을 밝힐 수 있는 연구 방법틀을 시도하게 되었다. 이 목적을 이루기 위해 동아시아의 사회과학자들이 함께 모여 '동아시아 사회조사연구를 위한 조직'이 만들어진 것이다.

2006년 '동아시아 사회조사연구'는 첫번째 조사연구에 착수했고 그때 한국, 일본, 대만, 중국을 아우르는 4개국 공통의 조사연구 주제로 가족이 선정되었다. 동아시아 가족의 특징을 파악할 수 있는 일련의 질문이 별도로 고안되었다. 그리고 이 질문과 가족에 관련되어 별도로 특화되거나 혹은 일반적인 질문이 합해져 가족모듈$^{family\ module}$이 새로 고안되었다. 그리고 2006년 가족모듈을 포함한 종합사회조사가 한국, 일본, 대만, 중국에서 동시에 진행되었다. 이 사회조사 결과는 2006년 동아시아 사회조사 가족모듈 자료로 구성되어 이 연구에서 활용하고 있다.[9]

2006년 동아시아 사회조사 가족모듈은 가족에 관련된 서로 다른 영역의 항목으로 구성되어 있다. 그 중 가장 중요한 요소의 하나는 가족가치다. 가족가치는 결혼, 동거, 이혼, 성역할, 가족과 관련된 여타의 주제 등에 관한 개인의 태도와 가치관을 의미한다. 개인이 그 사회의 여러 가족을 어떻게 이해하고 있는지를 파악하기 위해서는 먼저 그 사회에서 가족이 어떤 특징을 갖고 있는지를 알아야 한다. 이를 위해서는 개인이 여러 가족을 형성하고 또 유지하기 위해 동원하는 서로 다른 사회적 영향력을 어떻게 인식하는지를 살펴볼 수 있어야 한다. 가족을 바라보는 개인의 가치관은 사회 전체에 걸쳐 매우 다양하게 나타난다. 이를 테면 '가족은 두 사람이 결혼을 통해 성립된 것이다/아니다'에 관한 질문은 결혼에 관한 태도의 측면을 살펴볼 수 있게 한다. 어떤 사람은 '누구나 결혼해야 한다'는 입장을 취할 수 있지만 또 다른 사람은 '결혼은 필수적인 것이 아니다'라고 생각할 수 있으며, 두 입장 모두 사회적으로 용인

---

9 이 글에서는 중국의 자료를 제외한 일본, 한국, 대만의 자료만 사용했다.

된다. 더 나아가 한 사회 내에서 어떤 사람은 '가족을 이루려면 반드시 결혼을 해야 한다'고 생각하는 반면, '결혼하지 않고 동거하는 것도 가능하다'고 생각하는 사람도 있을 수 있다. 이처럼 가족에 관한 여러 측면에 관한 개인의 태도는 매우 다양하다.

지금까지 동아시아 사회에서 시도된 가족의 특징과 변화에 대한 연구는 다양한 주제, 이를 테면 결혼, 동거, 이혼, 젠더 역할, 성경험, 부모-자녀관계 등 다양한 분야에 대한 조사연구를 기반으로 했다. 이런 측면을 살펴볼 수 있도록 고안된 여러 문항은 주로 서구사회에서 가족 개념의 변화를 살펴보는 것이 목적이었다. 그렇기 때문에 이런 문항으로 다른 사회와 동아시아 가족을 구분 짓는 독특한 특징을 규명하는 성과를 온전히 이루었다고 보기는 어렵다.

이런 맥락에서 2006년 동아시아 사회조사에서 도출된 가족모듈에는 동아시아 가족연구에 대한 유용한 결과가 도출될 수 있다고 판단된 종합사회조사의 문항이 포함되었다. 뿐만 아니라 동아시아 사회의 가족가치라는 독특한 특징을 밝힐 수 있도록 새롭게 고안된 질문도 포함되었다.

동아시아 사회의 가족가치를 밝히기 위해 고안된 2006년 동아시아 사회조사의 주요한 질문은 다음과 같다.

1. 남편은 부인보다 나이가 더 많아야 한다.
2. 결혼하더라도 아이를 가질 필요가 없다.
3. 결혼한 남자가 결혼하지 않은 남자보다 일반적으로 더 행복하다.
4. 결혼한 여자가 결혼하지 않은 남자보다 일반적으로 더 행복하다.
5. 결혼할 의사가 없이 함께 사는 것도 괜찮다.
6. 이혼을 하고 싶더라도 자녀가 장성할 때까지 기다려야 한다.
7. 부부가 결혼생활을 원만하게 할 수 없을 것 같으면 대부분의 경우 이혼하는 것이 최선의 해결책이다.

8. 아내는 자신의 경력을 쌓기 보다는 남편이 경력을 쌓을 수 있도록 도와주는 것이 더 중요하다.
9. 남편이 할 일은 돈을 버는 것이고 아내가 할 일은 가정과 가족을 돌보는 것이다.
10. 남자들은 지금보다 가사를 더 많이 분담해야 한다.
11. 불경기에는 남자보다 여자를 우선적으로 해고시켜도 괜찮다.
12. 가정에서 아버지의 권위는 어떤 경우에도 존중되어야 한다.
13. 자식은 부모에게 명예가 될 수 있는 일을 하려고 노력해야 한다.
14. 장남은 재산을 더 많이 상속받아야 한다.
15. 부모를 잘 부양한 자식은 더 많이 상속받아야 한다.
16. 가계를 잇기 위해서 아들이 적어도 하나는 있어야 한다.
17. 결혼한 여자는 친정과 시집 둘 다 도움이 필요할 때에 친정보다는 시집을 먼저 도와야 한다.
18. 사람은 자기 자신보다는 가족의 안녕과 이해를 우선시 해야 한다.
19. 결혼 한 성인 남자는 본인의 부모에게 경제적 지원을 해드려야 한다.
20. 결혼 한 성인 여자는 본인의 부모에게 경제적 지원을 해드려야 한다.
21. 결혼 한 성인 남자는 배우자의 부모(장인, 장모)에게 경제적 지원을 해드려야 한다.
22. 결혼 한 성인 여자는 배우자의 부모(시부모)에게 경제적 지원을 해드려야 한다.

위의 문항은 종합사회조사에서 결혼, 이혼, 성역할에 관한 태도 등 가족가치를 살펴보기 위한 내용으로 흔히 포함되는 것과 아시아적 가족가치를 특화해서 살펴보기 위한 내용이 아우러져 있다. 또한 세대 간 지원 체계에 관한 태도를 알아보기 위한 문항도 포함되어 있다. 이 문항은 결혼한 개인이 세대 간 지원을 하는 데 있어 남성가계를 기반으로 해야 하는지, 그렇지 않은지의 여부를 검토하기 위해 고안되었다. 그런 면에서 이 문항은 가부장적 특징의 지표가 된다고 상정되는 아시아적 가족가치의 특징을 측정하기 위해 각별히 고안된 것이라고 할 수 있다. 각 문항은 "전적으로 찬성"에서부터 "전적으로 반대"에 이르는 7점 척도로 답할 수 있도록 구성되어 있다.

이와 관련된 내용에는 어른의 권위에 대한 복종이나 용인, 배우자 관계에서 부인에 대한 남편의 우위, 남성의 권위를 보장하기 위해 부인보다 남편의 나이가 많아야 하는지, 강력한 가족주의 전통 등에 관한 항목이 포함되어 있다. 더 나아가 가족의 안녕이 개인의 안녕보다 우선시되어야 하는지, 가부장제에 기초한 가족 전통이 유지되어야 하는지, 가족에는 반드시 아들이 있어야 하는지, 재산은 장남에게 상속되어야 하는지 등을 살펴볼 수 있는 문항도 있다. 이 연구는 이렇게 동아시아 사회의 가족가치의 독특한 특징을 반영할 것으로 기대되는 조사 항목을 활용해서 한국, 일본, 대만을 포함한 동아시아사회에 진정으로 아시아적 가족가치가 존재하는지 여부를 밝혀보려고 한다.

조사연구를 통해 아시아적 가족가치의 존재를 살펴보려면 어떻게 해야 할까? 만일 아시아적 가족가치가 동아시아 사회에 존재하는 것이 사실이라면 먼저 한국, 일본, 대만에서 나타나는 일반적인 가족에 대한 태도와 이를 구분해야 한다. 앞에서 설명했지만 2006년 동아시아 사회조사의 가족모듈에는 가족가치에 관한 다양한 질문이 포함되어 있다. 설문조사 문항은 서구사회의 종합사회조사에서 도출된 일반적인 가족가치에 관한 질문과 특히 아시아적 가치에 관한 내용을 알아보기 위해 새롭게 고안된 문항이 함께 포함되어 있다. 이 조사에는 가족가치에 대한 공통적인 특징을 구분할 수 있는 여러 관련된 문항을 개발한 내용이 포함되어 있다. 이를 기반으로 하기 때문에 이 글에서도 아시아적 가족가치에서 공통되는 주요한 몇 가지 특징을 파악할 수 있는 주성분분석 principal component analysis을 시도하려고 한다. 많은 문항으로 특정한 내용을 검증할 때, 주성분분석은 그룹으로 묶인 많은 문항이 해당되는, 그 내용을 측정하는데 타당한지를 통계적으로 측정할 때 활용되는 방법이다. 위에서 설명한 각 문항은 통계변수가 될 수 있다. 그러나 개별 변수에 의해 측정된 내용이 서로 배타적인 것은 아니기 때문에, 문항들은 주어진 변수들의 다양한 형식으로 구성된다. 그래서 먼저 비슷한 내용을 측정하기 위해 사용된 변수들을 찾아서 주성분분석을 통해 그룹으로 묶어야 한다.

아시아적 가족가치의 정확한 세부사항은 아직까지는 분명히 알 길이 없다. 단지, 우리는 2006년 동아시아 사회조사를 담당한 연구진이 아시아적 가족가치를 설명할 수 있다고 간주해서 포함한 내용을 조사 문항에 포함했고, 이를 통해 바로 그렇게 조사된 아시아적 가족가치를 규명하려 했다는 정도만 알 수 있을 뿐이다. 그러므로 여기에 포함된 모든 문항이 아시아적 가족가치를 측정하는 것이라는 판단을 하기 위해서는 향후 더 철저하고 정밀한 조사가 필요한 상황이다.

덧붙여 이 문항들이 동아시아의 개인들 사이의 나름의 유사성을 공유하고, 또 특정 내용을 측정하는데 있어 상호상관성이 드러나면, 연구진으로서는 이 문항들이 제시하는 내용에 대해 좀더 깊은 토론을 진행할 필요가 있다. 그리고 어떤 가족가치가 제시되는지를 검토함으로써, 아시아적 가족가치 개념이 존재하는지 여부를 고민할 수 있다. 이렇게 해서 만일 아시아적 가족가치가 존재하는 것으로 밝혀지면 아시아적 가족가치로 정해지는 내용들이 무엇인지를 제대로 다룰 수 있게 될 것이다.

3. 아시아적 가족가치 분석 1: 3개국을 중심으로 한 자료 분석

이제 본격적으로 2006년 동아시아 사회조사 자료를 통해 특정한 가족가치를 아시아적 가족가치로 볼 수 있는지를 분석해보려고 한다. 이 분석은 공통의 아시아적 가족가치가 존재하는지의 여부를 살펴보는데 일차적인 목적이 있다. 그래서 만일 아시아적 가족가치가 존재한다면 그 가치를 결정하는 공통의 가족가치가 존재하는지를 살펴보려는 것이다. 그래서 먼저 각 사회의 개인들에 대한 분석을 하기에 앞서 이 연구에서는 동아시아 사회 내부적으로 공통의 아시아적 가족가치를 뽑아낼 수 있는지 여부를 분석하기 위해 세 나라에서 조사한 각국의 자료를 하나의 자료로 합쳐 분석했다.

한국, 일본, 대만의 자료를 공동으로 모은 뒤 이렇게 수집된 자료에서 가족가치 관련된 문항을 살펴볼 수 있도록 주성분분석을 실시했다. 주성분분석을 위해서는 성분들 사이에 아무런 상관관계가 없음을 전제하는 직교분산최대회전분석법$^{Orthogonal\ varimax\ rotation\ analysis}$을 활용했고, 성분 추출은 고유값 ≥1 으로 제한했다. 회전분석 결과를 해석하기 위한 성분요인에 대한 변수 할당은 인자적재값$^{factor\ loading}$ ≥ 0.4로 했다. 뒤에 설명할 성분요인과 각 성분요인에 할당된 변수는 주성분분석을 통해 추출되었다. 성분1에는 4가지 변수가 추출되어 있다. 이는 적어도 3가지 변수가 제시되어야 한다는 해처^{Hatcher}의 조건을 충족한다. 덧붙여 4문항 모두 본인과 배우자의 부모에 대한 경제적 지원을 하는 것에 대한 결혼한 성인 남녀의 태도를 측정한 것이다. 이 성분이 다른 성분과 갖는 상관관계는 낮고 회전성분의 값은 높다. 따라서 성분추출은 주성분분석의 원칙을 만족한다고 볼 수 있다. 더욱이 이 요인, 즉 본인과 배우자의 부모에 대한 경제적 지원을 하는 것에 대한 결혼한 성인 남녀의 태도를 측정하는 4문항 간의 내적 일치도는 높다. 이 성분의 내적 일치도가 높은 점을 미루어 볼 때 이 측정의 신뢰도도 높다고 할 수 있다(크론바흐 알파값 = 0.865).

⟨표1⟩ 성분1. 동아시아 3개국의 가족가치

변수	회전성분값 (성분변수과 개별변수 사이의 상관)	표준화변수의 크론바흐 알파값
결혼한 성인 남자는 본인의 부모에게 경제적 지원을 해야 한다.	0.78	0.865
결혼한 성인 여자는 본인의 부모에게 경제적 지원을 해야 한다.	0.85	
결혼한 성인 남자는 배우자의 부모에게 경제적 지원을 해야 한다	0.87	
결혼한 성인 여자는 배우자의 부모에게 경제적 지원을 해야 한다.	0.84	

주성분분석의 결과로 도출된 성분 2는 다음과 같다.

성분 2는 5개의 변수로 구성되며 마찬가지로 해처의 기준을 만족시킨다. 성분 2는 최소 3개의 문항으로 구성되어 있으며 다른 성분에 대한 인자적재값은 낮다. 다섯 개 변수 사이의 공통내용 신뢰도를 고려하면 크론바흐 알파값 0.69는 표준통계치 0.7과 거의 차이가 없다. 따라서 이 다섯 개의 변수가 특정 내용을 측정하는 도구로 높은 신뢰도를 보인다고 할 수 있다.

⟨표2⟩ 성분2. 동아시아 3개국의 가족가치

변수	회전성분값 (성분변수과 개별변수 사이의 상관)	표준화변수의 크론바흐 알파값
남편은 부인보다 나이가 더 많아야 한다.	0.57	0.69
가정에서 아버지의 권위는 어떤 경우에도 존중되어야 한다.	0.67	
자식은 부모를 명예롭게 하는 일을 하려고 노력해야 한다.	0.74	
결혼한 여자는 친정과 시집 둘 다 도움이 필요할 때에 친정보다는 시집을 먼저 도와야 한다.	0.58	
사람은 자기 자신보다는 가족의 안녕과 이해를 우선시해야 한다.	0.67	

성분 3는 결혼에 대한 태도를 측정한 것이다. 여기에 해당되는 2개의 문항은 결혼에 대한 태도가 젠더에 따라 다른지를 조사하기 위해 고안되었다. 이 성분에는 결혼에 대한 태도를 측정하는 두 가지 변수만 포함되었기 때문에 최소한 3개 변수가 성분으로 구성되어야 한다는 해처의 요건사항을 충족하지 못한 셈이다. 이 성분은 결혼에 대해 남성과 여성의 태도를 묻는 두 가지 문항으로만 구성되어 있기 때문에 이 성분이 타당한지를 살펴보기는 어렵다.

〈표3〉 성분3. 동아시아 3개국의 가족가치

변수	회전성분값 (성분변수과 개별변수 사이의 상관)	표준화변수의 크론바흐 알파값
결혼한 남자가 결혼하지 않은 남자보다 일반적으로 더 행복하다.		
결혼한 여자가 결혼하지 않은 여자보다 일반적으로 더 행복하다.		

성분 4는 3가지 변수로 구성되었으므로 해처의 기준은 충족한다. 성분 4의 인자적재값은 각각의 성분변수에 대해 높지만 회전성분의 값은 낮다. 그러나 세 가지 문항으로 표현되는 핵심구성$^{\text{essential construct}}$은 분명하지 않다. "이혼을 하고 싶더라도 자녀가 장성할 때까지 기다려야 한다" 문항에 대한 결과는 자녀의 웰빙을 보장해주는 것으로 해석할 수 있다. 왜냐하면 이로 미루어 자녀는 부모와 함께 살아야 한다는 점이 드러나기 때문이다. 이 문항은 부모-자녀관계와 관련된다. 이를 테면 이혼을 결정할 때, 자녀에 관한 이해관계가 어떻게 되는지를 알려주는 것이다. 나머지 두 문항은 가족 재산의 상속에 관하여 묻는다. 자녀 중 누가 재산상속을 가장 많이 받아야 하는지와 관련된 문항은 장남인지 아니면 부모를 잘 부양한 자식인지에 관해 물은 것이었다. 이런 내용, 즉 재

산상속에 대한 태도를 알아보기 위해 구성된 것이 나머지 두 개의 질문이다. 따라서 이 질문을 통해 하나의 특별한 내용을 요약하기는 쉽지 않다. 해처에 따르면 여러 통계조건이 성분구성을 충족한다 해도 이 내용을 통해 문항 서로 간에 공통점을 발견하지 못하는 한, 이들을 하나의 성분으로 보기는 어렵기 때문이다. 이 기준을 적용할 때 성분 4는 타당한 것으로 보기 어렵다. 더 나아가 신뢰도 측정에서도 크론바흐 알파값이 -0.271로 나와 분계점값 0.70보다도 너무 낮다. 따라서 측정된 신뢰도는 받아들여질 수 없고 성분 4는 적절한 것으로 채택할 수 없다.

〈표4〉 성분4. 동아시아 3개국의 가족가치

변수	회전성분값 (성분변수과 개별변수 사이의 상관)	표준화변수의 크론바흐 알파값
이혼을 하고 싶더라도 자녀가 장성할 때까지 기다려야 한다.	0.56	-0.271
장남은 재산을 더 많이 상속받아야 한다.	0.62	-0.271
부모를 잘 부양한 자식은 더 많이 상속 받아야 한다.	-0.76	-0.271

이런 성분 외에 성분 5에는 "남자들은 지금보다 가사를 더 많이 분담해야 한다"와 "불경기에는 남자보다 여자를 우선적으로 해고시켜도 괜찮다"는 문항이 포함되었고, 성분 6에는 세 가지 문항, 즉 "결혼하더라도 아이를 가질 필요가 없다", "결혼할 의사가 없이 함께 사는 것도 괜찮다", "부부가 결혼생활을 원만하게 할 수 없을 것 같으면 대부분의 경우 이혼하는 것이 최선의 해결책이다"가 포함되었다. 성분 5는 두 개의 문항만 포함하고 있기 때문에 성분으로서 구성될 요건을 충족하지 못한다. 그러나 두 질문 모두 젠더관계를 나타내며 신뢰도는 높다(크론바흐 알파값 = 0.837). 한편 성분 6은 세 개의 문항으로 구성되어 있지만 각 문항 사이에 공통의 내용을 찾기가 어렵다. 왜냐하면 질문이 서로 다른 사안,

즉 결혼, 이혼, 자녀, 동거에 대한 태도를 묻고 있기 때문이다. 덧붙여 이 성분의 측정신뢰도는 매우 낮다(크론바흐 알파값 = -0.271). 다시 말해서 성분 6은 타당한 성분으로 채택될 수 없다.

  한국, 일본, 대만 3개국의 데이터를 수집해서 주성분분석을 통해 6개의 성분이 도출되었다. 그러나 성분으로서 고려될 수 있는 필요조건을 검토한 결과 성분 1(부모에게 경제적 지원을 제공하는가에 관한 태도)과 성분 2(아시아적 가족가치라고 불릴 만한 내용이 요약되어 있는)만 채택될 수 있었다. 이 연구는 아시아적 가족가치라고 불릴만한 변수가 있는지, 그리고 그런 변수가 존재한다면, 이 변수의 정확한 성격을 드러내려고 한다. 주성분분석 결과에 따르면 한국, 일본, 대만의 개인들이 공유하는 공통의 가치는 다섯 가지 변수의 형태로 존재하고 있다.

  그렇다면 성분 2를 통해 다섯 가지 변수 사이에서 어떤 공통된 내용을 제안할 수 있을까? 첫 번째 변수는 "남편은 부인보다 나이가 더 많아야 한다"이다. 이 문항의 의미는 결혼할 때 남성이 더 중요하거나 그러지 않으면 여성보다는 더 권위를 가져야 한다는 의미로 생각할 수 있다. 게다가 여성보다는 남성이 더 많은 권력을 가져야 한다는 함의도 있을 수 있다. 두 번째 항목은 "가정에서 아버지의 권위는 어떤 경우에도 존중되어야 한다"로, 이는 가족원들이 아버지에 대해 가족의 가장으로서 절대적으로 복종해야 한다는 의미를 지닌다. 동아시아 사회에서 전체 사회는 가족의 확대로서 받아들여진다. 그러므로 가족의 가장이라는 권위(이를 테면 아버지)는 절대적이며 그렇기 때문에 아버지는 어떤 경우에도 복종의 대상이 되는 셈이다. 세 번째 변수 "자식은 부모에게 명예가 될 수 있는 일을 하려고 노력해야 한다"는 두 번째 변수와 밀접하게 연결된다. 이 질문은 아버지와 자녀와의 관계가 위아래, 즉 수직적 관계라는 의미이다. 자녀의 역할도 독립적이기보다는 본인의 위에 존재하는 어머니, 아버지의 명예에 복무하는 것임을 드러낸다. 다시 말해서 자녀는 아버지의 권위를 존중해야 하며 본인의 아버지를 명예롭게 해드리기 위해 노력해야 한다. 또다른 질문은 개인과 가족과의 관계에 관한 것이다. 동아시아 사회에서 개인의 안녕은 가족의 안녕에 비해 덜 중요한 것으로 간주되고 있다(이를테면 개인의 안녕을 추구하는 것이 우선순위가 아닌 셈이다). 다섯 가지 질문 중 마지막은 가족의 가부장적 특징에 관한 것이다. 이에 대한 질문은 여성이 결혼하면 남편의 가족, 즉 시집이 친정보다 더 중요한가를 묻는 것이었다.

이 다섯 가지 질문은 하나의 성분, 즉 공통적 내용으로 구성되는 것처럼 보인다. 다섯 가지 질문에 공통되는 내용을 어떻게 이름붙이는 것이 좋을까? 그리고 그 의미는 어떻게 해석하면 좋을까? 필자는 한국, 일본, 대만에 살고 있는 개인들에게 이 다섯 가지 질문이 아시아적 가족가치를 구성하는 주요 성분으로 간주될 수 있다고 제안하고자 한다. 특히 주성분분석을 통해 도출된 성분2는 한국, 일본, 대만의 개인들이 주장하는, 다음의 가족가치를 포함하고 있다: 결혼과 가족생활에서 남편은 부인보다 높은 위계를 차지한다. 남편의 권위는 받아들여져야 하며 가족의 가장으로서 아버지의 권위는 무조건적으로 받아들여져야 한다. 모든 가족원은 아버지의 권위를 존중해야 하며 부모자녀관계에서 자식의 역할은 가족의 가장에게 명예를 안겨주는 것이다. 개인의 안녕이 아닌 가족의 안녕을 위해 자기를 희생하는 것은 필수불가결하며 모든 여성은 결혼하고 나면 친정이 아닌 시집 식구가 되어 가부장제에 따라야 한다. 이렇게 보면, 다섯 개의 질문 간에 공유되는 공통점이 이른바 아시아적 가족가치의 내용이라고 할 수 있다.

이 다섯 가지 문항을 아시아적 가족가치를 구성하는 확정변수$^{\text{definite variables}}$로 간주하면 이를 통해 아시아적 가족가치 지표$^{\text{Index of Asian Family}}$

Values가 구성될 수 있다.

여기서 아시아적 가족가치 지표 1은 다섯 개 변수의 가치의 평균값이다.

〈표 5〉 아시아적 가족가치 지표 1과 3개국에서 추출된 각 변수의 평균값

지표와 순위 변수	한국	일본	대만
아시아적 가족가치 지표 1	5.0 (0.9)	4.3 (0.8)	5.2 (0.9)
부인보다 나이많은 남편	4.5 (1.5)	4.0 (1.0)	4.8 (1.5)
아버지의 권위	5.6 (1.3)	4.7 (1.2)	5.5 (1.4)
부모의 명예위해 자식의 노력	5.2 (1.4)	4.4 (1.3)	5.8 (1.2)
시집 가족 우선	4.1 (1.6)	4.0 (1.1)	4.3 (1.5)
가족의 안녕 우선	5.4 (1.3)	4.7 (1.1)	5.6 (1.4)

주: ( )는 표준편차.

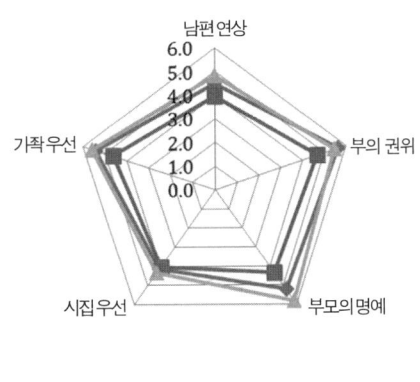

〈그림 1〉 한국, 일본, 대만의 아시아적 가족가치 지표 1에 포함된 공통변수의 평균값

위의 표에서 계산한 지표를 통해 개별 사회의 아시아적 가족가치 지표와 순위가치의 평균을 살펴볼 수 있다.

〈표 5〉를 보면 대만이 아시아적 가치가 한국과 일본에 비해 강한 것으로 나타난다. 표와 그림을 통해 아시아적 가족가치 지표1의 수준을 보면, 가장 강력한 대만으로부터 대만 〉 한국 〉 일본의 순으로 나타난

다. 한국과 대만 사이의 아시아적 가족가치 지표의 차이는 0.2 밖에 되지 않는다. 그러나 이에 상응하는 지표 차이값는 일본과 대만 사이는 0.9로 나타나고 한국과 일본 사이의 지표 차이도 0.7이다. 따라서 아시아적 가족가치 지표 1을 통해 대만과 한국이 일본에 비해 강한 아시아적 가족가치를 보인다고 정리할 수 있다.

한국과 대만을 일본에 비해 더 "아시아적"으로 파악하게 하는 가족가치에는 어떤 것이 있는가? 〈그림 1〉은 〈표5〉에서 나타난 가족가치 평균값을 그림으로 표시한 것이다. 자식이 부모의 명예를 위해 노력을 기울여야 한다는 인식이 한국이나 일본에 비해 대만에서 강하게 나타났다.

그리고 개인에 비해 가족이 우선시되고 가족의 안녕이 중요하다는 생각도 다른 나라에 비해 대만에서 높게 나타났다. 아버지의 권위는 절대적으로 존중받아야 한다는 생각은 한국보다 대만에서 조금 약했지만 전반적으로 강한 편이다. 남편이 나이가 더 많아야 한다는 생각은 남성우월주의의 반영으로 동반자 관계에서 남편이 부인보다 권력을 더 많이 가져야 한다는 의미이다. 외관상 가장 약하게 나타난 부분은 결혼한 여성이 친정보다 시집을 더 우선시해야 한다는 항목이었다. 한국은 전체적으로 대만에 비해 모두 낮은 수준을 보였지만 아버지의 무조건적인 권위에 대해서는 대만보다 조금 높은 수준을 보였다.

한편 일본사회는 대만과 한국에 비해 아시아적 가족가치가 약한 것으로 드러났다. 다시 말해서 일본사람들도 한국인이나 대만인과 비슷한 아시아적 가족가치를 지니지만 다섯 가지 변수를 고려해 측정한 결과 한국이나 대만에 비해 낮은 수준의 아시아적 가족가치를 갖고 있는 것으로 드러났다. 더욱이 한국이나 대만과 비교할 때, 일본은 더 개인적이고, 아버지의 권위에 대해 덜 수용하려 하며, 자녀가 아버지의 명예를 위해 노력해야 한다는 필요성에 대해서도 덜 공감하는 태도를 보였다.

위의 결과를 종합하면 아시아적 가족가치에는 다양한 수준이 존재한다. 그러나 3개국 모두 이른바 아시아적 가족가치라 불릴 만한 독특한 가족가치를 드러낸다고 할 수 있다. 특히 남성우위, 가부장제, 연령위계라는 특징이 중요하게 손꼽힌다.

4. 아시아적 가족가치 분석 2 : 한국, 일본, 대만의 개별 자료 분석

이 절에서는 한국, 일본, 대만 3개국의 자료를 각각 독립적으로 구분하고 분석하여 아시아적 가족가치라는 성분이 발견될 수 있는지를 살펴보려고 한다. 그리고 이렇게 도출된 성분의 항목을 통해 공통의 내용을 찾을 수 있는지도 검토해보려 한다.

성분은 한국, 일본, 대만의 개별 자료를 토대로 주성분분석을 해서 도출되었다. 분석결과 개별 사회에서 공통의 태도를 발견할 수 있는데, 주로 결혼한 남녀가 자신의 부모나 배우자의 부모에 대해 경제적 지원을 해야 한다는 인식이 두드러졌다. 세대 간 관계를 살펴보는 문항이 배우자나 자신의 부모에 대한 경제적 지원을 하는 결혼 남녀의 태도와 더불어 하나의 그룹으로 묶일 수 있다.

뒤이어 이른바 아시아적 가족가치를 구성하기 위해 만든 한국, 일본, 대만의 자료를 별도로 분석함으로써 공통의 성분이 도출되었다. 아시아적 가족가치의 성분 분석을 위해 각 사회가 제시한 문항(변수)을 이제부터 살펴보자.

한국, 일본, 대만의 각 자료를 살펴본 결과 이 성분에 포함된 변수의 수나 내용에서 차이가 있음이 발견되었다. 이 성분은 한국과 대만에서는 7가지 변수를 통해 구성되었는데 그 중 6가지는 공통되지만 한 가지는 서로 다르다. 일본이 한국이나 대만과 공통되는 문항은 다섯 가지이지만 한국과 대만에서 공유된 한 가지 변수는 일본의 자료에는 빠져 있다.

〈표6〉한국, 일본, 대만 자료를 주성분분석을 통해 살펴본 성분 2의 가족가치 변수들

변수	한국	일본	대만
남편은 부인보다 나이가 많아야 한다.	*	*	*
아내는 자신의 경력을 쌓기 보다는 남편의 경력을 쌓을 수 있도록 도와주는 것이 더 중요하다	*	*	*
남편이 할 일은 돈을 버는 것이고 아내가 할 일은 가정과 가족을 돌보는 것이다.	*	*	*
불경기에는 남자보다 여자를 우선적으로 해고시켜도 괜찮다.	*	*	*
가정에서 아버지의 권위는 어떤 경우에도 존중되어야 한다.	-	-	*
장남은 재산을 더 많이 상속받아야 한다.	*	-	-
가계를 잇기 위해서 아들이 적어도 하나는 있어야 한다.	*	-	*
결혼한 여자는 친정과 시집 둘 다 도움이 필요할 때에 친정보다는 시집을 먼저 도와야 한다.	*	*	*

주. *는 항목에 대한 변수가 포함되었음을 의미한다.

이를 통해 보면 아시아적 가족가치는 한국과 대만사회에서 상당히 비슷하게 나타난다. 여기에는 결혼관계에서 남자가 여자보다 권위가 있어야 한다, 여자는 친정보다 시집을 더 우선시해야 한다, 남자는 돈버는 일을 주로 하고 여자는 보조하는 역할을 해야 한다는 이른바 전통적인 젠더관계에 관한 내용도 포함되어 있다. 가계계승을 위해서는 아들이 있어야 한다는 생각은 한국과 대만의 아시아적 가치에는 포함되어 있다. 한편 재산을 많이 상속받아야 하는 장남의 중요성에 대해서는 한국의 아시아적 가치에만 포함되어 있는 반면, 가족 내 아버지의 권위에 대해서는 대만의 사례에만 포함되어 있다.

한국이나 대만의 경우와 마찬가지로 일본의 아시아적 가족가치에도

여러 변수가 포함되어 있다. 이를 테면 결혼관계에서 남성이 여성보다 더 권위가 있어야 한다, 젠더관계에서 남자는 돈버는 일을 주로 하고 여자는 보조하는 역할을 해야 한다, 결혼한 여자는 친정보다 시집을 우선시해야 한다는 항목이다. 그러나 한국과 대만의 사례와 달리, 장남의 중요성, 가계 계승에서 아들이 필요하다는 점, 아버지의 권위에 관한 항목은 일본의 아시아적 가족가치 성분에는 포함되어 있지 않다.

〈표7〉 아시아적 가족가치 성분에 포함된 변수의 회전값(성분과 개별 변수 사이의 상관)과 개별 분석에서의 크론바흐 알파값.

변수	한국	일본	대만
남편은 부인보다 나이가 많아야 한다.	0.59	0.62	0.42
아내는 자신의 경력을 쌓기 보다는 남편의 경력을 쌓을 수 있도록 도와주는 것이 더 중요하다	0.66	0.77	0.72
남편이 할 일은 돈을 버는 것이고 아내가 할 일은 가정과 가족을 돌보는 것이다.	0.73	0.75	0.78
불경기에는 남자보다 여자를 우선적으로 해고시켜도 괜찮다.	0.67	0.70	0.58
가정에서 아버지의 권위는 어떤 경우에도 존중되어야 한다.	-	-	0.54
장남은 재산을 더 많이 상속받아야 한다.	0.64	-	-
가계를 잇기 위해서 아들이 적어도 하나는 있어야 한다.	0.63	-	0.64
결혼한 여자는 친정과 시집 둘 다 도움이 필요할 때에 친정보다는 시집을 먼저 도와야 한다.	0.67	0.57	0.63
크론바흐 알파값	0.804	0.754	0.754

주. *는 항목에 대한 변수가 포함되었음을 의미한다.

〈표 7〉은 회전성분값과 크론바흐 알파값을 제시한 것이고 크론바흐 알파값은 아시아적 가족가치 성분에 포함된 변수들 사이의 신뢰도를 나타낸다.

〈표 7〉의 결과를 보면 이 성분과 각 사회의 아시아적 가족가치에 포함된 변수들 사이의 상관도가 매우 높음을 알 수 있다. 더 나아가 이런

변수로 아시아적 가족가치의 성분이 구성되는 경우 측정 신뢰도가 더욱 높아짐을 알 수 있다.

아시아적 가족가치의 인자구성factor composition은 한국과 대만에서는 매우 유사하게 나타난다. 한국와 대만의 아시아적 가족가치의 인자구성에서 차이가 나는 부분을 고려하면 다른 사회와 달리 한국에서만 장남에 대한 기대치가 높고, 가족 내 아버지의 권위는 약화되는 측면을 살펴볼 수 있다. 왜 일본사회의 아시아적 가족가치를 구성하는 인자가 왜 한국과 대만에 비해 적은지에 관한 이유는 근대화 경험에서 일본이 앞선 것과 그것과 연결된 문화적 맥락을 상정해 볼 수 있을 것이다. 예를 들어 장남에 대한 기대나 중요성이 한국과 대만에 비해 일본에서는 그렇게 두드러지지 않으며 아버지의 권위도 근대화의 결과로 약화된 것으로 볼 수 있다. 남편과 부인의 권력관계, 그리고 가족 내 남편과 부인의 성역할에 관한 측면은 근대 서구사회와 오늘날의 현대화된 가족 혹은 포스트모던한 가족과 큰 대비를 이룬다. 이에 해당되는 항목은 남편은 돈을 벌고 여자는 가족과 남편을 돌보기 위해 직장을 그만두어야 한다, 가계 계승을 위해서는 아들이 필요하다, 개인보다 가족을 우선시해야 한다, 가족은 가부장적인 요소와 결합되어 있다 등이다.

이렇게 볼 때, 아시아적 가족가치는 한국, 일본, 대만 3개국 모두에서 나타난다고 할 수 있다. 그러나 아시아적 가족가치 개념을 구성하는 요소는 각 사회별로 조금씩 차이가 있다. 그럼에도 불구하고 〈표 6〉에서 제시되듯, 한국, 대만, 일본이 아시아적 가족가치로 공유하는 변수는 다섯 가지다. 이제 한국, 대만, 일본의 아시아적 가족가치에 공통되는 다섯 가지 공통변수를 통해 동아시아 가족가치 지표 2를 구성해서 살펴보자.

한국, 대만, 일본의 동아시아 가족가치 지표 2 = (남편이 부인보다 나이가 많다 + 남편의 직장이 먼저다 + 전통적인 성역할 + 여성이 먼저 해고되어야 한다 + 시집식구가 먼저다)[10]/5

이 지표는 한국, 대만, 일본 각각의 분석자료와 3개국의 아시아적 가족가치의 공통되는 성분에 포함된 변수들의 값을 평균으로 나눈 것이다. 동아시아 가족가치 B 지표 2는 〈표 8〉에 제시되어 있다.

〈표 8〉 아시아적 가족가치 지표 2와 개별자료분석을 통한 성분의 각 변수의 평균값

지표와 순위 변수	한국	일본	대만
아시아적 가족가치 지표 2	4.0 (1.2)	3.9 (0.9)	4.2 (1.1)
남편이 부인보다 나이가 많아야 한다	4.5 (1.5)	4.0 (1.0)	4.8 (1.5)
남편의 직장이 먼저다	4.4 (1.7)	4.1 (1.2)	4.6 (1.7)
전통적인 성역할	4.1 (1.8)	4.2 (1.3)	4.5 (1.8)
여성이 먼저 해고되어야 한다	2.8 (1.6)	3.2 (1.3)	2.7 (1.6)
시집 식구가 먼저다	4.1 (1.6)	4.0 (1.1)	4.3 (1.5)

주: ( )는 표준편차.

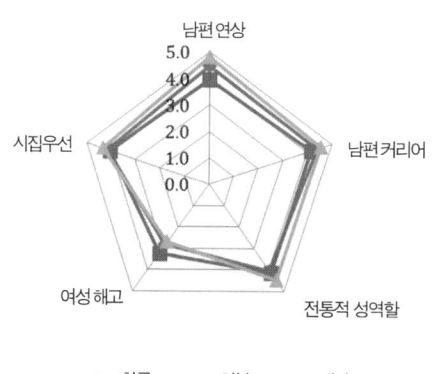

〈그림 2〉 한국, 일본, 대만의 아시아적 가족가치 지표 2에 포함된 공통변수의 평균값

10 각각의 변수에 대해서는 〈표 7〉의 첫째, 둘째, 세째, 네째, 여덟째 줄을 참고하면 된다.

앞에서 제시된 아시아적 가족가치의 지표 2는 한국, 일본, 대만 등 3개국 아시아적 가족가치 성분의 공통변수의 평균값이다. 이 지표와 개별 변수의 값은 이 연구의 대상인 동아시아 3개국의 아시아적 가족가치의 수준이 상당히 비슷하다는 것을 반영하고 있다. 통계적 의미를 검토하지 않더라도 강한 아시아적 가족가치로부터 약한 수준으로 배치하면 대만(4.2) 〉한국(4.0) 〉일본(3.9) 순임을 알 수 있다.

3개국 내 개별 변수의 평균값에는 조금씩 차이가 드러난다. 〈그림 2〉는 3개국 사이의 평균값의 차이를 보여준다.

그림에 보이듯, 대체적으로 한국과 대만에 비해 일본사회가 덜 전통적임을 알 수 있다. 특히 남편의 나이가 부인보다 많아야 한다거나 남편의 직장 생활에 부인은 보조적 역할을 해야 한다거나 여자는 친정보다 시집을 우선시해야 한다는 태도에 대해서는 한국이나 대만 사람들에 비해 덜 전통적인 입장을 보인다. 한편 한국이나 대만에 비해 오히려 일본이 더 전통적이고 남성우위적인 태도를 보이는 항목도 있다. 여성이 남성에 비해 먼저 해고되어야 한다는 항목에 대해서는 일본사람들의 생각이 한국이나 대만에 비해 더 전통적인 것으로 나타났다. 대만과 한국만을 비교하면 다섯 개의 항목에 대해 대만 사람이 한국 사람에 비해 조금 더 전통적인 태도를 갖고 있는 것으로 나타났다.

한국과 대만은 일본에서 구성된 성분에는 포함되지 않은 아시아적 가족가치의 변수를 공통적으로 포함하고 있다. 그 결과는 아시아적 가족가치 지표 3에서 나타난다. 지표3은 한국과 대만 사회에만 적용되는 내용이다.

한국과 대만의 아시아적 가족가치 지표 3 = (남편이 부인보다 나이 많다+한국, 대만의 아시아 가족가치 지표 3 = (남편이 부인보다 나이가 많다+남편의 직장이 먼저다+전통적인 성역할+여성이 먼저 해고되어야 한다+시집식구가 먼저다+아들이 가계를 계승해야 한다) / 6

아시아적 가족가치 지표 3에서 한국의 값은 4.09(표준편차 1.2)이며 이에 상응하는 대만의 값은 4.21(표준편차 1.1)이다. 이 결과를 통해 한국보다 대만의 아시아적 가족가치가 조금 더 강하게 나타남을 알 수 있다.

5. 요약 및 결론

아시아적 가족가치를 둘러싸고 진행된 논의의 역사는 짧지 않다. 그러나 아시아적 가치의 존재 여부나 내용을 구체적이고 실질적으로 접근해 분석한 연구는 거의 없다. 아시아적 가치에 대한 담론은 전적으로 가족가치를 둘러싸고 진행되고 있다. 동아시아 가족의 특징, 그리고 이러한 가족적 특징에 본질적인 가족가치가 아시아적 가치의 핵심을 이루고 있음에도 불구하고 이런 쟁점을 체계적으로 검토하는 과학적 방법론은 없었던 것이다.

서구사회에서 뿐만 아니라 동아시아의 학자들도 동아시아의 가족이 다른 사회와 다르게 두드러지는 어떤 특징이 있다고 믿었다. 이런 특징을 고려해서 동아시아 가족가치는 원래 "유교가족"으로 이름 붙여졌다. 유교가족은 유교(가치)에 대한 경험을 공유하는 사회에서 찾을 수 있다. 더 나아가 유교의 특징과 유사한 속성을 지니는 가족을 유교가족에 포함시켜 고려했다. 이 경우 유교를 실천하지 않거나 유교와 관련성이 상당히 적다고 해도 넓은 의미에서 유교가족으로 포함시켰던 것이다. 상황이 이렇기 때문에 어떤 유형의 가족이 유교가족이며 이런 가족유형에 어떤 방식의 가족가치가 존재하는지에 대한 체계적 연구는 존재하지 않았다.

이 연구는 동아시아 3국의 가족가치를 분석했다. 한국, 일본, 대만의 사례는 아시아적 가치의 중요한 일부로 포함되기 때문에 다른 사회와 동아시아 가족가치를 구별하는데도 도움이 된다. 흔히 가족가치는 사회적 가치의 일부분의 측면에서 조망된다.

서구사회에서 개발된 양적 연구 방법론을 통해 가족가치에 관한 문항에 대한 연구가 진행되어 왔다. 그러나 이 연구를 통해 동아시아 가족가치의 독특한 측면이 모두 밝혀졌다고 보기는 어렵다. 동아시아 가족가치가 개별 국가에서 얼마나 두드러지는 특징으로 나타나는지를 살펴보기 위해 3국의 연구진은 지속적으로 가족가치에 관한 현실을 파악할 수 있는 적절한 문항을 고안하고 적용하려는 노력을 기울이고 있다. 그러나 이런 연구들이 유교가족가치나 동아시아 가족가치에 관한 개별 국가의 사례를 제시하는 것 이상으로는 좀처럼 나아가지 못했던 것이 사실이다. 이렇게 보면 동아시아 가족가치라 불릴 만한 두드러지는 가족가치를 발견하려는 연구는 거의 없었다고 할 수 있다. 이 연구는 이런 상황을 조금이나마 극복하고자 하는 의도로 동아시아 사회의 특징을 규명할 수 있는 동아시아 가족의 가족가치 분석을 시도했다.

이 연구는 한국, 일본, 대만, 중국이 함께 참여해서 만든 2006년 동아시아 사회조사의 자료를 활용했다. 동아시아의 학자들은 서구에서 가족에 관한 연구를 위해 활용되는 일반적인 질문을 토대로 하여, 동아시아 가족의 두드러지는 특징을 잘 나타내면서 동아시아 각 사회에서 서로 공통으로 묶일 수 있는 문항을 새롭게 개발하기 시작했다.

아시아적 가족가치가 존재하는지, 그 내용을 무엇인지를 살펴보기 위해 주성분분석 방법이 도입되었다. 주성분분석은 기대하는 내용을 분석하기 위해 사용된 여러 개의 문항이 동일한 내용으로 구성될 수 있는지를 확인하는 통계방법이다. 주성분분석을 통해 기대되는 내용을 측정하는 문항을 성분으로 묶어 그룹화 한다. 2006년 동아시아 사회조사에 포함된 가족가치에 관한 항목에는 동아시아 가족가치의 주요한 특징을 살펴볼 수 있는 문항이 포함되어 있다. 이를 테면 장남에 대한 재산상속, 아들을 통한 가계계승, 아버지의 권위, 남성우위의 가족구성 등이 이런 문항에 해당한다. 사실 이런 특징을 알아보려면 여러 문항이 포함되어야 한다. 그러나 사회조사에서 문항이 많아지면 조사가 어려워지기 때문에 가능한 하나의 개념을 한두 개의 문항으로 질문하는 것이 통상적이다. 여러 많은 문항은 주성분분석을 통해 공통의 내용으로 다시 묶일 수 있다. 성역할이나 경제적 지원처럼 아주 분명히 어떤 특징을 드러내는 질문이 있는 반면 그렇게 분명하지 않은 문항도 있다. 이 연구에서는 공통의 내용이라고 판단하기에 다소 분명하지 않은 문항들이 하나로 묶여지면 그것을 아시아적 가족가치로 간주할 수 있는지 살펴보기로 했다. 이를 위해 주성분분석이 주요한 분석의 방법으로 채택된 셈이다.

자료의 바탕이 된 사회조사는 2006년 한국, 일본, 대만, 중국에서 실시되었다. 그러나 이 연구에서는 비사회주의권 사회인 한국, 일본, 대만의 자료만을 사용했다. 아시아적 가족가치를 규명하기 위해 먼저 한국, 일본, 대만의 자료를 하나로 합쳐서 주성분 분석을 실시했다. 그리고 나서 다시 개별 사회 단위로 한국, 일본, 대만의 자료를 각각 분석했다.

함께 모아진 자료에서 몇 가지 핵심요인을 찾아냈다. 첫째 성분은 성인 남녀가 본인과 배우자의 부모에게 경제적 지원을 하는 것에 관한 사회적 태도를 살펴보기 위해 고안된 문항으로 구성되었다. 두 번째 성분의 내용은 초기 단계에서는 다소 불분명해 보였다. 통상적으로 공통의 내용을 규명하기 어려운 경우, 그 성분은 다음 단계의 분석에서 제외되기 마련이다. 그러나 이 연구의 목표, 즉 특정한 아시아적 가족가치가 한국, 일본, 대만에서 공통으로 나타나는지를 살펴보기 위하여 다소 불분명해보이는 이 성분들에 대해 "아시아적 가족가치"라는 제목을 붙여보기로 했다. 아시아적 가족가치 성분에 포함된 문항은 3개국에서 아시아적 가족에 관해 질문한 내용을 토대로 구성되었고, 문항의 내용은 다음과 같다. "남편은 부인보다 나이가 더 많아야 한다", "가정에서 아버지의 권위는 어떤 경우에도 존중되어야 한다", "자식은 부모에게 명예가 될 수 있는 일을 하려고 노력해야 한다", "결혼한 여자는 친정과 시집 둘 다 도움이 필요할 때에 친정보다는 시집을 먼저 도와야 한다", "사람은 자기 자신보다는 가족의 안녕과 이해를 우선시해야 한다." 아시아적 가족의 몇 가지 특징으로는 남성우위, 남성중심주의, 부모-자녀 관계에서 위에서 아래로의 위계구조, 즉 아버지의 권위를 꼽을 수 있다. 이 주성분분석을 통해 이 연구는 아시아적 가족가치가 3개국에서 존재하며 아시아적 가족가치가 위에서 설명한 특징으로 구성되었음을 밝힐 수 있었다.

자료가 어떤 방식으로 분석되든지, 대만은 아시아적 가족가치의 측면에서 한국과 일본에 비해 다소 강한 경향을 보였다. 3개국 중에서 아시아적 가족가치가 가장 약하게 나타난 사회는 일본이다. 아시아적 가족가치에 있어서 한국의 위치는 다른 두 나라의 가운데를 차지하며 각 가치 사이에서의 차이가 그다지 큰 편은 아니다. 일본사회에서 아시아적 가족가치가 한국이나 대만에 비해 약하게 나타난 것은 유교의 영향력이 일상생활에서 일본인들에게 더 약하게 나타나는 점과 연결되어 있는 것으로 보인다. 뿐만 아니라 일본이 삼국 중 가장 먼저 서구사회와 접촉을 했고 근대화의 역사도 가장 길며 가족제도 내 가부장제도 상대적으로 약하기 때문인 것으로 파악된다. 더욱이 장남이 재산을 더 많이 상속받아야 한다거나 아버지의 권위가 어느 경우에나 존중되어야 한다는 문항에 대해서도 일본은 한국과 대만에 비해 지지율이 낮았다.

결론적으로, 아시아적 가치에 대한 논의는 그동안 오랜 간 지속되었으며 그 논쟁의 초점은 아시아적 가치의 내용이 진실로 어떤 특징으로 구성되는지를 규명하는데 맞춰졌다고 할 수 있다. 왜냐하면 아시아적 가치에 대한 비판도 만만치 않았기 때문이다. 아시아적 가치 중 중요한 요소의 하나는 아시아적 가족가치다. 그러나 동아시아를 통털어 아시아적 가족가치의 존재에 대한 연구는 이제 시작단계인 셈이라고 할 수 있다. 그런 상황에서 이 연구를 통해 한국, 일본, 대만 등 삼국에서 나타난 가족가치를 "아시아적 가족가치" 혹은 "동아시아 가족가치"로 부를 수 있음을 입증한 것이라 할 수 있다. 즉 이 연구를 통해 권위적이며 가부장 중심인 가족, 불평등한 결혼관계, 부모-자녀 사이의 수직적 관계 등 다소 애매하게 동아시아 가족가치의 특징으로 파악되었던 요소들이 동아시아 사회 모두에서 통상적인 가족가치로 존재함을 밝힌 셈이다. "아시아적 가치"의 정확한 본질이 무엇이냐에 대해서는 좀 더 논의가 필요하지만 아시아적 가치의 중요한 한 부분을 차지하는 "아시아적 가족가치"는 2006년 동아시아 사회조사 자료를 통해 규명된 셈이다.

참고문헌

김경동. 1992. 『한국인의 가치관과 사회의식: 변화의 경험적 추적』. 서울: 박영사
은기수. 2006. "가족가치에 관한 국제비교연구: 성별 및 세대간 차이를 중심으로". 『가족과 문화』 제18집 제3호, 1-33쪽.
임희섭. 1986. 『사회변동과 가치관』. 서울: 정음사.

Barr, Michael D. 2000. "Lee Kuan Yew and the "Asian Values" Debate." *Asian Studies Review* 24(3): 309-34.
DiMaggio, Paul, Evans, John, and Bryson, Bethany. 1996. "Have American's

Social Attitudes Become More Polarized?" *American Journal of Sociology* 102(3): 690-755.

Dupont, Alan. 1996. "Is There An 'Asian Way'?" *Survival: Global Politics and Strategy* 38(2): 13-33.

Glass, Jennifer, Vern, L. Bengtson, and Dunham, Charlotte Chorn. 1986. "Attitude Similarity in Three-Generation Families: Socialization, Status Inheritance, or reciprocal Influence." *American Sociological Review* 52(5): 685-98.

Hatcher, Larry. 1994. *A Step-by-Step Approach to Using SAS for Factor Analysis and Structural Equation Modeling*. Cary, NC: SAS Institute, Inc.

Inglehart, Ronald. 1990. *Cultural Shift in Advanced Industrial Society*. Princeton University Press.

Inglehart, Ronald. 1997. *Modernization and Postmodernization: Cultural, Economic, and Political Change in 43 Societies*. Princeton: Princeton University Press.

Inglehart, Ronald, and Baker, Wayne E. 2000. "Modernization, Cultural Change and the Persistence of Traditional Values." *American Sociological Review* 65(1): 19-51.

Inglehart, Ronald, and Norris, Pippa. 2003. *Rising Tide: Gender Equality and Cultural Chance around the World*. Cambridge: Cambridge University Press.

Inglehart, Ronald, and Welzel, Christian. 2005. *Modernization, Cultural Change, and Democracy. The Human Development Sequence*. Cambridge: Cambridge University Press.

Kim, Dae Jung. 1994. "Is Culture Destiny? The Myth of Asia's Anti-Democratic Values." *Foreign Affairs* 73(6): 189-94.

Kim, SangJun. 2002. "Reconsidering the Term "Asian Values" and Reformulating the Debate: What is Ethical in "Confucian Ethics"?" *Korea Journal* 42(4): 231-42.

Krugman, Paul. 1994. "The Myth of Asia's Miracle." *Foreign Affairs* 73(6): 62-78.

Lim, Linda Y. C. 1998. "Whose 'Model' Failed? Implications of the Asian Economic Crisis." *The Washington Quarterly* 21(3): 25-36.

Oakes, Tim. 2000. "China's Provincial Identities: Revisiting Regionalism and Reinventing "Chineseness."" *The Journal of Asian Studies* 59(3): 667-92.

Ochiai, Emiko. 2011. "Unsustainable Societies: The Failure of Familialism in

Fertility and Family Formation." *Historical Social Research.* Special Issue 36(136): 179-218.

Patten, Chris. 1996. "Asian Values and Asian Success." *Survival: Global Politics and Strategy* 38(2): 5-12.

Poon, Jessie, and Martin Perry. 1999. "The Asian Economic 'Flu': A Geography of Crisis." *Professional Geography* 51(2): 184-96.

Pye, Lucian. 2000. "'Asian Values': From Dynamism to Dominoes?" in *Culture Matters*, edited by Harrison and Huntington, 244-55.

Robinson, Richard. 1996. "The Politics of 'Asian Values'." *The Pacific Review* 9(3): 309-27.

Thornton, Aland. 1989. "Changing Attitudes toward Family Issues in the United States." *Journal of Marriage and the Family* 51(4): 873-93.

Yi, Chin-Chun. 2007. "The Social Basis of Mate Selection Patterns in Taiwan: With a Discussion of Its Possible Linkage to Marital Satisfaction." Presented at the EASS Symposium on East Asian Societies and the Family, Hong Kong SAR, China.

Zakaria, Fareed. 1994. "Culture Is Destiny. A Conversation with Lee Kuan Yew." *Foreign Affairs* 73(2): 109-126.

제6장
한중일 청년세대의 얼굴을 읽다

김홍중

1. 사회학적 관상학

이 글에서 나는, 동아시아 청년문화에 대해 연구하는 과정에서 얻은 몇 가지 착상들을 비교적 자유로운 방식으로 진술해볼 생각이다. 여기 다루어질 내용은 이른바, 통계적 대표성을 갖거나, 특정 사회의 청년문화의 전형으로 일반화될 수 있는 샘플들이 아니다. 언급될 케이스들은 편향되어 있으며, 이들을 선택한 기준은 자의적인 것이다. 연구자의 주관적 판단이 논의 전반에 깊이 개입하고 있다는 점에서 객관성도 희박하다. 게다가 적절한 비교연구에 요청되는 구성적 균형도 이 글에서는 발견하기가 어려울 것이다. 다만, 제도적 논문형식에서 흔히 누락되거나 배제되기 쉽지만 연구자 입장에서는 다른 무엇보다 더 흥미롭다 판단되는 인상과 직관에 나름의 의미를 부여하면서, 우리 시대 동아시아 청년문화에 대한 사회학적 관찰노트를 제시하는 것을 소박한 목표로 삼아본다.

아시아 청년의 현실에 관심을 가진 이후로, 여러 가지 방식으로 그들과 만나게 되었는데, 결국 내 기억에 가장 깊이 남는 것은 그들의 얼굴로부터 얻게 되는 인상이었다. 사실, 이들 청년문화의 정수가 나에게 숫자의 형식이나 개념 혹은 이론적 모델의 형식으로 육박해 온 적은 거의 없었다. 개념과 이론은 사후적으로 형성된 것이다. 현장이라는 말로 대상을 체험하는 만남의 장소를 지칭한다면, 연구현장에서 나는 얼굴의 형식으로 청년들의 세계를 먼저 체험했다. 때로는 수업에서, 때로는 술자리에서, 거리를 거닐면서, 커피숍에서, 버스나 지하철에서, 그들을 방문하여, 혹은 TV, 서적, 영화나 웹툰에서, 또는 그들이 좋아하는 음악을 들어보면서 나는, 내 앞에 현전하는 하나의 '얼굴'로 그들과 대면했다. 무기력하고 텅 빈 표정도 있었고, 욕망과 희망에 반짝이는 눈빛도 있었으며, 눈물에 뒤범벅되어 있거나, 분노와 좌절에 일그러진 얼굴, 내면을 철저하게 감추는 얼굴, 주눅 든 얼굴, 냉소적이고 공격적인 얼굴들도 있었다. 얼굴에는 세대, 계급, 젠더와 같은 사회학적 차원들이 녹아 있고, 그 개인의 생각과 감정과 욕망의 역사가 새겨져 있다. 나는, 얼굴이야말로 한 시대와 사회가 응축된 상징이며, 그런 의미에서 사회학자가 불가피하게 해석해야 하는 의미의 퍼즐이라 생각하게 되었다. 얼굴은 실제의 얼굴일 수도 있고, 여러 형태의 문화적 산물들에 표상된 얼굴일 수도 있으며, 반드시 특정한 얼굴이 아닌, 어떤 존재가 뿜어내는 감각적 '인상'일 수도 있다. 얼굴이란 말로, 나는 어떤 사회적 존재가 자신의 안면을 통하여 다른 사회적 존재들에게 발산하는 비언어적 기호들의 총체를 가리키고자 한다.

그러나 이렇게 관찰된 청년들의 얼굴은 정통 사회과학의 리서치나 담론에서는 말해질 수 없는, 말해지는 것이 관행적으로 차단되어 있는 그런 체험에 속한다. 조사현장에서 만나는 얼굴들이 발산하는, 즉각적이고 명확하며 부인할 수 없는 리얼리티를 학술 논문에 담아낸다는 것은 쉬운 일이 아니다. 상호작용 속에 불멸의 이미지로 각인되어 있는, 얼굴의 사회성과 역사성을 객관적으로 측정할 수 있는 도구가 있는 것도 아니다. 그런 이유로 나는 에세이 형식의 관찰지를 시도해보기로 하였다. 에세이는 연구 결과가 아니라 그 과정을 가시화할 수 있게 해주며, 즉각적 관찰들에 언어를 부여하는 것을 가능하게 하기 때문이다. "유일무이한 것, 비동일적인 것"(지마, 1996: 319)을 강조하는 에세이적 글쓰기는 사회학이 스스로 과학으로 설립되기 위해 포기해야 했던 것, 가시화시켜서는 안 되기에 짐짓 배제시켰던 것, 혹은 객관성이나 타당성의 입장에서 억압했던 것을 언어화할 수 있는, 허술하지만 때로 효과적인 형식으로 선택될 수 있다.

2. 양광지안(陽光之顏)

2014년 12월 5일, 나는 동료들과 함께 베이징 근교에 위치한 쑹좡宋庄 예술특구를 방문했다. 쑹좡은 베이징시 퉁저우구通州区 북쪽에 위치한, 중국 동북부와 보하이만渤海灣 지역에서 베이징으로 올라오는 육로교통의 요지다. 행정구역상으로 말하자면, 총면적이 11만 5929$km2$에 달하고 47개의 행정촌으로 이루어져 있으며, 상주인구가 10만 명에 가깝다리우웨이, 2010: 155-8. 이 중에서 특히 예술 특구는 샤오바오춘小堡村에 조성되어 있는 방대한 지역으로서, 1990년대 초반 서서히 형성되기 시작하여 약 22개의 예술촌락, 100여 개의 갤러리, 15개의 대형미술관을 갖춘 명소가 되었다. 2013년 현재 6천여 명의 예술가들이 거주하고 있는 것으로 집계되어 있다(한창윤, 2012). 공항에서 승용차로 약 30여 분을 달려

도착한 쑹좡 지구는 그 전경과 규모만으로도 압도적인 느낌을 주기에 충분했다. 겨울 베이징의 메마르고 차가운 바람 속에 웅크리고 있는 낮은 건물들과 끝없이 이어진 작업실들은 하나의 소小공화국을 이루고 있었다. 우리는 지인을 통해 미리 연락이 되어 있던 두 명의 안내인을 만났다. 이들은 쑹좡에서 작품 활동을 하는 두 여성이었다. 오후부터 저녁까지 이들의 도움을 얻어 쑹좡의 다양한 구역들에 거주하는 청년 예술가들의 삶을 생생하게 관찰할 수 있었다.

우리가 가장 먼저 방문한 곳은, 커리어의 초기단계를 밟기 시작한 화가 J(1985년생)의 아틀리에였다. 아틀리에는 비교적 넓고 쾌적한 인상을 주었다. 숙식을 할 수 있는 작은 방이 구석에 놓여 있는 복층 구조로 되어있는 작업공간은 햇빛이 잘 드는 양지였다. 주로 수묵화 작업을 하는 그는 최근 여러 전시를 통해 실력을 인정받기 시작했다. 특히 최근에 『藝術百年』(2014년 10월 13일 발행)이라는 저널의 '본기인물本期人物'로 선정되어 집중적인 조명을 받았고 그 사실에 고무되어 있었다. 우리에게 건네준 저널의 표지에는 그의 사진이 전면에 실려 있다. 어두운 화랑 벽에 기대 선 그에게 쏟아지는 환한 '양광陽光' 속에서 이 젊은 화가는, 도전적 오만함과 은밀한 자신감이 혼융된 미소를 띠며 화면의 우측을 응시하고 있다(그림 1).

〈그림 1〉〈예술백년〉의 표지사진의 얼굴부분

첫 번째 방문지를 벗어나 이동하여 도달한 곳은, 1983년생 수묵화가 H가 살고 있는 고급 맨션이었다. 놀랍게도 그는 건물전체를 소유하고 있었으며,

나이에 어울리지 않을 만큼 쾌적하고 화려한 작업실을 갖추어 놓고 있었다. 하얼빈에서 미술학교를 마치고 크게 성공하여 이 건물을 구매하고 가족과 함께 여기 정착한 그의 얼굴에서 여유와 자신감이 풍겨 나왔다. 우리를 응대하는 그의 태도 역시 자연스럽고 세련된 것이었으며, 조급하게 자신을 소개하려하거나, 혹은 예술가 특유의 내성적 태도 속에서 자신을 감추려 하지 않으면서, 있는 그대로를 드러내는 방식으로 우리를 환대했다. 성공을 꿈꾸었고, 그것을 매우 빠른 시간에 실현시켰으며, 그 대가로 획득한 이 부유함을 매우 자랑스러워하고 있으며, 물질적 부가 그의 몸과 마음에 비교적 자연스럽게 체화되어 가고 있다는 사실을 깨닫는 것은 어려운 일이 아니었다.

H의 집에서 멀지 않은 곳으로 이동하던 중, 우리는 성채처럼 웅장하게 서 있는 한 건물 앞에서 차를 멈추었다. 1989년 생 예술가 W가 거기 살고 있었다. 일층에는 그의 부모들의 작품이 벽에 전시되어 있었다. 알고 보니, 부모들 역시 저명한 예술가이며, 쏭쫭에 미술관을 짓고, 거기 아들의 작업실을 마련해 준 것이었다. H나 J가 자신의 힘으로 예술계에서 입지를 만들어가고 있는 '자수성가형'인 것과 달리, W는 부모의 위광에 기대어 유력하고 풍요로운 위치에서 삶을 시작하고 있었다. 그러나 다른 예술가들과 비교하면, 그의 모습에는 어떤 오기, 야심, 의지와 같은 내적 추동력이 부족하다는 인상을 지울 수 없었다. 정작 가장 풍부한 자원을 소유하고 있음에도 불구하고 W에게서 발견하기 어려웠던 것, 반대로 말하자면 객관적 자원이 부족한 어려운 상황과 싸우면서 자신들의 삶을 꿈꾸어나가는 저 쏭쫭 예술가들의 얼굴에서 빛나던 그것, 그 마음의 힘 혹은 환상의 정체가 무엇일까? 내가 면담하거나 스쳐 지났던 수많은 중국의 청년들, 각기 다른 계층과 젠더와 지역, 출신을 불문하고 이들의 얼굴에서 발산되던 모종의 기운의 정체는 무엇일까?

뇌리를 떠나지 않던 이 질문에 대한 해답을 얻은 것은, 두 가이드의 거처를 방문하여 그들과 방담을 나누는 과정에서였다. 그들이 사는 곳은 쏭좡에서 가장 빈곤한 지역이었다. 우리가 그 지역에 이르렀을 때 이미 석양이 진후 어둠이 드리워져 있었고, 쏭좡 전역에 밥을 지어먹기 위한 탄불의 매캐한 연기가 안개처럼 퍼져 있었다. 먼지와 뒤섞여 목을 찌르는 컴컴한 대기 속에 이들이 사는 허름하고 어두운 건물이 웅크리고 있었다. 나는 바로 여기가 쏭좡의 최하층 예술가들의 집단 거소 임을 직감했다. 여기 거주하는 청년들의 삶은 열악한 것이었다. 벽에 걸어놓은 작품들은 예술품이라 부르기에 주저되는, 아마추어적인 습작품이거나 민속공예 혹은 키치에 가까운 소품들이었다. 이들은 경제자본 뿐 아니라 문화자본에 있어서도 쏭좡 위계서열의 가장 낮은 위치를 차지하고 있었다. 우리는 가이드의 아틀리에에 앉아 차를 마시며 이야기를 나누었다. 그녀는 이혼 이후, 새로운 삶을 타개하기 위해 이곳에 왔다. 경제적으로 매우 어렵기 때문에 상당한 내핍 생활을 하면서 염색을 한 스카프 등을 팔고 있고, 좀 더 성공한 친구들의 도움에도 가끔 의존하면서 생활한다고 한다. 추위를 막을 수 있는 난방장치나 음식을 조리할 수 있는 주방도 없는 상태에서 겨울을 버티는 것이 힘겨워 보였지만, 그녀는 자신의 미래에 대한 모종의 낙관적 감정을 드러냈다. 그녀가 자주 사용한 단어를 빌려서 말하자면, 그 얼굴은 바로 "양꽝^{陽光}"의 얼굴이었다.

'양꽝'이라는 단어는 쾌활하고, 낙천적이고, 밝으며, 희망에 가득 찬 마음의 태도를 가리키는 말이다. 여러 정황을 고려해 보건대, 그것은 미래에 대한 불안과 현재의 궁핍을 은폐시키는 가면이며, 어려움을 견디어 나가면서 고투하는 행위, 즉 '핀보^{拼搏}'를 가능하게 하는 심적 동력이다. 또한, 유사한 가면을 쓴 사람들을 함께 친교하게 하는 사회성의 표징이었다. 한국이나 일본의 청년세대와 비교해 보면, 중국의 '빠링허우^{八十後}'

세대의 '양꽝'은 매우 두드러지게 돋보이는 감정양식이다. 빠링허우 세대는 1980년대 이후에 출생하여 경제발전의 혜택을 누리며 살아왔으며, 아직 한 번도 심각한 경기침체나 경제위기를 체험해 본 적이 없는 중국 청년세대의 이름이다. 2000년대 초반부터 주로 문학계에서 사용되기 시작하면서 80년대 생 젊은 작가들을 가리켰지만, 점차 확장되어 개혁개방 이후 나타난, 새로운 생활방식과 가치관을 가진 집단을 지칭하기 시작하였다(黄洪基, 邓蕾, 陈宁, 陆烨, 2009). 서구적 가치와 개인주의, 그리고 상품소비에 익숙한 이들에게 미래는 하나의 약속으로, 가능성으로, 더 풍요로운 삶으로 표상되고 있다. 중국 대도시의 거리 곳곳에 전시되어 있는 중국몽中國夢 프로파간다가 강변하고 있듯이, 나의 꿈이 중국의 꿈인 세계, 내 욕망이 사회와 국가의 욕망과 모순 없이 결합되어 있는 세계, 자신의 꿈을 향해 돌진하는 스탠스 자체가 사회적으로 정당화되는 그런 세계에서 양꽝이 이들 삶의 심적 기저를 이루는 것은 전혀 이상한 일이 아닐지도 모른다. 잘 알려진 것처럼 중국 사회는 고도성장을 통해 그 구성원들에게 중산층의 꿈을 풍부하게 제공해 왔다(Wang, 2010). "신자유주의적 논리와 사회주의적 주권의 밀착"(Ong and Zhang, 2008: 2)으로 특징지어는 21세기 중국사회는 "꿈-자본$^{dream\text{-}capital}$"(김홍중, 2015b: 48-52)의 방대한 생산과 분배의 능력을 보여주고 있는 것이다.

사회주의 특유의 집단주의적 도덕률을 벗어나 자아의 욕망을 추구하기 시작한 중국대륙의 저 강렬한 꿈의 대표적 주체가 바로 '빠링허우'이다. 이들은 젊고, 물질적 풍요의 혜택을 향유하고 있으며, 자신의 삶이 더 나아질 수 있다고 믿으며, 도처에서 그런 믿음의 실현을 확인한다. 쑹좡의 젊은이들은 어려움을 극복하고 성공한 친구들을 실제로 목도하면서, 꿈이 허상이 아닌 현실이라는 신념을 쌓아나가고 있었다. 쑹좡에서 만난 젊은이들의 얼굴과 눈빛에서 발산되던 저 '양꽝'은 그리하여, 특정 개인의 심리학적 특이성이나 쑹좡이라는 특수공간의 전유물이 아니라 사실은 중국 청년들에게 중국 사회가 분배하고 있는 미래에 대한 희망의 에너지, 즉 공적 자원으로 이해되어야 한다. 물론, 쑹좡의 모든 예술가들이 양꽝의 마음을 갖고 사는 것은 아니다. 가이드들에 의하면, 체념이나 비관 혹은 절망에 이른 젊은이들도 많고, 세상에 대한 비관적 시각에 휩싸여 있는 사람들도 결코 적지 않다. 오히려, 자신들의 미래가 불안하고 두려움을 야기하는 것이기에, 쑹좡의 젊은이들은 필사적으로 '성공지심成功之心'을, 양꽝의 기운과 얼굴을 스스로에게 불어넣고 있는 것인지도 모른다. 가이드들이 우리에게 보여준 케이스들은 명백한 양꽝의 인간들이었지만, 쑹좡이라는 거대한 필드의 다른 곳에는 분명히 우울과 비관과 체념의 얼굴들이 숨어 있을 것이다. 언젠가 쑹좡을 좀 더 체계적으로 연구한다면, 우리는 그들을 만나, 그들 마음의 어둠, 분화된 다양한 양상들을 섬세하게 탐침해야 할 것이다.

쑹좡 탐방 이후에 우리는 칭화대 부설 청년창업 플랫폼인 〈칭화 X-lab〉을 방문하여, 주로 영상매체와 연관된 창조산업 영역에서 창업을 꿈꾸는 대학생들의 발표를 참관했다.[1] 또한 2015년 5월에 다시 베이징을 방문했을 때에는, 일군의 빠링허우 스토리텔러들과 인터뷰하는 시간을 마련했다. 그들은 1991년생 영화감독인 A, 1990년생 온라인 소설가인 B, 1989년생 온라인 소설가 C, 인터넷의 유명한 필자인 D, 영화감독 E와 인터뷰하는 시간을 마련했다. 이 담화들을 통해 나는 쑹좡에서 발견

---

1 〈칭화 X-lab〉은 칭화대학의 부설기관으로서 청년들의 창업, 창의, 창신을 도와줄 목적으로 설립되어 학생, 졸업생, 교수, 기업, 정부 등의 다양한 자원들을 네트워킹하여, 칭화대 학생들의 '기업가정신'을 실현시켜주는 다양한 사업들을 수행하는 기관이다. 우리는 이 랩을 방문하여 그 역사와 운영에 관한 다양한 이야기를 청취했고, 랩에서 활동하는 팀들을 관찰했고, 서너 명의 창업활동의 실태에 대한 프리젠테이션을 참관했다. 랩의 홈페이지 주소는 다음과 같다. http://www.x-lab.tsinghua.edu.cn.

한 '양광지안^{陽光之顔}'을 다시금 확인하게 되었다. 다만 쑹좡의 화가들에게는 그 낙관이 미학적 성취와 경제적 성취의 긴장어린 타협을 배경으로 하고 있었다면, 인터넷과 첨단 영상매체에 종사하는 청년들의 낙관은 좀 더 합리화되고 체계적인 미래의 경영, 그리고 자아에 대한 좀 더 예리한 의미화, 좀 더 노골화된 기업가정신 혹은 기업가적 자아경영을 배경으로 하고 있었다. 빠링허우 스토리텔러 중의 한 면담자는 자신의 꿈을 "자기^{自己}의 브랜드화"라고 명시하였다(필드노트). 이는 이들이 자신의 자아를 시장에서 유통되는 상품으로 인지하고 있을 가능성을 암시한다. 또 다른 면담자는 자신들 세대가 "중국역사에서 최초로 꿈을 꾸기 시작한 세대"라고 토로했다(필드노트). 그것은 이들의 선배 세대들에게는 아무런 꿈이 없었다는 뜻이 아니라, 이들 세대가 중국 현대사에서 최초로, 자신의 꿈을 국가나 사회의 이념보다 더 중요한 것으로 여기기 시작한 '개인화된' 세대라는 사실을 가리킨다.

무엇보다 흥미로웠던 것은, 내가 만난 중국의 빠링허우 세대는 꿈에 대한 질문 앞에서 머뭇거리나 부정적인 태도를 취하지 않았다는 점이다. 이들은 꿈에 대하여 말하는 것을 도리어 즐기는 듯이 보였고, 미래의 포부와 가능성을 사고하고 그것을 주제로 담화하는 것에 대한 시니컬하거나 냉소적인 태도를 거의 보여주지 않았다. 이들은 자신들의 소망에 대한 명확한 영상을 갖고 있었다. 꿈에 대한 사변과 의견도 거침없이 개진되었다. 꿈이 개인의 비밀스런 내면성이나 친밀성의 문제가 아니라 공적 주제로 여겨지는 모종의 문화가 존재하는 것이 아닌가 하는 의문을 품게 하였다. 더욱이 이들에게 중요한 것은 세속적 욕망의 성취 그 자체가 아니었다. 그들의 깊은 욕망은 '자아의 진정성^{authenticity}'을 실현하는 것, 자기의 실현, 자기 가능성의 확장이라는 '자유주의적' 색채를 띠고 있었다. 더 깊은 연구가 필요하겠지만, 빠링허우 세대의 양꽝의 핵심에는 당,

국가, 사회, 가족을 벗어나 질주하는, 욕망하는 자기, 욕망하는 자아가 자리 잡고 있는 듯이 보였다. 물론, 이런 꿈은 언제나 현실과 충돌하기 마련이다. 이들은 자신들을 둘러싼 사회적 환경이 결코 아름다운 세계가 아니라는 사실을 직시하면서, 스토리텔러로서 성공을 거둔 자신들을 "생존자^{survivor}"라고 부르고 있었다(필드노트). 한 면담자는 자신을 "타이타닉 호에서 침몰된 배를 빠져나와서 살아남은 자"에 비유하기까지 했다. 창의성은 그리하여 "생존의 기술"로 이해되고 있었다(필드노트).

  양꽝의 얼굴은 이처럼 복합적인 가면이다. 거기에는 생존의 압력이 있고, 불안과 공포가 있고, 혼돈과 아노미가 있고, 그것들 모두를 압도하면서 휘몰아치는 희망과 낙관의 에너지가 있다. 빠링허우 세대에 대한 수많은 연구들 중에서 특히 그들의 '마음'의 특정 차원에 초점을 맞춘 연구들은, 이 세대가 보여주는 다양한 심적 양상들에 주목을 기울여 왔다. 가령, 중국 청년세대의 강력한 민족주의적 태도를 '분노한 청년^{愤青}' 개념으로 포착하는 연구(Yang & Zheng, 2012)는 이 세대의 집합적 '분노'에 초점을 맞추고 있으며, 인터넷 공간에 등장한 중국식 루저^{loser} 문화인 '띠아오스^{屌丝}' 현상에 대한 논의(Best, 2014)는 동일한 세대의 냉소와 아이러니에 초점을 맞춘다. 또한 2010년 14명이 자살함으로써 물의를 일으킨 심천의 폭스콘 농민공들에 대한 연구들(Chan and Pun, 2010; Lin et all, 2014)은 동일 세대 농민공의 좌절과 절망을 중시한다. 그러나 이런 모든 부정적 감정들의 저변에는 현대 중국 청년세대의 광대한 '양꽝'의 흐름이 선행한다. 청년들의 분노는 중국의 민족적 꿈과 그것의 훼손감(굴욕) 위에 설립되어 있는 것이며, 띠아오스는 양꽝의 시대적 흐름으로부터 소외된 자들의 자의식이 반영되어 있고, 농민공 청년들의 생존의 꿈이 폭력적으로 통제되고 억압되는 곳에서 터져나온 사회문제가 바

로 폭스콘에서 발생한 연쇄 자살이었다.[2]

빠링허우 세대에게서 발견한 이 양꽝의 얼굴은 중국의 향후 발전과 진화에 따라 어떤 다른 얼굴로 변화해 갈 것인가? 중국사회의 실험이 새로운 길을 보여주지 못하고, 다양한 문제들 앞에서 좌초하게 될 경우, 이들의 양꽝은 어느 순간 급격히 소실되어 하나의 집단적 환상의 기억으로 변모할 수도 있다. 경제발전의 신화에 기초한 저 집합적 낙관은 글로벌 자본주의의 위기 앞에서 파국적으로 붕괴할 수도 있다. 이 모든 가능성을 열어 둔 채 중국 청년들의 마음의 동력을 좀 더 면밀히 살펴볼 필요가 있다.

3. 로스-제네의 자화상

요절한 일본화가 이시다 테츠야(石田徹也, 1973~2005)의 작품에는 화자 자신으로 보이는, 짧은 머리의 젊은 청년이 반복적으로 등장한다.[3] 청년의 몸은 갑각류의 곤충으로 일부 변태變態해 있거나, 주위의 일상적 사물들, 가구들, 기구들(현미경, 재봉틀), 거대 기계(비행기, 포크레인)의 일부

---

2 2015년 서울대에서 열린 북경대-서울대 공통 심포지엄에서 루휘린이 소개한 한 농민공의 시에서 '생존'은 다음과 같이 몸부림치는 춤으로 표상되고 있다. "(춤을) 추자, (춤을) 추자, (춤을) 추자/ 어떤 이는 내가 추는 춤을 생존의 춤이라고 한다/ 그 누가 우리의 인격, 존엄, (그리고) 가냘픈 팔등을 비틀어 타향의 토지에서 힘없이/ 꿈틀대며 몸부림치게 하는가"(Lu, 2015)

3 내가 이시다 테츠야의 작품을 접하게 된 것은 연구팀의 주윤정 박사의 소개를 통해서이다. 주윤정 박사는 2014년 11월에 광주비엔날레에서 발견한 그의 작품들을 살펴볼 것을 권해주었다. 이시다 테츠야의 인터넷 갤러리 주소는 다음과 같다. http://www.tetsuyaishida.jp/gallery/. 이 연구에서 사용할 이미지는 2010년에 구룡당에서 출판된 이시다 테츠야의 전집도록『石田徹也全作品集』에서 스캔한 이미지를 사용한다. 그리고 (石田徹也, 2010:○○)의 방식으로 이미지가 실린 페이지수를 명시한다.

와 결합되어 있거나, 거인처럼 확대되어 도시 풍경의 일부에 녹아 들어가 있거나, 건물들로 변화하고 있다. 공간은 초현실주의적으로 변형되어 있고, 상황은 기괴하며, 신체는 분할되거나 파편화되거나 물화된 채 환경의 일부와 접합되어 있다. 기계와 곤충, 혹은 환경 그 자체가 되어 좁은 공간에 웅크리고 있거나 특정 자세로 경직된, 애처로운 모습으로 표상되는 그의 분신들은 '로스제네의 초상화'라 불리어지고 있다. 평론가 우에다 유조上田雄三는 2010년 5월 19일자 〈아사히신문〉과의 인터뷰에서 "이시다의 그림에는 불만이나 불안, 고독과 같은 일본인의 어둠이 있다. 그것이 특히 로스트 제너레이션을 필두로 한 청년세대의 마음을 지금까지도 사로잡고 있는 것으로 보인다"고 언급한다.[4]

'로스제네'란 1971년부터 1980년대 초반 사이에 태어나, 학업과 취업을 자동적으로 연결해주던 사회적 장치들이 파괴되어, 오랜 구직과 실직을 체험하게 된 일본 청년세대의 별칭이다. 2006년 8월 〈아사히신문〉에 의해 'ロストジェネレーション lost generation'으로 호명되어 일본 공론장에 처음 등장하여, 니트NEET족, 프리타, 넷카페 난민, 히키코모리, 파견 노동자 등 취업빙하기에 적응하며 살아가는 젊은이들을 총칭하는 방식으로 사용되고 있다. 2008년 5월에는 『로스제네』라는 잡지도 발간되었고, 이와 비슷한 시기에 고용이나 경제문제와 로스제네 세대를 관련시킨 논의도 대규모로 증가한다(Brinton, 2011; 熊代亨, 2014). 이 새로운 젊은 세대가 등장하게 된 가장 중요한 사회적 배경은 1990년대 초반의 '버블붕괴' 이후 시작된 장기적 경기침체이다. 여기에 1995년의 한신 대지진과 옴진리교 사건이 촉발한, 2차 세계 대전 이후 형성된 '전후체제'의 붕괴라는 사회적 대변환이 지적되어야 한다. 이 과정에서 일본 특유의 "안심사

---

4 http://www.asahi.com/culture/news_culture/TKY201005190253.html.

회"(山岸俊男, 1999)가 "격차사회"(橘木俊詔, 2013)로 전환되고, 사회적 안정성이 무너진 "포스트 전후사회"(吉見俊哉, 2013)로의 구조변동이 일어나면서, 그 약한 고리인 청년세대가 집합적으로 '길을 잃는^{lost}' 현상이 발생한 것이다.[5] 이런 점에서 일본의 로스제네는 한국의 88만원 세대나 중국의 빠링허우 세대보다 생물학적으로 더 나이든 존재들이기는 하지만, 한국과 중국의 청년세대가 겪고 있는 문제와 유사한 문제를 일찍부터 체험해 오고 있는 '동시대인들'이라고 있다고 할 수 있다.

이시다 테츠야의 생애경로는 로스제네의 사회적 형성과 정확하게 일치한다. 1973년에 시즈오카현에서 태어난 그는 1992년에 무사시노 대학 시각디자인 학과에 입학해서 1996년에 졸업한 이후 아르바이트로 생계를 유지하면서 그림을 그린다. 이 시기에 그는 편의점 알바, 빵공장, 그리고 경비원 등의 다양한 파트-타임 직장들을 전전했던 것으로 알려져 있다. 물론, 1997년 일본예술문화진흥회^{JACA} 비주얼 아트전에서 대상을 수상하면서 본격적으로 이름을 알리기 시작했고, 1999년과 2003년 개인전을 여는 등 화가로서 큰 인기를 얻게 되지만, 기본적으로 그의 작품세계는 고독하고 외롭고 소외된 저들 로스제네의 사회적 생태를 짙게 반영하고 있다. 같은 이유로 그의 그림은 로스제네 청년들의 깊은 공감을 얻을 수 있었다. 2007년에 시즈오카 현 미술관에서 열린 "이시다 테

---

[5] 야마다 마사히로는 일본 사회가 공적인 의미에서 희망의 상실을 확인한 것이 1998년이라고 보며 이를 '1998년 문제'라 부른다. 이는 특히 청년세대의 가치관의 변동과 깊은 연관을 갖는다. 그는 이렇게 쓴다. "최근 몇 해 동안 증가하고 있는 프리터를 대상으로 인터뷰나 앙케트 조사를 실시한 결과를 살펴보면 (…) "장래의 불안에 두려워하고 있지만 그 불안을 느끼지 않기 위해 실현가능성이 없는 꿈에 매달리고 있는" 모습이 역력하다. 이러한 불안 의식이 단번에 표출된 것이 1998년이라 생각한다. 이 해는 중년 남자 자살률이 급증한 해이기도 하고, 청소년 범죄, 은둔형 외톨이, 등교 거부 등이 증가하고 집에서 전혀 공부하지 않은 중고생이 급증한 해이기도 하다. 즉 현재는 적당히 넉넉한 생활을 하고 있지만 장래는 전망을 세울 수 없는 상황이 눈앞에 들이닥친 것이다"(山田昌弘, 2010: 17).

〈그림 2〉 2004년 〈무제〉. (石田徹也, 2010:189), ⓒ石田徹也全作品集, 求龍堂

츠야. 슬픔의 캔버스전"의 큐레이터였던 마사토 호리키리는 이렇게 쓴다. "이시다 테츠야의 그림들은 특히 젊은이들에게 인기가 있다. 그것은 그의 작품들이 조용하지만 직접적으로 젊은이들의 마음에 공명하는 힘을 갖고 있기 때문이다. 다른 이유는, 젊은이들이 당대 사회의 조건 하에서 폐소공포감을 갖고 있기 때문이다"(Yokoyama, 2010: 224).

특히 그의 그림에 반복적으로 등장하는 얼굴은 매우 강력한 세대적 환기력을 갖는다. 짧은 머리를 한 젊은 청년의 눈빛은, 아무런 표정도 메시지도 감정도 담고 있지 않지만, 그럼에도 이유를 알 수 없는 우울의 감정을 야기한다(그림 2). 자신의 신체가 속절없이 물화되고, 사회가 요구하는 규격에 맞추어 처참히 왜곡된 상황에서도, 이 얼굴은 어떤 저항이나 적극적 반응을 하지 못한 채, 지극히 수동적으로 거기 적응해가는 자의 체념을 표상한다. 교실 의자에 포박당한 채로 똑같은 얼굴표정으로 수업을 받는 학생들의 모습, 바^{bar}에 앉아서 연료를 주입하듯이 파이프를 통해 손님들에게 음식을 서빙하는 아르바이트생의 모습, 바퀴달린 머리통을 하고 아래 위가 뒤집어진 채 굴러가는 청년, 허리가 꺾여 인사하는 자세로 벽에 못이 박힌 청년들, 사적인 공간의 좁은 구석에 웅크리고 허공을 응시하는 텅 빈 얼굴들은 그림을 보는 이의 마음에 착잡한 비애를 불러일으킨다. 이들 로스제네의 초상은 앞서 살펴 본 양광지안의 대척에 있는 얼굴 유형이다. 그것은 미래를 꿈꾸는 얼굴이 아니다. 여기에는 특별한 감정이 존재하지 않는다. 체념, 무기력, 무감동, 무심함이 역설적으로 이 얼굴을 규정한다. 이 얼굴들은 가령 자크 오몽이 말하는 해체된 얼굴 혹은 탈-얼굴$^{dé\text{-}visage}$"을 연상시킨다. 얼굴의 영화적 재현을 탐구하면서 그는 이렇게 쓴 바 있다.

"포스트모던의 시대에서 얼굴과 얼굴의 재현은 복합적인 위상을 갖게 된다. 실제로 근대가 얼굴의 구성시대였다면, 탈근대는 수많은 우회적 방법들에 의한 얼굴의 해체 시대라 할 수 있다(…). 탈근대에는 '얼굴성^{visagéité}의 개념이 확장된다. '지속적으로 그리고 사방에서 관찰되고 있다'는 오래된 환각을 발전시킨 이 얼굴성의 개념은 동물, 가면, 풍경, 얼굴의 부분 등 모든 것에 잠재적으로 관여한다. 이 개념은 얼굴의 해체며 얼굴의 통일성에 대한 거부다. 왜냐하면 얼굴의 각 부분들은 절단된 후 접착되어 다시 이미지의 표면에 놓이기 때문이다. 그것은 무한한 현란함으로 다가온다. 괴물처럼 엄청난 크기로 나타나는가 하면, 그와 반대로 극도로 축소된 소인화 상태를 보여주기도 한다. 그러면서 얼굴성은 모든 종류의 상처를 받는다. 사람들은 그것에 삭제선들을 긋고, 그것을 찢고 할퀴고 태우며 집어 던진다"(오몽, 2006: 39. 강조는 필자).

〈제압^{Conquered}〉(2004)이라는 제목의 그림에 그려진 얼굴에는 핸드폰

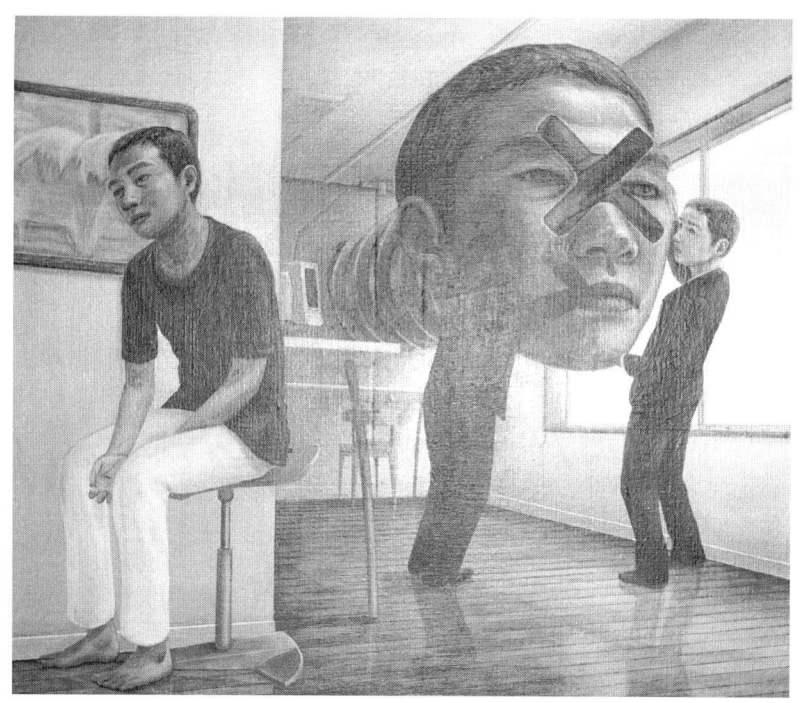

〈그림 3〉 1999년작 〈분리〉. (石田徹也, 2010:111), ⓒ石田徹也全作品集, 求龍堂

이 박혀 있다. 피투성이가 된 채 간신히 눈을 뜨고 있는 얼굴 깊숙이 박힌 핸드폰에서는 뉴스 프로그램인 듯이 보이는 방송이 무심히 전송되고 있다. 1999년작 〈분리〉에 나타나는 초현실주의적 얼굴들에는 드라이버의 십자 홈이 파여 있다(그림 3). 사물이 되어버린 얼굴들이 여러 개로 분열한 채 십자 홈을 상처처럼 껴안고 함부로 뒹굴고 있다. 〈관리〉라는 1999년의 작품에 나타나는 얼굴의 구강 부위는 재떨이로 변해 있기도 하다. 얼굴은 훼손되고 왜곡되어 있다. 얼굴이 일반적으로 의미하는 개체성과 인격성의 기능도 그의 회화에서는 분명히 드러나지 않는다. 한 화폭에 다수의 인물이 등장할 때조차, 그들은 많은 경우 한 사람의 얼굴을 갖고 있다. 인간 얼굴의 단독성은 지워져 있다. 안면부위로부터 이탈한 얼굴들이 풍경과 배경과 사물들의 표면에, 마치 공업적 생산품에 새겨진 무늬들처럼, 기계적으로 나타나기도 한다. 2003년의 작품 〈귀로〉는 얼굴이 완전히 사라져버린 기괴하고 공허한 표상을 보여준다 (그림 4). 이것은 텅 빈 얼굴, 지워진 얼굴, 구멍 뚫린 얼굴이다. 얼굴은 아무 말도, 표정도, 움직임도 없는 허공으로 변해 있다. 이 그림을 통해 이시다 테츠야가 표현하고자 한 것은 무엇이었을까? 얼

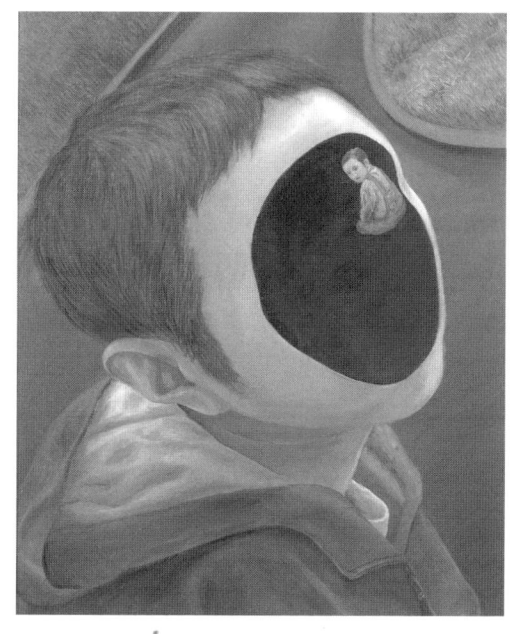

〈그림 4〉 2003년작 〈귀로〉. (石田徹也, 2010:159), ⓒ石田徹也全作品集, 求龍堂

굴에 뚫린 저 검은 구멍 안에, 마치 유령처럼 혹은 기억의 편린처럼 허공에 떠올라 있는 어린아이는 누구인가? 얼굴을 갖고 있던 시절의 좌절된 꿈이 유령처럼 떠오른 무無의 공간으로 얼굴이 소거되었을 때, 이 얼굴의 소유자는 세계와 어떤 관계를 맺는 것인가? 이것은 "희망없는 자no-hoper"(Hage, 2001)의 얼굴일까? 희망이 없다는 것은 무엇을 의미하는 것인가? '희망 없음'이란 언제, 어떻게 나타나는 것인가?

우리가 흔히 생각하는 것과 달리, 희망은 미래에 대한 낙관적 마음의 지향이 아니다. 희망은 언제나 난관 속의 희망, 희망을 가질 수 없는 상황에서도 솟구치는 불가사의한 마음의 발동이다. "아우슈비츠 죄수들, 기아와 내전에 파괴된 아프리카 사람들, 수천 에이커의 숲 때문에 멸종에 이른 아마존 노인들의, 거의 마술에 가까운, 희망 없음의 희망hope-inhopelessness"이라는 것이 존재한다(Crapanzano, 2003: 15). 희망과 절망은 그리하여 기계적으로 대립되지 않는다. 절망의 끝에서 희망이 솟아나기도 하고, 객관적 가능성이 차단된 상황에서도 불가사의하게 희망이 피어오르기도 한다. 이런 점에서 보면, 일본 로스제네의 자화상이라는 별명으로 불리는 이시다 테츠야의 저 '공동空洞화된 얼굴'은 희망 없음 그 자체가 지워져가는 얼굴, 그리하여 희망 없음과 희망 있음의 구분 속에 잔존하는 희망의 끈질긴 회복탄력성마저 소실되어 가는 얼굴의 징후로 보이기도 한다. 그런 점에서 저 얼굴은, 그것을 바라보는 자를 깊은 불안에 빠뜨린다.

4. 생존주의자의 얼굴

어린 시절(11살)부터 바둑기사를 꿈꾸던 소년이 있었다. 그는 한국기원 연구생으로 들어가 청소년기를 보낸다. 온통 바둑만을 생각하며 바둑에 모든 것을 건다. 그 사이 아버지는 작고하고, 어머니는 아들을 뒷바라지하며 늙어갔다. 하지만 불행히도 그는 결국, 프로기사가 되지 못한 채 씁쓸하게 기원을 떠난다. 검정고시를 쳐서 고교졸업장을 따고, 회사에서 잠시 일을 하다가 군대로 도피한다. 제대 후 후견인의 도움으로 한 대기업(원인터네셔널) 영업팀의 인턴(2년 계약직)으로 입사한다. 그의 이름은 장그래. 장그래가 비정규적 사원으로 일하면서 결국 재계약에 실패하고 퇴사하기까지의 고군분투를 통해서, 신자유주의 한국사회의 모습을 사실적으로 풀어낸 성공작이 바로 『미생』이다.[6] 웹툰 『미생』은 2012년과

---

[6] '작가의 말'에서 윤태호는 작품의 탄생 배경을 이야기하면서 IMF 외환위기 이후의 한국사회를 이렇게 묘사하고 있다. "IMF는 이 땅의 많은 것을 바꿔 놓았습니다. 국가가 망할 수 있다는

2013년에 연재된 윤태호의 작품으로서, 2014년 10월에는 tvN에서 드라마로 방영되어 큰 인기를 누렸으며, 2012년에는 위즈덤하우스에서 9권의 종이만화 형태로 출판되기도 한다.

『미생』은 두 개의 병렬적 서사라인이 중첩된 구조로 이루어져 있다. 하나는 장그래가 겪는 회사생활의 우여곡절이다. 다른 하나는 1989년에 있었던 제1회 응씨배 결승, 중국의 녜웨이핑 9단과 조훈현 9단의 최종대결이다. 이 세기적 대국의 기보해설의 진행과 긴밀히 조응하면서 장그래의 회사생활이 전개된다. 왜 바둑인가? 바둑의 어떤 점으로 인해서 장그래의 회사생존기가 역사적 대국의 기보와 의미론적 유사성을 통해 묶일 수 있는 것인가? 기보해설을 맡은 박치문 기자는 이렇게 쓴다. "바둑은 우선 살아야 한다. 살기 위해선 끊어지지 않아야 하며 서로 이어져 의지해야 한다. 때로는 옥쇄를 선택해야만 할 때가 오기도 하지만 생존은 기본적으로 모든 '돌'의 명제다"(1권 199쪽. 강조는 필자).[7] 바둑판 위의 모든 돌들은 살거나 죽게 되어 있다. 그것이 게임의 법칙이다. 이때 삶과 죽음 사이에 존재하는 돌의 상태를 가리키는 말이 '미생未生'이다. 완전히 살아 있는 상태完生 이전의 돌들은 죽지도 살지도 않은 이 중간계에 머무른다. 절대적 안정상태가 바둑에는 존재하지 않는다. '아생연후살타

것을 알게 해줬고, 은행이 없어질 수 있다는 것을 알게 해줬고, 해고가 경영합리화라는 고상한 이름으로 불리게 된다는 것도 알게 되었고, 과거 아버지들이 정년퇴임 이후 가족을 위해 희생한 젊은 날을 회한 어린 시선으로 돌아보게 해주었던 평생직장이란 개념도 없애버렸습니다(…). 부모 세대가 그랬던 것처럼 우리 역시 많은 것을 희생하며 살아갑니다. 야근을 마다하지 않고, 쉬는 날이면 아이들 체험학습을 위해 무거운 몸을 밖으로 내쫓습니다. 보다 넓은 아파트를 궁리하고 더 나아 보이는 동네를 꿈꿉니다. TV에서는 꿈대로 살라고 외치는 미담자들이 득세합니다. 꿈대로 못 사는 이들은 위로받지 못하고 배려받지 못합니다. 그저 시민, 서민, 대중으로 통쳐서 평가받습니다."(1권 5쪽).

[7] 『미생』을 인용할 때는 권수와 페이지 수를 위와 같이 명기하도록 한다. 또한 이미지들은 모두 위즈덤하우스에서 출판한 『미생』 원작에서 스캔한 이미지들을 사용한다.

我生然後殺他', 즉 내가 살고 나서 상대방을 죽이러 간다는 유명한 바둑 격언에 등장하는 '아생'의 절박성이 지배하는 상태가 바로 미생이다. 돌의 진행이 어떤 방향으로 이루어지느냐에 따라서, 계산의 착오와 성공에 따라서, 상대방의 응수에 따라서, 혹은 어쩔 수 없는 실력에 따라서, 이 돌들은 죽거나 산다. 죽음과 삶의 이 절대적 분리, 생존이라는 과제의 돌올성突兀性, 그리고 끝없는 사활적 상황의 연쇄라는 특성으로 인해서, 장그래의 회사생활에 내포된 모든 상황들의 인간학적 본질이 바둑과의 자연스런 유비를 획득할 수 있게 되었던 것이다.

이런 관점에서 보면, 사실 이 작품의 주인공이 반드시 장그래이어야 할 선험적 이유는 없다. 장그래는 바둑판에 놓인 수많은 미생 상태의 돌들 중의 하나일 뿐이기 때문이다. 계약직이기 때문에 해고의 위험이나 재계약의 불확실성이 존재하지만, 사실 계약직이 아닌 정규직의 지위에 있는 사람들이라 할지라도 안전이 보장되어 있는 것은 아니다. 글로벌 경제시스템에서 무한 경쟁하는 상사맨들에게 미래는 처절한 불확실성의 카오스이다. 거기 서바이벌을 보장받은 존재는 아무도 없다. 가장 성공한 존재인 임원들 역시 다시 계약직의 상태로 후퇴하게 되며, 새로운 상황 속에서 자신의 가치를 입증해야 하는 과제 앞에서 불안하긴 매한가지이다. 무능력은 지속적으로 문제시되고, 시장 상황은 전쟁과도 같은 긴장을 야기하며, 책임을 져야 하는 위

〈그림 5〉 1권 65쪽 ⓒ윤태호, 미생

누가 우리를 낭만적이라 하는가.
우리는 생존 자체를 원하는 사람들이다!

〈그림 6〉 8권 뒷표지 ⓒ윤태호, 미생

치에 오른 자들은 자신의 가족이나 건강을 돌보지 못하면서 생존투쟁을 벌이고 있다. 언제나 붉게 충혈 된 눈동자를 가지고 일하는 오과장(그림 5)은 이런 점에서 생존을 위한 투쟁의 선봉에 서 있는 상사맨의 화신이라 할 수 있다. 모험적이고 저돌적이지만, 따뜻한 감성으로 부하직원들을 챙기기도 하는 그의 삶은 회사의 업무에 전적으로 조율되어 있고 몰입되어 있다. 그는 가령 "메소드 배우같이 일과 자신을 동일시하는" 사람이다(4권 63쪽). 이를 통해서 그의 행위들이 지향하는 방향이 바로 '생존'이다. 그가 이끄는 영업3팀의 업무 장면을 묘사한 한 장의 그림은 이를 잘 보여준다(그림 6). 오과장은 말한다. "누가 우리를 낭만적이라 하는가. 우리는 생존 자체를 원하는 사람들이다!"

그러나 이 만화의 진정한 주인공이 역시 장그래일 수밖에 없는 이유는, 그가 어린 시절부터 바둑을 두어왔다는 단순한 사실 그 자체에 있다. 그는 11살부터 이미 바둑판 위에서의 이런 생존투쟁을 자신의 존재론적 본질로 훈련해 온 사람이다. 그에게 실제적 삶의 매 순간은 바둑에서 익혀 왔던, 체험해 왔던 상황으로 번역되어 이해된다. 장그래는 삶을 바둑판들의 연쇄로 본다. "누구나 각자의 바둑을 두고 있다"(1권 278쪽)는 말은 이를 절묘하게 표명하는 언사이다. 즉, 그가 만나는 사람들은 "각자의 바둑"을 두는 플레이어들이다. 그들은 자신만의 기풍을 가진다. 그들이 구사하는 전략과 의도는, 그들 바둑의 수준에 따라, 때로는 은폐되고, 때로는 투명하게 읽힌다. 매 차례의 승부가 끝나면 그것을 복기하여 실수를 파악하고, 승부처를 확인하고, 다시 전략을 세우고, 냉철하게 고민하고, 생각에 생각을 거듭하면서, 상대를 이기기 위해, 자기를 이기기 위해, 때로는 누구를 이기기 위한 것인지 알지 못한 채, 생존하기 위해, 미생을 벗어나기 위해 살아가는 것이다. 그런 인간의 상징이 바로 장그래이다. 그는 스스로 이렇게 독백한다. "바둑은 기본적으로 싸움이고 전쟁이다. 다가오면 물러서기도 하고 상생을 도모하기도 하지만 승자와 패자가 분명한 세계다. 그 세계에서 10년 넘게 살았었다. **패잔병이지만 승부사로 길어진 사람**이다"(1권 213~4쪽. 강조는 필자).

장그래는 이런 점에서 오과장보다 더 근본적인 '생존주의자'의 풍모를 띠고 있다. 그는 생존경쟁으로 어린 시절부터 단련되어 온, 그러나 그 가혹한 압력에 눌려 상처받고, 단련되고, 부서지면서 형성된 인간이다. 바둑에서 배운 여러 테크닉과 안목을 현실에 적용하는 시련을 겪어가면서 적응해가고 있다는 점에서 바둑은 그에게 생존주의적 주체성을 형성하게 하는 대표적인 장치의 기능을 수행해왔다고 말할 수 있다. 윤태호는 이렇게 말한다. "바둑은 특별합니다. 세상 어느 일이 나를 이긴 사람과 마주 앉아 왜 그가 이기고 내가 졌는지를 나눈답니까? 그것도 빠르면 6, 7세의 어린이부터 말입니다. 그들에게 패배란 어떤 의미일까요? 그들의 패배감을 어떻게 관리할까요? 그 아이는 마음이 얼마나 단단해졌을까요? 그 아이가 세상에 나와서 한 수 한 수 걸음을 옮기는 이야기가 바로 『미생』입니다"(1권 5~6쪽).

단단해진 마음은 단단해진 얼굴로 나타난다. 그의 얼굴 표상을 지배하는 외면적 무심無心은 이런 형성과정의 결과물이다(그림 7). 가릴 수 없

〈그림 7〉 1권 88쪽 ⓒ윤태호, 미생

는 내향성과 고독을 삼키고 있는 저 준수한 청년의 얼굴은 수많은 승부에서 패배를 경험하면서, 결국 자신의 꿈이었던 프로기사가 되는데 실패하여 어린 나이에 삶의 절벽으로 내몰린 자의 얼굴인 것이다. 극도로 내성적이면서 동시에 바둑으로 단련된 공격성과 승부사의 뜨거움을 숨기고 있으며, 감정을 억누르고 스스로를 살펴가면서 상대방에게 내면의 불길을 들키지 않기 위한 두꺼운 가면을 장착한 그런 안면, 일종의 포커페이스이다.[8] 자신을 소개하는 상황임에도 불구하고 그의 얼굴은 그늘져 있어, 환하게 자신을 드러내지 않고 무언가를 은폐하려 한다는 인상을 주고 있다. 작은 입에 비해 높게 솟은 코는 내적 자존심과 야심을 암시하고, 날카롭게 뻗어나간 머리칼은, 그 자신이 청년이라는 것을, 청춘의 한 복판을 지나는 젊은이라는 사실을 강변한다. 또한 그는 언제나 졸린 듯이 반쯤 감긴 눈을 하고 있는데, 이는 바둑판을 응시하면서 형성된 습관, 즉 언제나 상황을 계산하고 관찰하여 그 이후에 움직이는 바둑의

---

[8] 가령 인턴시험에 최종합격하고 나서 모친에게 전화를 거는 장그래의 얼굴에는 아무런 표정이 없다(그림 8).

〈그림 8〉 2권 271쪽 ⓒ윤태호, 미생

하비투스가 체화된 것으로 보이기도 한다. 이런 점에서 장그래의 얼굴은, 더 이상 패배로 인한 상처를 받지 않기 위해서 얼굴에 뒤집어 쓴 슬픈 가면이며, 살아남기 위해서 결코 값싼 도취에 함몰되지 않으려는 각성된 긴장이 구조화된 얼굴이라 말할 수 있다. 좀 더 과감하게 이 인상을 밀어붙여 말해 보자면, 그것은 생존주의적 삶에 내몰려 유년시기로부터 청년시기에 이르기까지 쉴 틈 없는 경쟁의 쳇바퀴 속에서 애써왔지만, 정작 밝은 미래를 발견하지 못한 채 좌절해가면서 싸워나가는 한국의 청년 세대의 한 전형적 자화상이기도 하다. 이런 점에서 장그래의 얼굴은 20대 청년 남성의 얼굴이 우리 시대에 취하게 된 결정적 인상을 나름의 방식으로 표상하고 있다.

이 얼굴의 계보에는, 1980년대 한국만화의 대표적 청년 히어로인 고행석의 '구영탄'과 이현세의 '까치 오혜성'과 같은 전사적^{前史的} 얼굴들이 있다. 장그래의 얼굴은 이들을 이어가는 한국 남성 젊은이의 대표적 미남상이지만 이들과 확연한 차이점을 보인다. 우선 거기에는, 구영탄에게 특징적인 터무니없는 게으름과 고집, 세상의 흐름과는 무관하게 자기 식대로 상황을 이끌어가되, 그것이 타인들에게 해를 끼치는 것이 아니라 도리어 희생적 헌신으로 귀결되게 하는 기이한 마력 같은 것이 존재하지 않는다. 장그래가 보여주는 눈빛의 어떤 부분은 구영탄의 반쯤 감긴, 나른한 눈빛을 은근히 연상시킨다. 양자 모두 형형하게 빛나면서, 외부를 향해 내적 에너지를 분사하는 그런 눈빛이 아니라, 내면의 진실을 겹겹이 가리고 은폐하는 눈빛이다. 이들 모두에게 눈은 마음의 창문이라기보다는 커튼에 더 가깝다. 그러나 구영탄의 눈이 은근한 나르시시즘의 기색을 띠면서 세속에 대한 초월적 태도를 표상하는 것과 달리, 장그래의 담담한 눈빛은 세계로부터의 심리적 도피나 방어기제의 산물이다. 바보스럽지만 결국 세상을 이기는 승리자가 구영탄이라면, 장그래는 수많은 계산과 성찰을 함에도 불구하고 결정적으로 사회의 힘 앞에서 무력한 자이다. 또한, 까치 오혜성과 장그래를 비교하면, 장그래는 까치가 내뿜는 광기어린 카리스마, 분노, 비정상적 사랑의 파토스를 전혀 갖고 있지 않다는 점을 지적할 수 있다. 까치의 얼굴은 전형적인 80년대 청년의 얼굴이다. 그것은 결핍과 욕망과 격정을 꾹꾹 눌러 담고, 폭발하기 일보 직전까지 농축되어 버린 반항적 반사회성의 인간학적 표상이다. 그 얼굴에 응축된 우수와 고집이 뒤틀린 내면의 에너지를 받아 분출하면, 때로는 피학적이고 때로는 가학적인 활극이 펼쳐지게 된다. 까치는 어둡지만, 그 어둠의 힘으로 그로테스크한 영웅성을 획득한다. 이에 비하면 장그래의 얼굴이 내보이는 감정들은 가짓수가 매우 적고, 그 진폭 또한 보잘 것 없다. 그는 크게 웃거나, 오열하거나, 광폭한 정념에 사로잡히지 않는다. 오과장이 평가하듯이, 그는 절대 "취해 있지 않다"(5권 245쪽). 까치의 아들 세대에 해당하는 장그래는 순화되어 야성을 상실한 까치이다. 장그래에게는 영웅성이 없다. 있다 하더라도 흔적으로 남아 있거나, 결코 과도하지 않다. 그는 자신의 영웅성을 두려워한다. 장그래는 순수한 생활세계로 하강하여, 자신의 존재를 바둑으로 상징되는 게임 공간으로 환원시킨 자의, 불온하지 않은 표정과 안면을 하고 있는 것이다. 그는 구영탄과 같은 공존주의자도 아니며, 오혜성과 같은 파멸적 욕망의 덩어리도 아니다. 그는 자신의 아버지 세대보다 훨씬 더 합리적이고, 합리화된 생존주의자의 면모를 하고 있다.

 최근에 제출된 한 논문에서 나는 21세기 한국의 청년 세대를 '생존주의 세대'이라 부르기를 제안하면서, 그들이 해결해야 하는 공통의 적응 과제가 '서바이벌'이라는 사실과 그 의미론의 특징들을 분석한 바 있다. 포기한 것이 많다는 의미에서 'n포 세대'로 불리기도 하는 이 새로운 청년들에게 '서바이벌'이란 위기의 상황에서 생명을 구하는 식의 축어적 함의를 갖지 않는다. 대신 그것은, "개인의 인생에서 가장 중요한 문제로서 인지되고 체험되는 경쟁상황에서, 다양한 퍼포먼스를 통해 자신의 수월성을 증명함으로써, 패배와 그 결과 주어지는 사회적 배제로부터 스스로를 구제하는 것을 최우선의 과제로 믿는" 마음의 조직을 가리킨다(김홍중, 2015b: 186). 이런 맥락에서 보면, 서바이벌은 하나의 메타포이며, 전위된 의미론적 함의를 획득하게 된다. 즉, 그것은 경쟁 상황에서 도태되지 않고, 계속 경쟁할 수 있는 상태에 잔존하는 것을 가리킨다. 서바이벌은 '살아'남는 것이라기보다는 살아'남는' 것에 더 가깝다. 그것은 대단한 성공이나 성취를 통해서 생존투쟁의 회로로부터 벗어나는 것을 의미하는 것이 아니라, 그 회로 속에 지속적으로 투쟁할 수 있는 상태로 잔존하는 것이다. 왜냐하면 생존투쟁 회로의 외부는 쉽사리 상상할 수 없는 무엇이기 때문이다(김홍중, 2015a: 192-8).

실제로 『미생』이 표상하는 생존의 생태계 역시 그 외부가 명확하게 존재하는 닫힌 세계가 아니라 한없이 확장되는 동심원적 중첩 구조를 하고 있다. 그 핵심에는 바둑판의 세계가 있다. 바둑의 세계와 유사한 규칙들이 적용되는 회사의 세계가 두 번째 단계를 두르고 있다. 장그래는 이 두 상이한 동시에 유사한 생존계의 교차지대에 위치하고 있다. 그의 해석 속에서 바둑과 기업의 관계와 논리들은 번역가능한 공통의 구조를 가진 현상들로 전환되어 나타난다. 문제는 회사의 테두리 안에 형성된 생존계가 가장 외곽의 생존지대가 아니라는 사실이다. 그 외부에는 회사의 규칙들이 의미 있게 적용될지 혹은 그렇지 않은 지 확실하지 않은, 또 다른 세계가 존재한다. 그것이 바로 회사 밖의 세계이다. 한때 상사맨으로 일하던 선배가 오과장을 찾아와서 건넨 다음과 같은 말은 그런 의미에서 간담을 서늘하게 하는 의미심장한 메시지를 담고 있다. "회사가 전쟁터라고? 밀어낼 때까지 그만두지 마라. 밖은 지옥이다"(5권 228쪽). 회사 밖이라는 지옥은 회사에서 밀려난 자들이 도달하게 될 더 무자비한 정글이다. 장그래는 이 사실을 자신의 방식으로 알고 있다. "내가 한 수, 상대가 한 수. 한 판, 두 판, 세 판, 네 판, 수많은 판을 거쳐 내가 가야할, 도달해야 할 곳은 어디일까? 이 돌이 손가락이라면, 손가락에 속지 않고 봐야 하는 곳은 어디일까? 계약직이든, 정사원이든, 대리든, 사장이든 (…) 우리가 꿈꾸는, 도착하고 싶은 삶은 어떤 것일까?"6권 211-2쪽. 도착점이 없는 무한한 도정을 거슬러가는 존재로서 장그래의 상징성은 세대적 한계를 훌쩍 뛰어 넘는다. 그러나 이런 질문을 던지고 있는 저 어둡고, 건조하고, 체념적인 얼굴의 물질성, 청춘성靑春性, 그리고 보편성은 다시 위의 질문들을 우리 시대 청년들의 현실로 회귀시킨다. 장그래라는 이름에 새겨진 긍정성(그래=yes) 만큼이나 그의 얼굴에 각인된 상처의 두께는 한국 사회에서 청년 세대가 겪고 있는 체험들을 한 순간에 역설하는 감각적 힘을 갖고 있기 때문이다.

5. 마치며

한국, 중국, 일본 사회는 모두 각자의 방식으로 21세기에 등장한 새로운 청년들을 호명하고, 이들에게 이미지와 인상을 부여하고, 이들을 분석하고 있다. 한국의 88만원 세대, 중국의 빠링허우^{80後} 세대, 그리고 일본의 로스제네가 바로 이들에게 부여된 대표적인 이름들이다. 이들 청년세대는 선배세대들과 매우 다른 삶의 환경과 문제공간을 부여받은 채 '살아남기 위해' 고투하고 있다. 이들의 공통 문제공간을 규정하는 용어는 '생존'이다. 개혁개방 이후의 중국사회, 97년 체제의 한국사회, 그리고 장기불황의 일본사회는 모두 청년들에게 직업적·사회적 안정성을 부여하지 못하고, 이들이 개인화된 분투과정을 통해 극심한 경쟁상황을 극복하기를 요구한다(김홍중, 2015a: 181). 그러나 유사한 문제구조가 반드시 유사한 반응행위를 야기하는 것은 아니다. 삼국의 청년은 복합적이고 다양한 행위자원들을 통해서 '생존'이라는 문제에 대응하면서, 상이한 문화적 패턴들을 창출해 나가고 있다. 이 글에서 다룬 세 가지 얼굴의 형태들은 일종의 모나드로서 자신의 고유성 속에서 존재하면서 각 청년세대의 '마음'을 특정한 방식으로 조명하는 심리풍경을 이루고 있다. 향후 나는 얼굴표상에 대한 사회학적 분석을 하나의 새로운 영역으로 설정하여, 다양한 문화적 산물들과 현실의 얼굴들을 수집하고 해석하고, 그로부터 의미 있는 이야기를 이끌어내려는 시도를 수행해보고자 한다.

참고문헌

구마시로 도루(熊代亨). 2014. 『로스트 제너레이션 심리학』. 지비원 옮김. 클.
김홍중. 2015a. "서바이벌, 생존주의, 그리고 청년세대". 『한국사회학』. 49(1).
김홍중. 2015b. "꿈에 대한 사회학적 성찰". 『경제와사회』 108.
다치바나키 도시아키(橘木俊詔). 2013. 『격차사회』. 남기훈 옮김. 세움과비움.
리우웨이(厲無畏). 2010. 『창의로 중국경제를 바꾼다』. 허유영, 정승철, 김재훈 옮김. 논형.
야마다 마사히로(山田昌弘). 2010. 『희망격차사회』. 최기성 옮김. 아침.
오몽, 자크(Aumont, Jacques). 2006. 『영화속의 얼굴』. 김호영 옮김. 마음산책.
요시미 순야(吉見俊哉). 2013. 『포스트 전후사회』. 최종길 옮김. 어문학사.
윤태호. 2012. 『미생』(1-9). 위즈덤하우스.
지마, 페터(Zima, Peter). 1996. 『이데올로기와 이론』. 허창운·김태환 옮김. 문학과지성.
한창윤. 2012. "중국 북경 송좡 예술촌의 문화창의산업지구화에 대한 연구". 조선대학교 대학원 순수미술학과 석사학위 논문.
山岸俊男. 1999. 『安心社會から信賴社會へ』. 中央公論社.
石田徹也. 2010. 『石田徹也全作品集』. 求龍堂.
黄洪基, 邓蕾, 陈宁, 陆烨. 2009. "80 后: 对一代人的透视与研究——关于"80 后"的研究文献综述". 『中国青年研究』 7.
Best, Kris. 2014. "Diasosi. China's "Loser" Phenomenon". *On politics* 7(1).
Brinton, Mary. 2011. *Lost in Transition*. Cambridge University Press.
Chan, Jenny and Pun, Ngai. 2010. "Suicide as Protest for the New Generation of Chinese Migrant Workers". *The Asia-Pacific Journal* 37.
Crapanzano, Vincent. 2003. "Reflections on Hope as a Category of Social and Psychological Analysis". *Cultural Anthropology* 18(1).
Hage, Ghassan. 2001. "The Shrinking Society. Ethics and Hope in the Era of

Global Capitalism". *Evatt Journal* 1. http://evatt.org.au/papers/shrinking-society.html.

Lu, Huilin. 2015. "World Factory and Plight of New Generation of Peasant Workers in China". presented at 2015 The 4th SNU-PKU Joint Symposium on sociology.

Yang, Lijun & Zheng, Yonghan. 2012. "Fen Qings(Angry Youth) in Contemporary China" *Journal of Contemporary China* 21(76).

Lin, Thung-Hong, Tseung, Wei-Ling, Lin Yi-Ling. 2014. "Suicides et révolte dans une usine mondialisée". *Travailler* 31.

Ong, Aihwa and Zhang, Li. 2008. "Introduction. Privatizing China". *Privatizing China*. edited by A. Ong and L. Zhang. Ithaca & London. Cornell University Press.

Wang, Helen H. 2010. *The Chinese Dream*. Bestseller Press.

Yokoyama, Katsuhiko. 2010. "Notes on Tetsuya Ishida".『石田徹也全作品集』. 求龍堂.

제7장

아시아를 흐르는 문화의 강물

아시아를 보는 아시아의 시선은 오리엔탈리즘을 벗어났을까

강명구

1. 들어가는 말

팔레스타인 출신 에드워드 사이드는 《오리엔탈리즘》이란 책을 통해 서구의 문학과 예술이 오리엔트를 어떻게 편견과 왜곡해 왔는지를 밝혔다. 오리엔트에 대한 뒤틀린 모습에 대한 사이드의 비판은 지금도 통렬하다. 그런데 사이드의 저술이 나온 지 30여 년이 지난 지금, 우리 아시아인들은 서구가 만들어낸 편견과 왜곡을 벗어나서 스스로 아시아를 바라보는 시선을 만들어 내기는 한 것일까.

이렇게 물어보자. 우리 한국인들에게 인도, 중동, 동남아시아라고 하면 떠오르는 이미지는 무엇일까. 사람마다 다르겠지만, 상당 부분 공통점이 있을 것이다. 힌두교, 회교, 불교의 이미지, 타지마할과 뭄바이의 빈곤한 거리장면, 이라크, 아프가니스탄전쟁 그리고 히잡과 이슬람 지하

드 등등. 동남아는 발리, 방콕 등등 관광의 장소 정도. 아니면 새로운 수출시장으로 인도 혹은 인도네시아, 미얀마 등등. "우리나라 60년대 같아요," "여전히 6·25 직후 서울 모습 같아요" 몽골과 동남아를 여행하는 사람들이 무심코 하는 말들. 티벳과 인도에 대한 여행하는 사진이 보여주는 이미지들. 라마교의 어린 승려, 사막과 초원을 이동하는 중앙아시아의 유목민, 사랑과 낭만이 넘치는 신혼여행지로서 발리, 푸켓 등 동남아 해변의 휴양지들.

'과거로 간 미래'라든지 '자연의 섭리에 따라 사는 삶'의 모습을 바라보는 시선은 서구가 만든 오리엔트와 여전히 우리 내부와 아시아 사람들 모두에게 지속되고 있다. 동남아시아, 서아시아, 우리가 속한 동아시아 안의 중국, 일본, 몽골, 중앙아시아 등에 대한 고정관념(스테레오 타입)은 틀린 것은 아니다. 다만 대단히 부분적이고, 단편적 경험에 근거해 있기에 불완전하다. 또한 다른 인종과 종교, 사람살이에 대한 단편적이고 획일적인 인식을 드러낸다. 이건 단순히 이미지, 편견, 인식의 수준에 머물지 않는다. 정치와 경제 갈등의 주요한 원인으로 작용하게 된다.

가장 좋은 사례가 중국에 대한 우리의 고정관념이다. 중국은 이미 몇 년 전부터 미국 일본을 합친 교역량을 훨씬 웃도는 경제교역국이다. 그러나 한국 언론의 중국 보도를 보노라면, 아전인수와 지극히 파편적인 사실과 사건들로 넘쳐난다. 중국에는 달걀에도 짝퉁이 있다는 조롱, 납 성분이 묻어 나오는 수산물, 어린아이를 위협하는 분유파동 등등. 원산지 중국산 표시가 되면 대부분 농산물 가격이 반으로 뚝 떨어진다. 정말 중국의 농산물, 수산물은 모두 그렇게 형편없고, 위험하고 오염된 것일까. 중국내부에서도 식품안전이 문제인 것은 틀림없지만, 왜 한국의 9시 뉴스는 중국의 대도시 중소도시 어디에 가도 널려있는 값도 싸고 싱싱한 채소와 과일들은 왜 수입하지 않느냐고 묻지 않는 것일까.

중국사회과학원은 중앙정부 국무원 산하에 있는 직할 싱크탱크로 유명하다. 베이징대, 칭화대 못지않은 규모와 예산을 사용하는 사회과학원에서는 매년 청서(藍皮書라고 한다) 시리즈를 3백여 권씩 발행한다. 연감과 이슈보고서 중간쯤의 형태와 내용으로 구성되어 있다. 제목을 보면 『중국범죄문제 2012』, 『중국여론동향 2012』, 『북경주택문제 2012』와 같은 정치사회, 경제문화 등 사회전반의 문제를 다룬다. 이런 시리즈를 매년 3백여 종씩 발간하고, 중요한 책들은 100여 차례에 걸쳐 공개토론회를 연다. 중국중앙정부의 공식문건이라 해도 손색이 없는 책들이고, 이걸 보면 누가 어떤 문제의 전문가이고, 중국정부가 어떤 정책과 시야를 가지고 있는지를 잘 알 수 있다. 그런데 국내에 이런 동향을 알려주고, 공유하는 언론도 학술활동도 내가 아는 한 아직 없다.

'아시아의 세기'라는 말은 1988년 덩샤오핑과 라지브 간디 수상이 만났을 때 사용했다고 하는 게 정설로 되어있다. 2011년 아시아개발은행은 2050년에 아시아의 일인당 국민소득이 명목이 아니라 구매력 지수로 환산했을 때 유럽수준에 도달할 것이고, 3백 년 전 아시아가 가졌던 경제력을 회복할 것이라 예측했다. 만일 이 예측이 맞다면 아시아의 세기라는 말이 나오고 62년 걸리는 셈이다. 그런데 아시아인들은 여전히 서구가 만들어준 시선으로 자신을 바라보고 있는 건 아닐까. 자신에 대해 스스로를 인식하고 성찰하지 않는 사람이 아시아의 세기를 운위할 수는 있는 것일까.

이 글의 목적은 아시아의 시대를 새롭게 인식하고 그러한 인식 위에서 중한 문화교류의 새로운 전망을 성찰하는 데 있다. 논문은 크게 두 부분으로 구성된다. 전반부에서는 '아시아 내부에서 transnational하면서 trans-local한 문화를 어떻게 구성할 것인가'라는 질문과 그와 관련된 이론적 논의를 전개한다. 후반부에서는 아시아에 새롭게 흐르는 대중문화 현황을 영화, 텔레비전 드라마, 대중음악 부분에 초점을 맞춰 개관한다. 마지막 절에서 실증적 분석이 시사하는 바가 아시아에 새롭게 생겨나는 trans-localism으로서 새로운 문화의 강물이라 할 수 있는지를 검토할 것이다.

2. 초국경 문화구성: 흐름과 이동

이번 절에서는 국민국가를 단위로 사회공동체를 파악하고 문화의 구성을 이해하는 시각의 한계를 비판하면서, 흐름과 이동에 기초한 문화공동체를 위한 이론적 기초를 논의하고자 한다. 이를 위해 세 가지 인식론적 문제를 논의한다. 첫째 사회구성과정에서 문화에 대한 인식전환. 둘째, 탈식민, 탈패권의 동아시아를 그리는 상상지리$^{imaginary\ geography}$에서 국민국가를 넘어서는 문제. 셋째 지역화^{localization}와 지구화^{globalization}의 축 안에서 트랜스로컬리즘$^{trans-localism}$의 가능성 문제를 검토하고자 한다.

1) 문화는 왜 정치, 경제 뒤에 오는가

이 제목 자체에 필자의 답이 이미 담겨 있다. 그러나 다시 문제를 제기한다. 왜 문화는 늘 정치, 경제, 사회, 문화. 이렇게 맨 나중에 배열되는가. 너무도 상식적인 답이면서 동시에 많은 사람들이 공유하고 있는 생각은 다음과 같다 : 정치가 권력의 문제를 다루고, 경제가 생산과 소비, 먹고 사는 문제를 다루고, 사회가 계급과 계층, 노동, 범죄, 세대의 문제를 다루니까 당연히 앞 선 정치, 경제가 중요한 것 아닌가. 하지만 지구화와 후기근대의 사회구성에서 나타나는 변화를 여전히 정치, 경제, 사회, 문화 따로따로 나누고, 위계적으로 배열하는 근대적 시각은 더 이상 유용하지 않다.

한편, 사회과학적 지식 역시 정치학, 경제학, 사회학 등의 순으로 배열되어 있고 학과구성과 제도도 이런 칸막이를 따라 운영된다. 이러한 위계적 배열과 시각의 문제는 몇 가지로 정리될 수 있다.

첫째, 시공간의 압축으로 규정되는 후기근대적 사회변화, 지구적 수준에서 지역과 인간, 조직과 제도의 중첩적 연결망이 만들어지는 지구화의 양상은 분과학문 단위로 이해하고 설명하기 어렵다는 건 긴 논의를 필요로 하지 않을 것이다. 인간 삶의 근본적 토대로서 시간과 공간의 재배열은 '흐름의 공간'space of flows과 '시간 없는 시간'timeless time (Castells, 1999)이 일상화되었고, 우리의 정체성과 사고는 즉각적이고, 불연속적이고, 국경이나 조직과 같은 특정 범주 안에 더 이상 묶어두기 어렵게 되었다. 따라서 어떻게 이런 칸막이와 위계적 배열을 넘는 인식과 지식생산체계를 만들 것인가가 중요한 과제가 된다. 이를 위해 우선은 앞에서 말한 그런 식의 나누기라도 지양할 필요가 있다.

둘째, 사회구성을 위계적으로 파악하는 시각은 문화에 대한 도구적 사고에 기초하고 있다. 문화의 시대를 예견하는 담론이 유행하기 시작한 지 20여 년 되었는데, 도구주의적 시간이 여전하다. 문화 자체가 산업이 되었고, 문화의 수출을 통해 한국의 이미지를 드높이고, 문화가 상품수출의 기반이 되는 (이를 한류가 만드는 가치사슬이라고도 한다) 토양이 되었다. 대부분의 한류에 대한 담론은 한류마케팅적 관점을 숨김없이 드러내고 있다.

이렇게 문화가 생산성에 어떻게 기여하는가라는 질문을 통해 문화를 도구적, 기능적으로 파악하면, 앞에서 논의한 사회구성 과정에서 문화적 실천의 위치를 제대로 이해하지 못하게 된다. 문화는 예술품이나 생활용품과 같은 생산물일 뿐만 아니라, 인간의 실천이기도 하고, 세계관이기도 하다. 나는 누구인가, 어떻게 살 것인가, 자연과 이웃과 나라와 어떤 관계를 맺을 것인가에 대한 선택의 결과들이 모두 문화인 것이다. 그런 의미에서 문화는 일상적^{ordinary}이다. . 이렇게 일상적이기 때문에 정치와 경제 등 제도와 기구처럼 가시적이지 않다. 이런 까닭에 문화가 늘 사회구성과정의 위계에서 가장 나중에 오게 되었을 것이다.[1]

이렇게 문화에 대한 이론적 시야를 바꿔 놓고 보면 아시아에 대한 인식, 한반도를 넘어서 동북아 대륙에 대한 다른 '상상의 지리'$^{imaginary\ geography}$를 만들어 낼 수 있다. 식민지 시대 빈곤과 탄압을 못 이겨 남부여대 이주했던 조선인들이 건설한 만주 조선인 공동체는 조선인 자치구로 길림성 안에 자리 잡았다. 중국의 개혁개방 이후 조선족 중국인들은 다시 한번 한반도 남쪽으로 중국의 전역으로 꿈을 찾아 이산^{離散}하고 있다. 한민족뿐만 아니라 필리핀, 베트남 사람들이 동남아 동북아 지역으로 이산하는 흐름은 더 크게 나타난다. 이들의 이동은 국경을 넘어 차별과 차이를 넘어 새로운 문화의 흐름을 만들어 내고 있다. 동북아시아와 동남아시아 등에 부는 이런 흐름들은 정치와 경제가 만든다기 보다 사람들이 자신의 삶을 내던지면서 만들어내는 흐름인 것이고 그것이 문화의 힘이라고 할 수 있는 것이다.

문화에 대한 인식에서 이 지점이 중요하기 때문에 예를 들어 보자. 베트남 여성이 한국의 농촌으로 결혼이민을 올 때 그는 자신의 삶 전체를

---

1 국가, 시장, 시민사회가 사회구성의 구조적 층위를 밝히는 이론적 틀이 된다고 한다면 문화는 아래로부터 이들 구조를 떠받드는 사람들의 일상적 실천이라고 개념화할 수 있을 것이다. 레이몬드 윌리암즈 (Raymond Williams), 톰슨 (E. P. Thompson) 그리고 홀 (Stuart Hall) 등 영국의 문화연구가 주장하고자 했던 이론의 가장 기초적 가정에 이런 생각이 깔려 있었던 것이다.

던져서 결단하는 것이고, 이러한 이동이 하나 둘 흐름을 만들고, 한국사회에 소위 다문화가정의 사회문제를 만들고 다문화주의의 연구를 생산하게 만드는 것이다. 국적법, 문화적 정체성, 다문화교육은 모두 뒤에 문제해결을 위해 만들어지는 제도이고 장치인 셈이다. 내가 어떤 삶을 살 것인가라는 결단이 베트남 어느 마을에서 시작되지만 아시아 전역, 전 세계적으로 진행되는 이민과 결혼, 가족의 변모 등의 사회문화 변동의 시작이 된다고 할 수 있다. 문학과 텔레비전 드라마와 영화는 이런 삶이 처한 현실을, 그 현실을 살아가는 사람들의 이야기를 담아내기 때문에 그렇게 수많은 사람들이 그것들을 읽고 보고 즐기는 것이다.

정리하면 문화를 정치, 경제 앞에 두어야 한다는 주장이 아니라, 이렇게 칸막이와 위계적 지식체계가 더 이상 유용하지 않음을 강조하고자 하는 것이다.[2]

2) 탈 식민, 탈 패권적 동아시아 상상하기: 국민국가를 넘어서

아시아에 대한 인식은 중국의 개혁개방 이후 새롭게 논의되기 시작했다. 아시아 내부에서 가장 많이 논의되었고, 여전히 중요한 관심은 아시아 공동체는 가능한가와 같은 질문일 것이다. 한중일만 놓고 볼 때, 아시아 공동체 담론이 시작된 이후 많은 논의가 있었음에도 불구하고, 가시적인 실체로서 그것이 실현된 모습은 별로 찾아보기 어렵다. 그러나 현실세계에서 공동체의 모습을 띠고 있지는 않지만, 공동체의 기초가 되

---

2 여기에서 간과할 수 없는 중요한 문제는 이렇게 유연성과 유동성을 강조하는 사고가 신자본주의적 지구화의 폐단을 간과할 위험이 있다는 점이다. Ritzer (1993)가 지구화 논의의 초기에 이미 제기했듯이 지구화를 통해 효율성, 수량화, 예측가능성 탈인간적 테크놀로지를 통한 통제를 열쇠로 하는 맥도날드적 생산양식이 전면화되고 있다.

는 물자와 자원, 자본과 사람의 흐름은 이미 대세를 이루고 있다. 뒤에서 자세하게 다루겠지만, 대중문화 영역에서는 이제껏 볼 수 없었던 새로운 흐름이 생겨나고 있는 것도 사실이다.

이러한 변화를 염두에 두면서 여기에서 질문은 아시아인은 스스로 아시아를 어떻게 상상하고 있는가이다. 동아시아에 대한 인식은 창작과 비평을 중심으로 활동하는 백낙청, 최원식, 백영서 등이 시작하고 이끌어 왔고, 상당한 기여를 했다(논의 추가). 일본과 중국의 동아시아 인식도 여럿 소개되어 이제 인식과 이론의 수준에서 상당한 수준의 논의가 이뤄져 왔다(다케우치 요시미, 쑨거, 등등). 서양과 비서양의 이분법을 넘어서려는 노력, 패권적이지 않고 주변부를 감싸 안을 수 있는 평화공동체의 상상 등등. 이러한 이론적 수준의 논의들이 정교하고, 중심과 주변, '기억의 아시아'와 과 '기획의 아시아'를 동시에 성찰하는 수준에 다다랐다.

그러나 필자의 불만은 두 가지. 이들 논의가 아시아 내부의 삶의 변화, 경제, 사회, 문화의 실질적 변화를 실증적으로 짚으면서 (손으로 만지면서) 이뤄지지 못한 까닭에 추상적 사고에 머물게 된다. 아무래도 실감이 떨어지고, 대중적으로 공유되기에는 거리감이 생기게 된다. 대장금 시청률이 60%, 70%가 되는 구체적 정황으로부터 시장과 산업적 문화생산과 수용의 문제, 무슬림 문화가 한국의 역사물을 받아들이는 문화수용의 조건을 따져 보지 않으면서 한류마케팅의 시각을 비판하는 것만으로는 충분치 못하고 성찰에 대한 대중적 지지도 받기 어렵게 되는 것이다.

둘째 불만은 여전히 패권적이지 않고 평화롭게 번영하는 동아시아 공동체를 상상하면서 단위는 중국, 일본, 한국이라는 국민국가 단위에서 사고와 성찰이 이뤄진다는 점. 기억의 아시아나, 기획의 아시아, 지리적 상상의 아시아, 탈 식민 탈 패권의 아시아 모두 중국, 일본, 한국이라는 국민국가를 단위를 단위로 이뤄지고 있다. 철새가 중국의 동해와 요동반도의 갯벌에 머물거나 태안반도 갯벌에서 살을 찌워 떠나는 데서 보듯 중국대륙과 한반도의 내해로서 황해를 상상하는 새로운 단위를 설정해 볼 필요가 있다. 디아스포라, 결혼이민 역시 한민족 디아스포라가 아니라 디아스포라 일반을 단위로 해서 연구하고 논의하는 식의 대안을 자꾸 만들어 볼 필요가 있다는 것이다.

3) 아시아를 흐르는 문화의 강물: trans-localism의 가능성

아시아 안에서 지구화는 미국화를 의미한다는 비판은 이미 제기되고 반성되었다. 그러나 20세기 말 동아시아에서 진행되고 있는 지구화가 지구적 수준에서 일어나는 일반적 성격과 전연 동떨어진 현상은 아니다. 20세기 후반 자본의 지구화, 교통과 정보통신을 통한 시공간을 압축이라는 의미를(Robertson, 1992) 받아들이면서, 각 지역에서 일어나는 사건과 현상이 지구적 수준에서 어떻게 연관되어 있는지(Giddens, 1991; Beck, 2001)를 생각해 볼 필요가 있다.

아시아 내부에서 무역과 교역$^{trade\ and\ transactions}$, 자본과 투자의 이동$^{capital\ and\ investment}$, 이민과 사람의 이동$^{migration\ and\ movement\ of\ people}$, 지식의 이동$^{dissemination\ of\ knowledge}$(이들 세 영역이 IMF가 규정한 세계회의 내용이다)은 급격히 증가해 왔다. 범위를 좁혀 한국, 중국, 일본 등 동북아시아로 한정해서 보면 역시 아시아 내부의 지구화는 중국의 개혁개방이 결정적인 계기였다고 할 수 있다. 동북아시아에서 지구화는 일반적인 교역, 투자, 이민, 문화와 지식정보의 이동과 네트워크의 확장이라는 현상과 중국의 개혁개방을 통해 아시아 내부의 지역화라는 현상이 중첩되어 있는 셈이다. 한국이 90년대 초반부터 OECD 가입, 외환위기를 겪으면서 교역과 자본시장을 개방하고, 다른 한편으로 한국의 기업들이 중국으로 진출하는 국제 분업의 네트워크가 지난 20년간 변모는 이런 동북아시아 내부의 지구화와 지역화의 중첩을 잘 보여준다고 할 수 있다.

서구에 대응으로서 아시아가 아니라 아시아 내부에서 스스로의 교류와 협력의 양상으로서 트랜스 로컬리즘이 어떤 맥락에서 요구되고 가능한지를 대중문화를 사례로 해서 따져본다. 대중문화 영역에서 아시아 대다수 지역은 미국과 유럽의 대중문화를 받아들이는 소비시장이었다. 일본은 미국과 유럽 대중문화의 가장 큰 소비시장이면도 동시에 자체 산업기반을 구축해온 드문 예외에 속한다(이 점도 뒤에 다시 상술한다). 가장 큰 잠재력을 가진 중국은 80년대 개혁개방 이후 시장을 열기 시작했지만, 중앙정부는 개방의 속도를 천천히 조절해왔다. 뒤에서 자세히 보게 되겠지만, 2012년까지 외국영화 수입쿼터가 20개였고, 올해부터 35개로 늘었다. 텔레비전 프로그램도, 대중음악도 모두 광전총국^{廣電總局}의 정교한 조정을 받고 있기는 하지만, 개방은 계속될 것이다.

3. 한·중·일 세 가지 산업분야의 현황

1) 한국 문화산업: 바깥으로 바깥으로

2012년 국내 콘텐츠산업은 플랫폼과 콘텐츠 경쟁력으로 내수시장에서 강세를 이어갔고 한류시장 확대로 수출시장에서도 호조를 보였다. 콘텐츠산업 매출액은 2011년 83조 원에서 2012년 87조 9,000억 원으로 2011년 대비 약 5.9%가 증가된 것으로 추정되고 있다. 그리고 수출액도 2011년 43억 달러에서 2012년 46억 3000만 달러로 2011년 대비

7.5%로 성장한 것으로 추정된다.[3]

한국 영화산업은 강력한 스크린쿼터제와 더불어 국산 영화 개봉편수가 외국 영화에 비해 적음에도 매출 면에서 약 58%를 점유하고 있다. 헐리우드 영화는 36%로 뒤를 잇고 있으며, 한국과 미국 영화를 제외한 나머지 국가에서 제작한 영화의 점유율은 총 6.5%에 불과하다(표 1-1). 기타 국가 중에서도 12개국만이 6.5%의 점유율을 차지하면서, 영화 산업에서의 다양성이 현저하게 낮은 양상을 보인다. 2012년 다양성영화 관객 수는 3,444,810명으로 2011년에 비해 47.3% 줄었는데, 2009년의 〈워낭소리〉와 같이 사회적으로 화제가 된 작품 한 편이 전체 다양성영화 관객 수에 절대적인 영향을 미치는 경우가 많다. 외국영화의 경우 우디 알렌의 〈미드나잇 인 파리〉, 일본 애니메이션 〈늑대아이〉, 흑백영화 〈아티스트〉 등이 흥행에 성공하면서 몇몇 예술영화관을 중심으로 외국 예술영화 관객 소비층이 두텁게 형성되었음을 보여주었으나, 대부분의 경우 예술영화 및 독립영화 마니아로 그 향유계층이 한정되어 있다.[4]

대중음악 제작 분야에서 한국은 다양한 시도를 통해 적극적인 한류 수출을 꾀하고 있다. 대표 엔터테인먼트 회사인 SM 엔터테인먼트의 경우 2012년 총 매출 1,686억 원 중 일본이 788억 원으로 47%, 기타 국외 수입이 248억 원으로 15%를 차지하면서 해외 진출 효과를 톡톡히 보고 있다(표 1-2). 이는 아이돌 그룹 결성 단계에서부터 중국을 중심으로 한 외국 멤버를 영입하고 트레이닝 과정에 외국어 교육을 필수로 포함시키고, 해외 유명 작곡가 등을 초빙해 프로듀싱을 맡기는 등 해외진출을 염두에 둔 기획이 낳은 결과물이다. 특히 일본의 경우 SM의 최대

---

3 한국콘텐츠진흥원, 〈2012 콘텐츠 산업백서〉 p47.

4 한국콘텐츠진흥원, 〈2012 콘텐츠 산업백서〉 p.321.

매출 지역임과 동시에 2011-2012년 134%라는 높은 성장률을 보이고 있으며, 이를 통해 향후 SM, YG, JYP를 필두로 한 대형기획사들이 해외 진출 전략에 집중할 것으로 예상된다.

대중음악 소비의 측면에서 볼 때 한국시장에서 외국 음악의 매출은 적으나 상대적으로 그 다양성은 높다고 할 수 있다. 주요 음원 사이트의 2012년 차트를 보면, 국산 음악의 영향력이 압도적으로 강해 TOP 100 중 외국 음악은 단 3곡에 불과하며, 이마저도 Maroon 5와 같은 미국 pop 가수들이 차지하고 있다. 그러나 외국 음악을 별도로 집계한 차트를 보면 빌보드차트에 절대적으로 의존했던 90년대와 달리 광고음악, 클럽음악 등의 영향으로 인해 다양한 국가의 음악을 한국 대중들이 소비하고 있는 것으로 나타난다. 2013년 11월 현재 국내 최대 음원 유통업체 멜론(http://www.melon.com/)의 외국 음악 TOP 100 차트에는 스웨덴, 자메이카, 콩고, 아르헨티나 등 기존에 극소수의 마니아층만이 향유했던 음악들을 어렵지 않게 찾아볼 수 있다. 그러나 물리적 거리가 큰 지역의 음악에 대한 개방성과는 달리, 일본 및 중국 음악의 영향은 한국에서 미미하다. 2004년 한국 시장의 J-POP 개방 이후로 여전히 마니아층이 즐기는 음악으로서의 입지를 넘어서지 못하고 있으며, 중화권 음악의 경우 대만의 배우 겸 가수 주걸륜周杰倫과 같이 영화를 통해 한국에 팬층을 형성한 경우를 제외하고는 극소수만이 소비되고 있다.

한국 드라마는 아시아 시장으로 활발하게 수출되고 있으며 특히 중국에서의 약진이 두드러진다(표 1-3). 한국 드라마의 특성이었던 가족관계, 남녀 간의 애정을 중심으로 편향된 서사는 2012년에는 더욱 두드러져 가족을 다룬 드라마가 시청률 10위 중 7편을 차지하며, 주 장르가 사극, 시대극, 수사물 등이라 하더라도 드라마를 관통하는 주요 서사는 애정에 치우쳐 있는 경우가 많은 점은 한국 드라마가 극복해야 할 한계일 것이다. 그러나 한편으로 케이블 채널 TVN의 〈응답하라 1997(2012)〉, 〈나인(2013)〉, 종편 JTBC의 〈우리가 결혼할 수 있을까〉와 같이 지상파에서 다루지 않은 차별화된 소재로 선풍적인 인기를 끌었던 작품들이 늘어나면서 한국 드라마의 다양성에 기여할 것으로 보인다.

한국에서의 외국 드라마 소비는 미국 드라마에 집중되어 있다. 다수의 케이블 채널에서 미국드라마를 다수 편성하고 있으며, 인터넷 상에서는 합법적, 비합법적 방법으로 미국 드라마 및 자막을 쉽게 구할 수 있다. 그러나 일본 드라마는 마니아층의 소비에 머물고 있으며, 한국에서 큰 인기를 끌었던 2006년 후지TV 제작 〈노다메 칸타빌레^{のだめカンタービレ}〉 이후로 소수의 드라마만이 케이블을 통해 제공되고 있다. 중국 드라마 또한 케이블 채널을 통해 정식 수입되고 있으나 무협 컨텐츠 중심으로 이루어지고 있으며, 소수의 마니아층에 의해 인터넷 상에서 청춘물이 향유되고 있다.

예능 프로그램 측면에서 한국은 크게 리얼 버라이어티, 서바이벌(오디션), 토크쇼 등의 분류를 바탕으로 컨텐츠를 제작하고 있다. 현재 방영 중인 MBC의 〈아빠! 어디가?〉의 경우 중국에 포맷을 수출, 거꾸로 한국 시청자들이 거의 실시간으로 중국판 〈아빠! 어디가?〉의 번역을 구해 시청하는 현상이 일어나고 있다. 또한 케이블 채널을 주축으로 〈도전! 수퍼모델 코리아〉, 〈마스터 셰프 코리아〉와 같은 서바이벌 프로그램의 포맷 수입이 활발하게 일어나고 있다. 그러나 수입 면에서 외국 예능 프로그램의 영향은 적다고 볼 수 있으며, 일본과 중국의 예능 프로그램은 한국 시청자들의 정서를 자극하지 못하고 있다.

제7장 아시아를 흐르는 문화의 강물

표 1-1. 2012년 한국 박스오피스 국적별 점유 현황

순위	국적	개봉편수	매출액	매출액 점유율	관객수	관객 점유율
1	한국	175	8361억 원	57.5%	1억 1천 5백만 명	58.8%
2	미국	164	5238억 원	36.0%	6693만 명	34.3%
3	프랑스	40	321억 원	2.2%	429만명	2.2%
4	일본	120	210억 원	1.5%	335만명	1.7%
5	벨기에	2	110억 원	0.8%	148만명	0.8%
6	영국	25	69억 원	0.5%	86만명	0.4%
7	아이슬란드	2	56억 원	0.4%	77만명	0.4%
8	중국	11	40억 원	0.3%	56만명	0.3%
9	독일	12	26억 원	0.2%	35만명	0.2%
10	캐나다	7	22억 원	0.2%	31만명	0.2%
11	스페인	9	21억 원	0.1%	29만명	0.2%
12	핀란드	3	18억 원	0.1%	27만명	0.1%
13	남아공	1	18억 원	0.1%	24만명	0.1%
14	호주	2	15억 원	0.1%	19만명	0.1%
15	기타	58	26억 원	0.0%	39만명	0.1%
	합계	631	14551억 원	100%	1억 9천 5백만명	100%

(출처: 영화진흥위원회)

표 1-2. 2012년 SM 엔터테인먼트 지역별 매출

구분	2012년 매출액	비중	2011년	성장률
국내	650억 원	39%	619억 원	5%
일본	788억 원	47%	336억 원	134%
기타 국외	248억 원	15%	144억 원	72%
합계	1686억 원	100%	1099억 원	53%

(출처: 에스엠 엔터테인먼트 2012년 사업보고서)

표 1-3. 2012년 한국 지상파 드라마 시청률 TOP 10

순위	제목	시청률	장르	방송사
1	넝쿨째 굴러온 당신	33.1%	가족	KBS

2	해를 품은 달	32.9%	사극	MBC
3	오작교 형제들	30.7%	가족	KBS
4	내 딸 서영이	28.4%	가족	KBS
5	별도 달도 따줄게	23.7%	가족	KBS
6	힘내요 미스터김	23.6%	가족	KBS
7	당신뿐이야	21.9%	가족	KBS
8	애정만만세	19.7%	가족	MBC
9	빛과 그림자	19.3%	시대극	MBC
10	신사의 품격	19.3%	애정	SBS

(출처: AGB닐슨미디어리서치)

2) 중국의 문화산업: 새로운 문화의 용광로가 되는가

한국콘텐츠진흥원에 따르면 2010년 중국 콘텐츠시장 규모는 855억 4천 3백만 달러로 전년대비 13.9%로 성장했으며, 연평균성장률은 11.6%로 2015년 1,482억 2,900만 달러의 시장규모가 예상된다. 그 중 콘텐츠시장의 연평균 성장률(2011~2015)이 가장 높게 예상되는 분야는 영화(26.0%)로 전망된다.

2012년 중국 영화 총 매출은 171억 위안으로 전년 대비 31% 증가했으나 외국 영화 매출(88억 위안)보다 약간 낮았다. 비중 면에서는 중국산 영화가 전체의 48%로 2011년 대비 5% 감소하는 양상을 보였다(그림 2-1). 중국 정부는 매년 수입되는 외국영화를 40편 이내로 제한하고 있지만 박스오피스 TOP 10에 헐리우드 영화가 다수 포진하고 있는(표 2-1) 것으로 보아 시장 개방 이후에는 이러한 양상이 심화될 것으로 보인다. 한편 온라인에서는 포털 영상 사이트를 통한 영화 스트리밍 및 다운로드 서비스가 점차 발전하고 있다.

중국 국산 영화의 빠른 기술적 발전과 더불어 소재의 다양화 또한 이루어지고 있다. 2012년 1억 위안 이상의 매출을 기록한 중국 영화는 총 21편으로, 그 소재가 매우 다양했다. 그 중 상위장르인 사극, 시대극은 코미디, 전쟁, 역사, 액션 등 다양한 하위장르로 세분화되고, 그 외 홍콩식 액션물, 현대 멜로, 서사극, 예술영화, 재난영화, 애니메이션 등 다양한 장르가 있다.

중국 미디어 중 가장 큰 규모를 차지하는 TV산업의 지속적 발전을 위한 요소로서 프로그램 콘텐츠 혁신이 부각되고 있다. 우선 드라마를 살펴보면 중국은 세계 제1의 드라마 생산대국으로서 2012년 국가광전총국[5]으로부터 발행 허가증을 받은 드라마는 총 506편(17,703회)으로 2011년 대비 37편(2,761회) 증가했다(그림 2-2). 드라마 산업의 규모가 확대되면서 양적 성장에 버금가는 질적 성장 또한 중요시되고 있다. 2012년에는 드라마의 소재와 분위기가 보다 다양해지고 스토리 구성 역시 치밀해지는 양상을 보인다. 2006년 중국 광전총국의 드라마 장르 분류에 따르면 중국 드라마는 시대적 배경에 따라 당대(한국의 '현대물'에 해당), 현대(5.4운동에서 중화인민공화국 수립까지), 근대(아편전쟁부터 5.4운동까지), 고대(아편전쟁 이전), 중대역사드라마(시기에 상관없이 주요 역사적 사건이 일어난 시기를 배경으로 함)로 나뉘며, 주제별로는 군사, 도시, 농촌, 청소년, 범죄, 과학픽션으로 분류된다. 이 외에도 〈북경러브스토리(北京愛情故事, 2011)〉, 〈북경청년(北京青年, 2012)〉 등 '청춘분투 드라마'나 〈보보경심(步步惊心, 2011)〉, 〈궁(宮鎖心玉, 2011)〉등 '타임슬립 드라마'와 같은 새로운 장르들이 등장해 높은 인기를 얻었다.

드라마 수입 측면에서, 광전총국이 수입, TV채널을 통해 방송되는 외

---

[5] 국가광파전영전시총국 [国家广播电影电视总局, State Administration of Radio, Film, and Television] : 라디오, TV 영화산업 등을 관리감독 하는 국무원(国务院) 직속기구. 약칭 광전총국(广电总局)

국 드라마는 영국, 미국, 한국, 태국드라마 등으로 몇몇 국가의 작품으로 제한되어 있고, 그 수도 매우 적다. TV에서 방영할 수 있는 편수와 방송시간이 정책에 의해 제한되어 있기 때문에 중국에서의 외국 드라마 수용은 주로 인터넷을 통해 일어난다. 동영상 사이트에는 미국드라마, 한국드라마, 대만/홍콩드라마, 태국드라마, 필리핀드라마 등 국가별 카테고리를 제공하고 있으며, 미국 및 한국과 협약을 맺어 방송 직후 실시간으로 프로그램이 업로드되는 시스템을 갖추고 있다. 한편 외국 드라마 마니아들은 방대한 규모의 자막팀을 자발적으로 구성해 빠르게 자막을 제작·배포한다.

TV 채널에서는 중국산 예능만 방영되는데, 해외에서 포맷을 수입해 제작하는 경우가 급증하고 있다. 통계에 따르면 시청률이 높은 오락예능 프로그램의 90%가 해외에서 수입한 포맷을 바탕으로 제작되고 있다.[6] 아직까지 시청률 1, 2위를 기록하는 프로그램은 〈快乐大本营(해피캠프, 1997년~현재)〉, 〈天天向上(데이데이 업, 2008년~현재)〉과 같이 중국 본토에서 제작된 토크쇼이지만, 최근 네덜란드, 영국, 스웨덴 등에 이어 한국 예능 포맷 수입 열풍이 불고 있다. 2013년 〈나는 가수다〉의 수입 성공에 이어 〈아빠!어디가?〉, 〈1박2일〉 등의 포맷이 연달아 수입되어 큰 인기를 얻고 있다. 현재 중국에서 인기를 얻고 있는 포맷 수입 프로그램은 〈표 2-2〉와 같다.

한편 인터넷을 통해 미국, 유럽, 한국, 대만 등 각국의 예능 프로그램을 소비하는 시청자들이 늘어나고 있다, 포털 영상사이트 유쿠(http://zy.youku.com/)의 예능 프로그램 카테고리는 대륙, 대만, 한국, 유럽/미국 예능으로 분류되어 있고, 최신 업데이트 프로그램의 회차별 클릭 수

---

6 출처 차이나뉴스 http://www.chinanews.com/cul/2012/10-10/4236823.shtml

를 보면 대만은 5만 건, 한국은 90만 건, 유럽/미국 프로그램은 100만 건 이상의 높은 수치를 기록하고 있다. 드라마와 마찬가지로 인터넷 상에서 외국 예능 프로그램의 자막 제작 또한 자발적으로, 신속하게 이루어지고 있는데 특히 〈무한도전〉과 같은 한국 예능 프로그램의 경우 한국 젊은 층에서 통용되는 유머 코드를 중국 시청자들이 향유하는 데 무리가 없을 정도의 높은 수준에서 번역이 되고 있으며, 실제로 한국 예능의 맥락에서 영향을 받은 신조어가 중국에서 생겨나는 현상도 일어나고 있다.

중국 대중음악 시장의 특성 상 실제 시장규모를 정확하게 반영한 수치는 찾기 어렵다. 그러나 이 분야에서 인터넷 시장의 규모가 급증하고 있는 것은 사실이다. 2012년 중국 온라인 음악시장의 규모는 18억 위안 (온라인 음악서비스 유통업체 수입, 온라인 음악 공연 수입 포함)으로, 2011년의 4억 위안 대비 379% 증가했다. 특히 2012년 말 기준으로 중국 모바일 음악시장 이용자 규모는 7억 5천만 명에 근접했는데, 2012년 중국 모바일 음악 서비스 시장은 안정적으로 발전하고 있으며 콘텐츠 공급업체의 사업 확장에 따른 서비스 제공자와의 상호 결합이 가속화되고 있을 뿐만 아니라 단말기가 다양해짐에 따라 모바일 음악 서비스 이용자가 더욱 증가할 것으로 전망되고 있다(그림 2-3, 2-4).

디지털 음원과 뮤직비디오는 인웨타이音悅台 쿠워酷我 등 대표적인 음악 클라이언트와 인터넷 웹사이트 애플리케이션을 융합하여 빠르게 전파되고 있으며 동시에 다양한 음악을 제공하고 있다. 스트리밍 서비스를 주로 제공하는 쿠워를 보면, 2012년 재생수 TOP100 내에 한국의 강남스타일이 8위로 진입한 것 외에는 모두 중국/대만/홍콩 음악이 차지하고 있다. 그러나 이 안에서 장르는 다양하게 분포되어 있다. 한편 합법적인 온라인/모바일 유료 뮤직비디오 재생과 다운로드 서비스를 제공하는 사이트 인웨타이(www.yinyuetai.com)를 예로 들어보면, 카테고리는 중국 내륙, 대만/홍콩, 한국, 일본, 유럽/미국 등으로 분류되어 있고 뮤직비디오 클릭 수와 다운로드 수가 표시된다. 주목할 만한 점은 한국 뮤직비디오가 경이적인 히트 히트수를 기록하고 있는데, 2013년 11월 2주 1위 뮤직비디오는 한국 가수(김재중)의 것으로, 누적 재생 수가 1천 만, 다운로드 수도 7만 이상이다. 중국 내륙, 대만/홍콩, 유럽/미국, 일본의 동기 차트 1위 뮤직비디오의 재생 수는 각각 350만, 360만, 160만, 94만으로, 또한 적지 않은 인기를 누리고 있음을 보여준다. 이는 중국에서 여러 나라의 음악이 다양하게 소비되고 있으며 그 중에서도 한류 음악이 큰 비중을 차지하고 있다는 것을 의미한다.

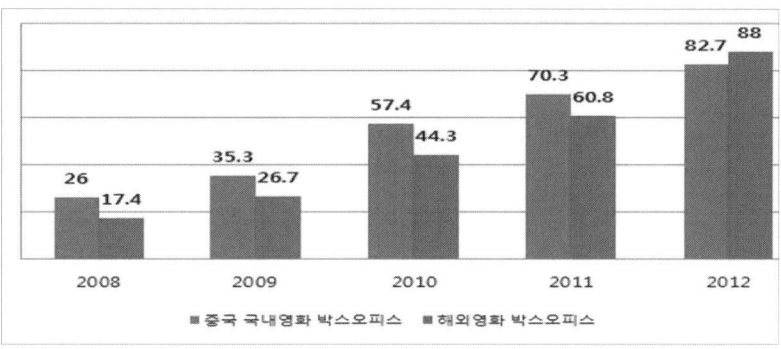

〈그림 2-1〉 2008~2012년 중국 국내영화와 수입영화의 박스오피스 비교

〈표 2-1〉 2012년 박스오피스 기준 상위 10위 중국 국내외 영화 (단위: 만 위안)

	중국영화	박스오피스 수입	해외영화	박스오피스 수입
1	런짜이옹투타이지옹 (人在囧途之泰囧)	100,461	타이타닉	94,758
2	화피(画皮)2	70,451	본 레거시	67,471
3	십이생소(十二生肖)	53,553	라이프 오브 파이	57,105
4	1924(一九二四)	37,200	어벤져스	56,792

5	한전(寒战)	25,361	맨인블랙3	50,415
6	청풍자(听风者)	23,374	아이스 에이지	44,913
7	사대명보(四大名捕)	19,217	잃어버린 세계를 찾아서	38,849
8	대마술사(大魔术师)	17,412	베트맨: 다크 나이트 라이즈	34,012
9	수색(搜索)	17,354	익스펜더블2	33,406
10	희양양과회태랑(喜洋洋与灰太狼)4	16,595	어메이징 스파이더맨	31,151

※ 출처: 당대영화〈当代电影〉 발췌

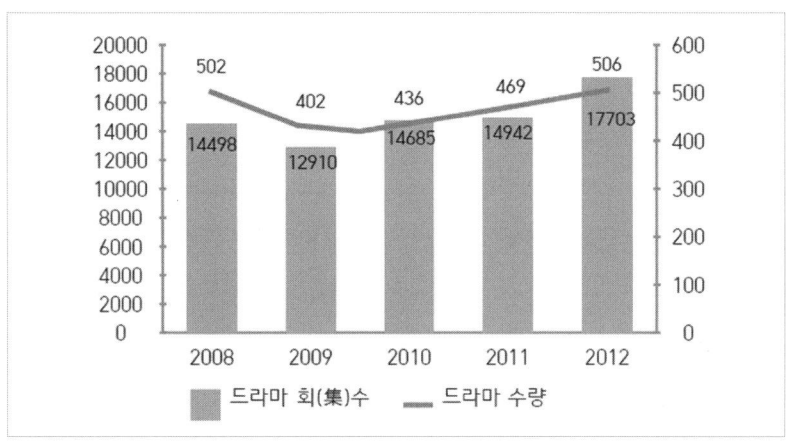

〈그림 2-2〉 2008~2012년 발행 허가증을 받은 드라마의 수 (단위: 부)

〈표 2-2〉 2013년 11월 현재 중국에서 수입 포맷으로 제작한 예능 프로그램

원산지	원제	중국명	장르
영국	〈Britain's Got Talent〉	〈中国达人秀〉	오디션
네덜란드	〈The Voice of Holland〉	〈中国好声音〉	오디션
영국	〈X factor〉	〈中国最强音〉	오디션
스페인	〈Your face sounds familiar〉	〈百变大咖秀〉	스타 패러디쇼
독일	〈Stars in Danger: The High Dive〉	〈星跳水立方〉	스타 다이빙쇼

네덜란드	〈Sterren Springen Op Zaterdag〉	〈中国星跳跃〉	스타 다이빙쇼
영국	〈Strictly come dancing〉	〈舞动奇迹〉	댄스쇼
영국	〈Master Chef〉	〈顶级厨师〉	음식
한국	〈나는 가수다〉	〈我是歌手〉	스타 노래경쟁
한국	〈아빠 어디가〉	〈爸爸去哪儿〉	스타 육아 리얼리티
한국	〈일박이일〉	〈两天一夜〉	스타 여행 리얼리티

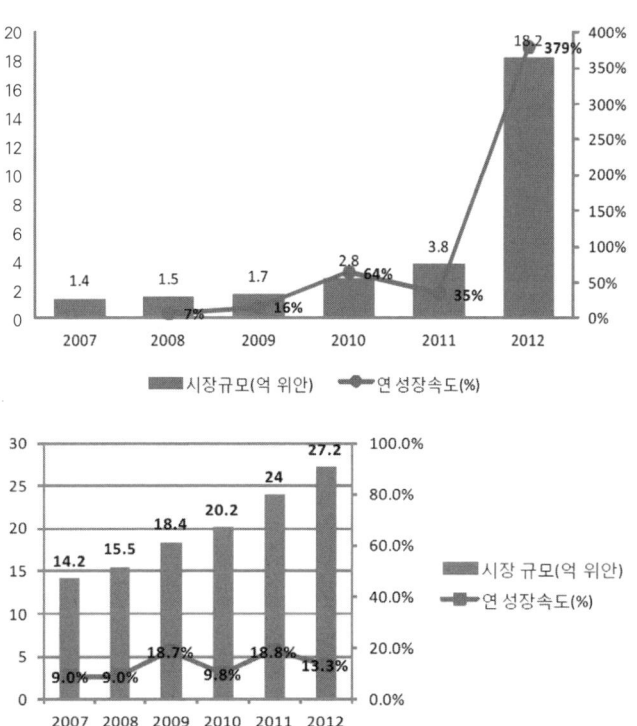

〈그림 2-3〉 그림 2-3. '07-'12년 중국 온라인 음악 시장 규모 그림 2-4. '07-'12년 모바일 음악 시장 규모

3) 일본의 문화산업: 갈라파고스처럼 내부에서 진화한다

　일본 대중문화 산업의 가장 큰 특징은 자급자족적 성향이 강하다는 것이다. 영국 다국적 회계감사 기업 '프라이스 워터하우스쿠퍼스'^{PwC}가 매년 발행하는 '글로벌 엔터테인먼트 및 미디어 개요'$^{Global\ Entertainment\ and\ Media\ Outlook}$ 보고서에 따르면, 일본은 미국에 이어 세계 제 2의 시장 규모를 꾸준히 유지하고 있다. 2012년 조사에 따르면, 일본의 엔터테인먼트 및 미디어 시장(2011년)은 약 1,928억 달러 규모이다. 1위의 미국은 약 4,637억 달러 규모이고, 중국은 약 1,091억 달러로 시장 규모 3위를 점하고 있다. 대규모 대중문화 시장 안에서 다양한 세부 장르의 자국 콘텐츠들이 자체적으로 소비되고 있다.

　대중문화 콘텐츠의 자급자족적 생산 및 소비, 그리고 세부 장르 다양화의 경향은 각 문화 산업 부문에서도 잘 드러난다. 영화산업의 경우, 1980년대 후반부터 2000년대 초반까지는 수입 영화의 점유율이 일본 국산 영화보다 높았으나, 2008년부터 관계가 역전됐다. 일본영화제작자연맹^{日本映画制作者連盟} 자료에 따르면, 2012년 일본산 영화 비중은 65.7%로, 수입 영화 비중(34.3%)을 여전히 웃돌고 있다(표 3-1). 2012년 일본 흥행영화 상위 10편(표 3-2)을 보아도, 수입 영화는 헐리우드 영화 세 편뿐이고, 나머지는 일본영화가 점하고 있다. 일본영화수입배급협회^{日本映画輸入配給協会}에 따르면 2012년 수입영화 473편 중 약 40%에 해당하는 184편의 작품이 미국에서 수입되었는데, 이를 통해 일본 영화산업에서 미국 영화가 차지하는 비중이 높음을 알 수 있다.

　2012년 상위 10편의 일본 영화들은 액션 서스펜스(1위 'Brave Hearts 우미자루'), 액션 범죄(3위 '춤추는 대수사선 The Final 새로운 희망'), 코미디(2위 '테루마에 로마에'), 애니메이션(4위 '에반게리온 신 극장판 Q' 외) 등 다양한 장르의 작품으로 구성되어 있다. 또한 장기불황극복을 위해 '흥행이 어느 정도 보장된' 작품을 만드는 추세로 인해, 기존 히트작의 속편이나 다른 대중문화 분야의 히트작을 영화화하는 경우가 많다. 1위 'Brave Hearts 우미자루'의 경우, 동명의 인기 만화를 원작으로 하고 있고, 드라마와 세 편의 영화시리즈로 이미 리메이크된 바 있다. 이러한 재목적화repurposing를 통해, 지속적으로 자국 대중문화 콘텐츠의 자체 소비를 유도하는 것이 일본 대중문화 시장의 두드러진 특징이다.

드라마의 경우에도 자국 콘텐츠의 소비가 두드러진다. 2012년 지상파 상위 10위를 차지하는 드라마들은 모두 일본 국내 드라마이다(표 3-3). 해외 드라마의 경우, 미국과 한국드라마의 비중이 높다. 한국콘텐츠진흥원의 '일본방송국의 한국드라마 편성현황' 보고서에 따르면, 2013년 2월 지상파, BS, CS 채널에서 방영된 한국드라마는 모두 229편으로. 주로 케이블과 위성 채널을 중심으로 방영되고 있다(표3-4). 일본의 경우, 방송국들이 드라마를 동일시간대에 대응 편성하는 경우가 적기 때문에, 드라마 시간대의 브랜드가 잘 구축되어 있다. 한국 드라마 또한 NHK의 수요일(현대극) 및 일요일(사극) 방송, TBS 오전 10시의 '한류셀렉트'(월-금), 테레비 도쿄의 아침 8시 25분 '한류프리미엄' 방송에 지속적으로 편성되어, 꾸준하게 소비되고 있는 실정이다. 미국드라마도 케이블과 위성 채널 중심의 편성, 드라마 시간대 브랜드 구축을 통한 지속적인 소비라는 점에서는 공통적이다.

영화와 마찬가지로, 일본 드라마 또한 세부 장르에서 다양성을 보이고 있다. 2012년 상위 10위의 드라마들을 살펴보면, 홈드라마(1위 '우메짱 선생' 등), 의학드라마 (3위 'Doctor X 외과의/다이몬 미치코'), 코미디(5위 'Priceless~있을리 없지 그런 거!~'), 형사물(6위 '파트너 시즌 11' 등), 추리물(7위 '열쇠가 잠긴 방'), 액션미스테리(8위 '럭키 세븐')의 다양한 장르가 상위에 포진되어 있다. 우리나라와 달리 추리, 형사, 미스테리물의 종류가 매우 다양하고, 시청률 상위권에 대거 포진하고 있다는 점이 주목할 만하다. 다양한 장르에서 공통적으로 남녀의 사랑이나 가족 문제를 다루는 우리나라 드라마와 달리, 로맨스/트렌디 드라마가 아닌 경우 이러한 주제를 다루는 드라마들이 매우 적다. 또한 5위 'Priceless~있을리 없지 그런 거!~'의 경우처럼, 아버지 회사를 둘러싼 형제들의 대립을 다루면서도 이를 형제간 싸움과 복수로 비화하기보다, 기업경영 전문드라마와 코미디의 색체를 강화하는 전략을 사용하기도 한다.

음악의 경우도 자국 음악에 이어 한국, 미국 음악을 많이 소비하고 있다. 주목할 만한 점은 한국과 미국 음악이 다르게 취급된다는 점이다. K-POP은 일본 시장에 맞춘 일본어 싱글 및 앨범을 내는데 반해, 미국 팝 음악은 현지앨범을 그대로 수입한 경우가 대부분이다. 따라서 일본의 대표적 음악 차트 '오리콘'에서도 K-POP은 다른 일본 음악과 함께 싱글 차트와 앨범차트로, 미국 팝 음악은 앨범차트나 별도로 마련된 서양음악앨범 차트 洋楽アルバム로 순위와 판매량을 제시한다. 일본 시장에 맞춘 K-POP의 전략은 자급자족을 중시하는 일본 대중문화 산업의 경향을 잘 보여준다. 동시에 이러한 현지화 전략으로 음악 부문에서는 일본 음악에 이어 한국 음악의 강세가 두드러진다. 2012년 아티스트별 총 매출 랭킹 상위 100위 이내에는 소녀시대를 비롯한 13개 K-POP 그룹이 들어가 있고(표 3-5), CD싱글 랭킹 상위 50위 이내에 6개(표 3-6), 앨범 랭킹 상위 50위 이내에 4개의 K-POP 앨범(표 3-7)이 들어가 있다.

J-POP의 경우, 아이돌과 노래를 전문으로 하는 아티스트로 유형이 양분된다. 그리고 아티스트는 다시 록, 발라드, 엔카 가수 등 다양한 세부 장르로 나뉜다. J-POP의 다양성은 세부 음악 장르에서뿐만 아니라, 세대 별 혹은 세대를 아우르는 가수 층이 두텁다는 점에서도 다양성을 지

닌다. 2012년 앨범판매 랭킹(표 3-8)의 경우, 데뷔 30년 이상의 구와다 게스케, 마츠토야 유미, 야마시타 다츠로가 상위권에 자리하고 있다. 또한 아이돌 걸그룹 AKB48은 40대 일본 남성층의 두터운 지지를 받고 있고, 데뷔 14년차 남성 아이돌 그룹 아라시 또한 어린 아이에서부터 노년층까지 다양한 세대를 아우르고 있다.

〈표 3-1〉 일본 국산 영화 및 수입 영화 점유
YEAR 2000 – 2012 ** No data for "Distributor's Income"

Year	Total Number of Movie Screens (Number of Movie Screens for Cinema Complex)	Number of Films Released			Number of Admissions	Average Admission Fee	Box Office Gross Receipts			Share	
		Japanese Films	Imported Films	Total			Japanese Films	Imported Films	Total	Japanese Films	Imported Films
					in thousands	Yen	in millions of Yen	in millions of Yen	in millions of Yen	%	%
2000	2,524(1,123)	282	362	644	135,390	1,262	54,334	116,528	170,862	31.8	68.2
2001	2,585(1,259)	281	349	630	163,280	1,226	78,144	122,010	200,154	39	61
2002	2,635(1,396)	293	347	640	160,767	1,224	53,294	143,486	196,780	27.1	72.9
2003	2,681(1,533)	287	335	622	162,347	1,252	67,125	136,134	203,259	33	67
2004	2,825(1,766)	310	339	649	170,092	1,240	79,054	131,860	210,914	37.5	62.5
2005	2,926(1,954)	356	375	731	160,453	1,235	81,780	116,380	198,160	41.3	58.7
2006	3,062(2,230)	417	404	821	164,585	1,233	107,944	94,990	202,934	53.2	46.8
2007	3,221(2,454)	407	403	810	163,193	1,216	94,645	103,798	198,443	47.7	52.3
2008	3,359(2,659)	418	388	806	160,491	1,214	115,859	78,977	194,836	59.5	40.5
2009	3,396(2,723)	448	314	762	169,297	1,217	117,309	88,726	206,035	56.9	43.1
2010	3,412(2,774)	408	308	716	174,358	1,266	118,217	102,521	220,737	53.6	46.4
2011	3,339(2,774)	441	358	799	144,726	1,252	99,531	81,666	181,197	54.9	45.1
2012	3,290(2,765)	554	429	983	155,159	1,258	128,181	67,009	195,190	65.7	34.3

〈표 3-2〉 2012년 일본영화 상위 10

2012년	
타이틀명	흥행수입
BRAVE HEARTS 우미자루	73억 엔
테루마에 로마에	59.8억 엔
춤추는 대수사선 THE FINAL 새로운 희망	59.5억 엔
에반겔리온 신극장판: Q	53억 엔~55억 엔(추정)
미션 임파서블: 고스트 프로토콜	53.8억엔
늑대아이	42.2억엔
바이오 하자드 V: 리트리뷰션	38.1억엔
영화 도라에몽 노비타와 기적의 섬 -애니멀 어드벤처-	36.2억 엔
극장판 포켓몬·베스트 위슈	36.1억 엔
큐레무 VS 성검사 케르디오 어벤져스	36억 엔

〈표 3-3〉 2012년 일본드라마 시청률 상위 10

no.	프로그램명	시간대	시청률
1	NHK, 연속TV소설 '우메짱 선생'	월~토 8시	20.7
2	NHK, 연속TV소설 '카네이션'	월~토 8시	19.1
3	TV아사히, Doctor-X 외과의/다이몬 미치코	매주 목 21시	17.7
4	NHK, 연속TV소설 '순과 애'	월~토 8시	17.3
5	후지 TV, PRICELESS -있을 리 없지 그런 거!-	매주 월 21시	17.3
6	TV아사히, 파트너 시즌 11	매주 수 21시	16.8
7	후지TV, 열쇠가 잠긴 방	매주 월 21시	15.9
8	후지TV, 럭키 세븐	매주 월 21시	15.5
9	TBS, 일요극장 'ATARU'	매주 일 21시	15.4
10	후지TV, 스트로베리 나이트	매주 화 21시	15.3

〈표 3-4〉 일본 방송국의 한국드라마 편성

	2012년 7월	2013년 2월	비고
BS	8채널 41타이틀	9채널 45타이틀	1채널 4타이틀 증가
CS	15채널 179타이틀	17채널 179타이틀	2채널 증가
지상파(동경)	4채널 4타이틀	4채널 5타이틀	1타이틀 증가

〈표 3-5〉 K-POP 아티스트 2012년 매출 순위

순위	아티스트	2012년 매출
1	소녀시대	7위, 43억 3,200만 엔
2	카라	9위, 34억 1,600만 엔
3	동방신기	17위, 24억 1,000억 만 엔
4	빅뱅	19위, 22억 3,900만 엔
5	수퍼주니어	31위, 12억 6,000만 엔
6	2PM	51위, 8억 8,400만 엔
7	SHINee	60위, 7억 2,800만 엔
8	CNBLUE	61위, 7억 2,200만 엔
9	김현중	63위, 6억 6,800만 엔
10	FTISLAND	68위, 6억 2,300만 엔
11	장근석	72위, 5억 9,800만 엔
12	초신성	93위, 4억 4,700만 엔
13	INFINITE	100위, 4억 1,300만 엔
합계		187억 4,000만 엔

출처: 오리콘

〈표 3-6〉 K-POP 아티스트 2012년 CD싱글 순위

순위	2012년		
	아티스트	타이틀	판매량
31	김현중	HEAT	202,672
35	수퍼주니어	OPERA	184,469
40	동방신기	ANDROID	175,544
47	2PM	Beautiful	163,463
48	동방신기	STILL	160,791
49	KARA	SPEED UP/GIRL'S POWER	158,613
합계	아티스트 5명, 판매량 1,045,552장		

〈표 3-7〉 2012년 앨범판매 랭킹

순위	2012년		
	아티스트	타이틀	판매량
18	KARA	수퍼걸	295,651
25	소녀시대	GIRL'S GENERATION	229,043
31	빅뱅	ALIVE	187,865
41	소녀시대	GIRL'S GENERATION Ⅱ	141,259
합계	아티스트 3명, 판매량 712,559장		

〈표3-8〉 K-POP 아티스트 2012년 앨범 순위

순위	판매량	타이틀	아티스트
1	117.0	Mr. Children 2005~2010	Mr. Children
2	110.5	Mr. Children 2001~2005	Mr. Children
3	103.0	1830m	AKB48
4	84.8	Popcorn	아라시
5	76.7	EXILE JAPAN/solo	EXILE/EXILE ATSUSHI
6	75.8	I LOVE YOU -now&forever-	구와다 게스케
7	69.4	ALL SINGLES BEST 2	고부쿠로
8	61.3	[(an imitaion) blood arange]	Mr. Children
9	55.0	마츠토야 유미 40주년 기념 베스트 앨범 일본의 사랑과 유민과	마츠토야 유미
10	51.9	OPUS -ALL TIME BEST 1975-2012-	야마시타 다츠로

출처: 오리콘

4) 새로운 아시아 대중문화의 강물이 흐르게 될 것인가

이상에서 한국, 중국, 일본의 대중문화 영역에서 생산과 소비의 양상에 대한 간략한 분석으로부터 몇 가지 변화의 징후를 찾아낼 수 있다. 첫째, 동북아시아 대중문화 산업과 시장이 중국의 개혁개방을 계기로 서서히 상호교차 하는 시장으로 변모하고 있다는 점이다. 미국에 이어 두 번째로 큰 규모의 문화산업을 구축한 일본은 자체시장 규모가 충분히 크기 때문에 자국 컨텐츠 중심의 산업구조를 유지하고 있다. 내부 중심 컨텐츠가 주류를 이루고 있기는 하지만, 다양성은 어느 나라에 못지 않다. 오랫동안 다양한 취향의 문화향유 소비 경험을 해왔기 때문에 외국의 새로운 문화에 대해서도 상당히 개방성을 유지하고 있다고 할 수 있다. 한류가 일본 소비자들의 취향에 맞추는 전략을 구사해서 성공한 것도 있지만, 개방성 역시 상당하다고 평가할 수 있다. 그러나 여기에서 주목할 점은 오랫동안 일본의 영화, 드라마, 음악시장 모두에서 미국의 대중문화가 강세였지만, 한류가 지난 10여 년간 크게 성장하면서 일본 안에서 외국대중문화의 풍경을 바꿔놓았다고 할 수 있다. 아시아 내부에서 만들어진 대중문화가 처음으로 일본시장에서 소수 매니아를 넘어서 대중적으로 소비되기 시작했다는 것이다. 한류가 세계에서 두 번째로 큰 시장에 의미 있는 크기의 소구력을 만들어 냈다는 점은 아시아시장에 새로운 흐름이 생겨난 것이라 하겠다.

둘째, 중국의 대중문화시장은 개혁개방 이후 급격히 성장하고 있다. 영화, 텔레비전드라마, 대중음악 시장은 기본적으로는 국내 컨텐츠 위주로 구성된다. 세 영역 모두에서 광전총국이 외국 대중문화의 비중을 통제하고 있기 때문이다. 그러나 인터넷을 통해 많은 중국시청자들이 외국의 대중문화를 다운로드나 스트리밍을 통해 소비하고 있기 때문에 할당량 통제의 실효성은 상당히 떨어져 있다고 할 수 있다. 예를 들어 지상파 텔레비전에서 미국드라마를 거의 방영하지 않지만, 필자의 조사결과에서 보듯 47%의 시청자들이 미국드라마를 좋아하고 있다는 사실이 그 점을 잘 말해준다. 앞에서 보았듯 중국은 중앙정부의 엄격한 규제에도 불구하고, 국내 대중문화 기업들의 경쟁이 격화되면서, 전세계로부터 뛰어난 감독과 음악 아티스트, 텔레비전 제작자들을 끌어들이고 있다. 앞에서 제시한 표에서 보듯 중국텔레비전은 전세계에서 가장 인기 있는 프로그램 포맷의 시험장이 되고 있다. 이렇게 10여 년을 지나면 중국텔레비전 프로그램을 오히려 수출하는 수준에 이르게 될 가능성도 상당히 있다.

셋째, 대중문화는 그 자체로 어떤 문화생산 영역 보다 활발하게 혁신과 창조가 일어나는 영역이다. 중국 문화산업의 잠재력이 워낙 크기 때문에 세계적인 문화산업 제작기업들이 직간접 투자뿐만 아니라, 다양한 형태의 합작을 통해 중국에 진출하고 있다. 한국과 같은 작은 시장규모를 가진 나라와 달리 중국 시청자들은 질적으로 우수한 컨텐츠에 대해 개방적이다. 이 점은 필자가 슈퍼스타 차이나 제작 현장에서 만난 제작자와 청중들의 인터뷰와 중국시청자들의 드라마 취향분석에서도 확인된다.

참고문헌

Castells, 1999 "Information Technology, Globalization and Social Development." UNITED NATIONS RESEARCH INSTITUTE FOR SOCIAL DEVELOPMENT Discussion Paper No. 114, September.

Robertson, Ronald 1992, *Globalization: Social Theory and Global Culture*, Sage Publications Ltd.
Giddens, 1991 *Modernity and Self-Identity*, Stanford University Press.
Beck, 2002 *Individualization: Institutionalized Individualism and its Social and Political Consequences*, Sage Publications Ltd.

제8장
동아시아의 창조성[1]

김청택

1. 창조성이란 무엇인가?

창조성(creativity, 창의성)은 개인 능력의 한 측면을 나타내는 개념으로 주로 사용되고 발전되어 왔다. 이 분야의 학자들은 창의성을 매우 다양하게 정의하고 있지만, 대부분의 학자들이 동의하는 창의성에 대한 조작적 정의는 다음의 두 가지 중심 개념을 포함하고 있다. 첫째는 창의성은 새로운 아이디어나 대안 등을 만들어내는 능력이라는 것으로 이때의 중심 개념은 새로움novelty이다. 창의성은 새로움을 어떻게 정의하느냐에 따라 매우 다양한 형태와 방식으로 정의될 수 있고, 시대와 맥락에 따라 달라질 수 있다. 둘째는 새로운 아이디어나 대안 등이 사람들에게 수용

---

[1] 이 논문은 서울대학교 아시아연구소 정기학술지 〈아시아리뷰〉 4권 2호(2015.2.28.)에 게재되었다.

될 수 있어야(acceptable idea) 한다는 것이다(Guildford, 1950). 즉 유용성이 두 번째 중심 개념에 해당되는데, 이 의미는 새로운 상품을 만들어내거나 새로운 방식으로 다양한 문제를 해결하거나 인간에게 즐거움을 제공하는 것 등을 포함한다. 여기서 새로움과 유용성은 상황에 따라서, 해석하는 사람에 따라서 다르게 정의될 수 있기 때문에 창의성에 대한 다양한 종류의 정의가 존재하게 된다.

이러한 정의에 기초하여 카우프만과 베게토(Kaufman et al., 2009)는 창조성을 세분화하여 네 가지로 분류했다. 그들은 창조성 연구에서 구분해온 소문자 c와 대문자 C의 창조성에 두 가지 창조성을 추가했다. 대문자-C 창조성^{Creativity}은 탁월성 창조성으로 개인의 창조성이 특정한 영역의 창조성에 오랫동안 영향을 남기는 것을 말한다. 피카소나 에디슨, 톨스토이 등과 같은 사람이 이러한 창의성을 지니고 있는 예다. 소문자 c의 창조성^{creativity}은 일상적인 창의성으로 일상생활에서 요리를 할 때 새로운 요리법을 만들거나 직장에서 주위 사람과 다른 문제해결 방안을 제시하는 것과 같은 창의성을 말한다. 카우프만에 의해 더하여 mini-c와 pro-c의 창의성을 제안했다. 전자는 c-Creativity를 분화한 것이고, 후자는 C-creativity를 분화한 것이다. 이렇듯 창조성은 다양한 관점과 맥락에서 사용되고 있는 개념이지만, 여기에서는 새로움과 유용성의 두 기본 개념을 중심으로 창조성을 논의하고자 한다.

아시아 국가 특히 한·중·일에서는 자신들의 창조성이 서양에 비하여 낮다는 인식을 가지고 있다. 이 창조성 결여가 국가의 발전에 장애가 된다고 인식하고 있어 이를 높이기 위한 노력을 기울이고 있다. 한국에서는 창조경제가 강조되면서 미래창조과학부가 신설되었고, 중국에서는 중국공산당전국대표회의에 제출된 보고서에서 1992년에는 8회에 그쳤던 창조성에 대한 언급이 2002년에는 41회, 2007년에는 65회였을 정도로 더욱 강조되고 있다. 일본에서도 창조성이란 말을 직접적으로 사용하고 있지는 않지만, 2010년 6월에 발표한 신성장 전략에서는 창조성을 강조하고 있다. 국가뿐만 아니라 기업에서도 창의성을 매우 중요시한다. 예컨대 우리나라 대기업의 인재상과 대학의 교육이념에 대부분 창조성(창의성)이란 단어가 포함되어 있다. 삼성의 인재상은 '몰입, 창조, 소통의 가치 창조인'이며 LG전자의 네 가지 인재상 키워드 중 하나가 창조성이다.

그런데 아시아 국가들의 창조성은 과연 낮을까? 역사적으로 종이, 나침반, 화약, 인쇄술 등과 같은 인류의 문명사를 바꾼 많은 발명들이 중국에서 나왔으며, 현재 한국, 중국, 일본의 3국이 새로운 상품을 꾸준히 개발하면서 지속적인 경제성장을 하고 있다. 이렇게 보면 아시아 국가들의 창조성이 낮다고만은 볼 수 없다. 그러나 동서양을 비교한 창의성에 관한 많은 연구들(Yi et al., 2013; Jaquish et al., 1984; Niu et al., 2010)은 아시아의 학생들이 서양 학생들보다 창조성이 낮다고 보고하고 있다. 우리들은 대체로 이러한 생각에 동의하고 있는 것으로 보이며, 그 이유를 동양의 수직적이고 수용적인 생활방식과 사고방식 탓으로 돌리고 있는 것으로 보인다. 기업들은 창조적인 인재를 절실히 찾고 있지만 학교에서 창조적인 인재를 양성하지 못한다며 비판하고 있으며, 실제로 객관적인 창조성지표에서 한국의 창조성은 높지 않다.

그렇다면 왜 한국을 비롯한 아시아 국가들의 창조성이 높지 못하다는 것일까? 첫 번째 가능성으로 생각해 볼 수 있는 것은 아시아인의 창조성이 서구인에 비하여 태생적으로 낮다는 것이다. 그러나 많은 과학 문명들이 아시아에서 시작되었으며, 수많은 사상가, 예술가들을 배출했고, 최근 경제, 사회적으로 괄목할 만한 발전을 이루고 있는 점을 고려하면, 아시아인들의 창의성이 낮다는 과학적 근거는 약한 것으로 보인다. 두 번째 가능성은 아시아의 교육이나 문화가 창조성의 발달을 저해한다는 것이다. 많은 학자들이 이러한 설명을 받아들이는 것으로 보인다. 창조성의 기본은 기존에 없던 새롭고 가치 있는 아이디어를 산출해내는 것이다. 아시아인들은 개인으로 살아가기 보다는 사회의 한 일원으로 살아가는 데 더 큰 가치를 두기 때문에 전통과 관습에 높은 가치를 둔다. 따라서 자신이 속해 있는 조직의 한 일원으로 역할을 충실히 하는 것을 매우 중요시하며 다른 사람들과 근본적으로 다른 생각을 하는 것을 꺼려하는 경향이 있다. 한국 사람을 대상으로 한 연구에서 창조적인 사람은 다른 사람의 의견에 관심을 기울이지 않고, 고집불통이며, 함께 일하는 사람들과 자주 충돌하면서, 무례하고, 정상적인 행동을 하지 않는다고 생각하는 경향이 있음을 발견했다(Lim et al., 2001). 이는 자신의 조직의 틀을 깨는 아이디어를 만들어내는 사람들에게 대하여 반드시 긍정적인 생각만을 하지 않는다는 것을 시사하는 것이다.

그러나 기존의 틀을 깨고 새로운 틀을 만들어내는 창조성만 있는 것은 아니다. 기존의 틀 속에서 새로운 것을 찾아내는 창조성도 있다. 후자가 아시아인들에게 가장 강점으로 나타나는 창조성이다. 우리나라 기업들이 세계 시장에서 경쟁력을 보이는 것은 바로 이러한 창조성 때문일 것이다. 아시아의 창조성 부족은 기존의 틀을 깨고 새로운 틀을 만들어내는 창조성이 부족한 것을 이야기하는 것일 것이다.

아시아의 창의성에 대한 체계적이고 과학적인 동서양의 비교연구는 많지 않은 것으로 보인다. 이 논문에서는 동서양에서 정의되는 창조성은 무엇이며, 이들이 동서양에서 어떤 차이가 나는지를 개관하고자 한다.

2. 서양의 창조성과 동양의 창조성은 동일한가?

창조성에 대한 정의와 연구는 서구를 중심으로 행하여져 왔다. 창조성은 사회적인 맥락 속에서 다르게 인식되기 때문에 한 사회에서 창조적인 것이 다른 사회에서는 창조적인 것이 되지 않을 수 있다(Plucker et al., 2004). 서양 세계와 사회의 맥락에서 정의된 창조성의 개념은 서양 중심으로 편향되어 있어서 아시아인이나 사회에게는 불리한 방식으로 정의되었을 가능성이 있다. 몇몇 학자들은 서양에서 정의되는 것과 다른 아시아인의 창조성이 있을 수 있음을 지적하고 있다. 리(Li, 1997)는 수직적 창조성과 수평적 창조성이 구분되어야 하며, 아시아의 창조성은 기존에 있던 틀에서 새로운 것을 만들어내는 것, 즉 수직적 창조성에 더 강점이 있다고 주장했다. 이는 서양인들이 기존의 틀을 부수고 새로운 틀을 만들어내는 수평적 창조성에 더 장점이 있는 것과는 구분된다.

실제로 아시아 국가들은 미국의 실리콘밸리와 같이 기존의 틀을 완전히 무너뜨리는 혁신적 제품을 만들어내는 데에는 약점을 보이지만, 기존의 제품을 혁신하여 새로운 가치를 효율적으로 창조해내는 데는 매우 성공적이다. 아시아 국가들은 인재 개발에 많은 투자를 하고, 부단하게 기술을 개발하여 혁신을 이루고 있다. 한·중·일 국민들도 자신들의 창조성이 낮다는 인식을 가지고는 있지만, 서양 사람들의 인식과는 다소 차이가 있는 것으로 보인다. 아도비가 미국, 영국, 독일, 프랑스, 일본을 대상으로 한 창조성 연구(Adobe, 2012)에 따르면, 일본인은 자신들이 미국인보다 덜 창조적이라 생각하지만, 유럽 3개국 사람들은 일본인을 미국인보다 더 창조적이라고 생각한다. 최근 미국에서는 알리바바의 성공 사례를 중심으로 아시아의 창조성에 대해 관심을 가지기 시작했다. 이러한 점들을 고려하면 아시아 국가들은 수평적 창조성은 부족하지만 수직적 창조성은 높을 개연성이 있다.

그렇다면 왜 아시아 국가 사람들은 수평적 창조성이 낮은 것일까? 사회문화적인 환경에서 그 원인을 찾을 수 있다. 아시아에서는 소위 '창조적인 사람'을 반드시 긍정적으로만 평가하고 있지 않다. 즉 행동과 성격의 측면에서 다소 부정적인 시각을 가지고 있다(Lim et al., 2001; Chan et al., 1999; Rudowicz et al., 1977). 창의적인 사람들에 대한 가장 대표적인 인상은 비사회적이고 혼자서 일을 한다는 것이다. 이는 공동체를 중시하는 아시아 문화에서는 바람직한 특성은 아니다. 이러한 사람들에 대한 부정적인 평가는 사회적으로 수평적 창조성을 발휘하는 데 방해가 될 것이다. 창조적인 사람에 대한 이러한 편견은 사실 일반적이다. 칙센트미하이(Csikszentmihalyi, 1996)에 따르면 일반인들이 창조적인 사람에게 흔히 가지고 있는 인상은 사실이 아닌 경우가 많다. 예컨대 창조적인 사람은 거만할 것으로 지레 짐작하는데 실제로는 겸손하면서 자랑을 잘 하는 성격을 동시에 가지고 있다. 아시아의 경우 이들이 실제로 부정적인 성격적 특성을 가지고 있는지에 대해서는 더 체계적인 조사가 필요할 것이다.

지금까지의 논의를 요약하면, 아시아인의 경우는 수평적 창조성에 대하여 약점이 있으며, 이는 사회문화적인 환경적 특성에서 기인하는 것으로 보인다.

3. 개인의 창조성과 사회의 창조성

지금까지의 논의는 개인적 차원에서 동서양의 창조성에 초점을 맞추었다. 그러나 개인적 차원의 창조성에 대한 논의가 사회 내지는 국가적 차원에서의 논의와 반드시 일치하지 않을 수도 있다. 국가나 문화 간 창조성의 수준을 비교할 때 흔히 사용하는 방법은 구성원들의 창조성의 합을 국가의 창조성으로 정의하는 것이다. 앞에서 논의한 바와 같이 개인의 창조성은 사회문화적인 환경에 의해 영향을 받는다. 이러한 측면에서 개인의 창조성의 합이 사회의 창조성을 대표하지 않을 수 있으며, 개인의 창조성에 영향을 주는 요인들과 사회의 창조성에 영향을 주는 요인들이 다를 수도 있다. 즉 개인들이 높은 창조적 능력을 지니고 있다고 하더라도 사회적으로 높은 창조성을 산출해내지 못할 수도 있고, 개인의 창조성을 결정하는 요인들이 사회의 창조성을 결정하는 요인이 아닐 수도 있다.

사회나 국가의 창조성을 나타내는 지표인 Global Creativity Index (Martin Prosperity Institute, 2011)는 이에 대한 주요한 시사점을 제공한다. 여기에서는 창조성을 기술^{technology}, 재능^{talent}, 관용^{tolerance}의 세 요인으로 정의했다. 개인의 창조성을 설명하기 위한 새로움이나 유용성과는 완전히 일치되는 개념은 아니다. 기술이나 재능은 새로움과 유용성과 연결될 수 있으나 관용은 개인의 창조성 개념과는 다소 독립적인 개념으로 보인다. 여기에서는 사회적 창조성을 나타내는 특징으로 관용에 초점을 두고자 한다.

관용은 자신의 생각과 가치관이 다른 사람이나 집단에 대한 허용을 말한다. 사회가 관용적이면 자신의 생각과 다른 생각에 대하여 개방적인 태도를 취하게 된다. 사실 관용과 창조성의 연결고리가 명확하지 않다. 어떻게 하면 관용이 새롭고 유용한 상품 및 서비스 등과 동일한 가치를 만들어낼 수 있을 것인가? 이를 사회적 관점에서 살펴보면 창조성과 연계성을 찾을 수 있다.

이제부터는 개인별 창조성의 단순 합이 곧 사회의 창조성을 결정하지 않는다는 사실 및 개방성이 사회의 창조성을 높일 수 있다는 상관관계를 보여줄 것이다. 먼저 관용성과 개방성이 창조성에 미치는 영향을 구분해 보면, GCI에서는 관용성에 더 초점을 두었지만, 창조성과 더 밀접하게 관련이 있는 것은 개방성으로 보인다. 사회의 관용성이 사회의 구성원들에 대한 개방성을 높이는 역할을 하기 때문에 창조성에 영향을 준다는 것이다. 이러한 전제 하에 개방성과 창조성의 관계에 대한 가설은 다음과 같다.

개인의 창조성이 사회의 창조성으로 반영되기 위해서는 개방성이 필수적이다. 다시 말하면 개방적이지 않은 사회에서는 개인의 창조성을 높이는 것으로 사회의 창조성이 높아지지 않을 수 있다. 예컨대, 개인들의 창조성이 높아서 각 개인이 많은 아이디어를 산출할 수는 있지만 개인들 간의 다양성이 없어서 그 산출된 아이디어가 유사한 경우를 생각하여 보자. 이때에는 사회적으로 새로운 아이디어의 크기는 그리 크지 않다. 반면 개인들의 창조성은 그리 높지 않지만 다양성이 높은 경우에는 사회적인 창조성은 오히려 크게 된다.

아래에 간단한 시뮬레이션의 결과가 제시되어 있다. 사각형은 아이디어의 공간을 나타내고 각 원은 개인의 창의성에 의하여 생산된 아이디어의 공간을 나타낸다. 사회 혹은 국가 전체 아이디어의 크기는 사각형 내에서 원들이 차지하는 공간으로 나타낼 수 있다. 그림 1의 왼쪽 부분은 개인들이 높은 창조성을 가지고 있어서 많은 양의 아이디어를 산출하지만 그 아이디어들이 유사하며 사회 전체적으로는 많은 아이디어를 산출하지 못하는 경우를 보여준다. 그림 1의 오른쪽 부분은 개인은 낮은 창조성을 가지고 있어 각자 산출할 수 있는 아이디어 양은 작지만, 개인들이 산출하는 아이디어의 다양성이 높아서 사회 전체의 아이디어 수는 왼쪽 그림에 비하여 많게 된다는 것을 보여준다.

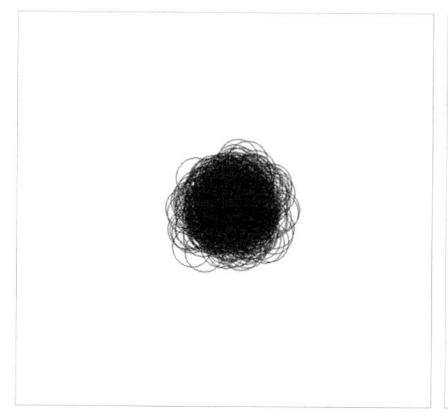 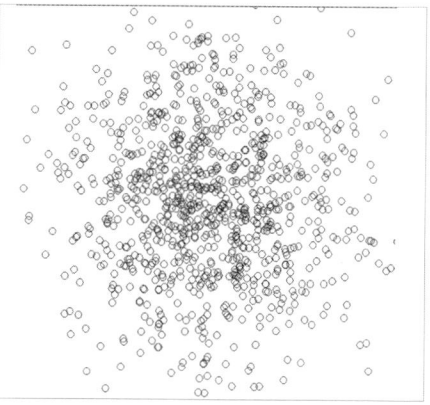

〈그림 1〉 창의성의 수준에 따라서 산출된 아이디어들의 합[왼쪽은 개인의 창의성(원의 크기)은 높으나 다양성이 낮은 경우이고, 오른쪽은 개인의 창의성(원의 크기)은 낮으나 다양성이 높은 경우다]

이러한 결과는 국가의 창조성이 각 개인의 창조적인 능력에 의해서만 결정되지 않음을 보여준다. 따라서 국가의 창조성을 논할 때, 사회의 다양성이 더 중요한 변수가 될 수 있다는 것을 시사한다. 국가나 사회의 창조성을 나타내는 지표들에서 사회의 다양성과 관련된 변수들을 포함하고 있는 것도 이러한 이유 때문으로 보인다.

4. 국가 간 창조성 비교

개인의 창조성과는 달리 국가 창조성의 수준을 결정하는 데에는 개방성이 매우 중요한 요인임을 살펴보았다. 이러한 점들을 고려하여 국가 간의 창조성 수준의 차이에 대하여 면밀히 검토해 보자. 국가에 대한 창조성 지표인 Global Creativity Index^{GCI}에 의하면 동아시아 국가들의 창조성 수준은 82개 국가 중에서 한국이 27위, 일본이 30위, 중국이 58위로 비교적 낮은 편이다. 이를 자세히 검토해 보면, 아시아 국가들의 기술수준은 매우 높은데, 관용 수준은 매우 낮은 것을 발견할 수 있다. 기술지표에서는 일본이 2위, 한국이 8위, 중국이 25위이고, 재능지표에서는 한국이 24위, 일본이 45위, 중국이 76위다. 재능지표는 다시 인적 자본과 창의적 학습으로 나눌 수 있는데, 인적 자본의 경우 한국은 2위, 일본은 29위, 중국은 61위다. 기술지표가 매우 높은 반면, 관용지표의 경우는 하위권에 위치하고 있다. 일본이 61위, 한국이 62위다. 중국은 자료가 수집되어 있지 않아 통계가 제시되어 있지 않지만 OECD 관용지수(OECD, 2011)에 따르면 한국이 43점, 일본이 42점, 중국이 34점이므로 중국도 일본 한국과 마찬가지로 낮은 관용 수준을 보이고 있음을 알 수 있다. 이러한 지표들은 한·중·일은 다른 국가들에 비해서 관용의 수준이 매우 낮으며 이로 인해 창조성 지표가 낮은 것을 알 수 있다.

GCI에서는 관용이 창의에 미치는 영향을 다음과 같이 설명한다. 새로운 아이디어는 다양한 인지 양식이 공존하는 곳에서 효과적으로 생산되고, 다양한 인지 양식은 다양한 인구통계학적 다양성과 밀접하게 관련되어 있다. 따라서 새로운 사고방식에 대하여 열린 생각을 가진 사회에서 자연스럽게 새로운 아이디어가 산출된다. 이러한 점에서 관용 혹은 개방성은 사회의 창조성에 중요한 요인으로 작용한다. 그러나 GCI에서는 관용성을 인구통계학적인 자료에서 소수 민족이나 소수 인종의 비율과 동성연애자의 수 등으로 측정하기 때문에 관용성에 대한 직접적인 측정치로는 볼 수 없고 따라서 이 척도에 대한 해석에도 한계가 있다. 이러한 해석을 보강하기 위하여 'Global Innovation Index 2013'(GII, Cornell 대학교)을 검토해 볼 필요가 있다.

GII에 따르면 한국의 혁신성은 18위, 일본은 22위, 중국은 35위로 GCI의 27위, 30위, 58위에 비해서 높은 편이다. GII는 매우 다양한 변수들을 광범위하게 사용하고 있고, 산업의 측면을 더 많이 반영하고 있으며, 관용성이나 개방성 항목을 별도로 두고 있지 않다는 점에서 GCI와 구별된다.

이 두 지표를 모두 반영하는 창조성 지표를 산출하기 위하여 주성분 분석을 이용하여 새로운 변수를 구성했다. 각 국가는 GCI와 GII에 의하여 좌표가 정해지는 2차원 상에 한 점으로 나타날 수 있다. 이 두 점수에 대한 분산을 가장 많이 설명할 수 있는 점수를 먼저 구성하고(C_1), 그 다음으로 C_1과 상관이 없으면서 나머지 분산을 설명할 수 있는 점수(C_2)를 구성하면 다음과 같이 된다.

$$C_1 = a_1(GCI) + a_2(GII)$$
$$C_2 = b_1(GCI) + b_2(GII)$$

주성분 분석 결과 첫 번째 점수는 GCI와 GII의 가중 평균으로 구성되었고(위의 식에서 a_2의 기울기가 양수) 두 번째 변수는 두 지표의 가중치가 주어진 차이점수로 구성되었다(위의 식에서 b_2의 기울기가 음수). 전자(CI_index)는 혁신성과 창조성을 모두 반영하는 것으로 혁신창조성이라 명명하고, 후자는 창조성과 혁신의 차이(rel.Creativity)를 반영하는 것으로 창조혁신불일치로 명명하자.

그림 2는 국가들이 두 변수에서 어떤 위치에 놓여 있는지를 나타내고 있다. 가장 큰 특징은 아시아 국가들이 아래쪽에 위치한다는 것이다. 즉 창조성 점수가 혁신 점수에 비하여 낮다는 것이다. 동일한 정도의 창조성을 지닌 것으로 보이는 한국, 일본이 이탈리아, 스페인과 비교하면 한국과 일본은 혁신성이 창조성보다 높은 점수를, 이탈리아와 스페인은 그 반대인 경우임을 알 수 있다. 스웨덴, 미국, 핀란드, 싱가포르, 네덜란드, 독일이 전체적인 창조성 점수도 높게 나타나고 창조성과 혁신성이

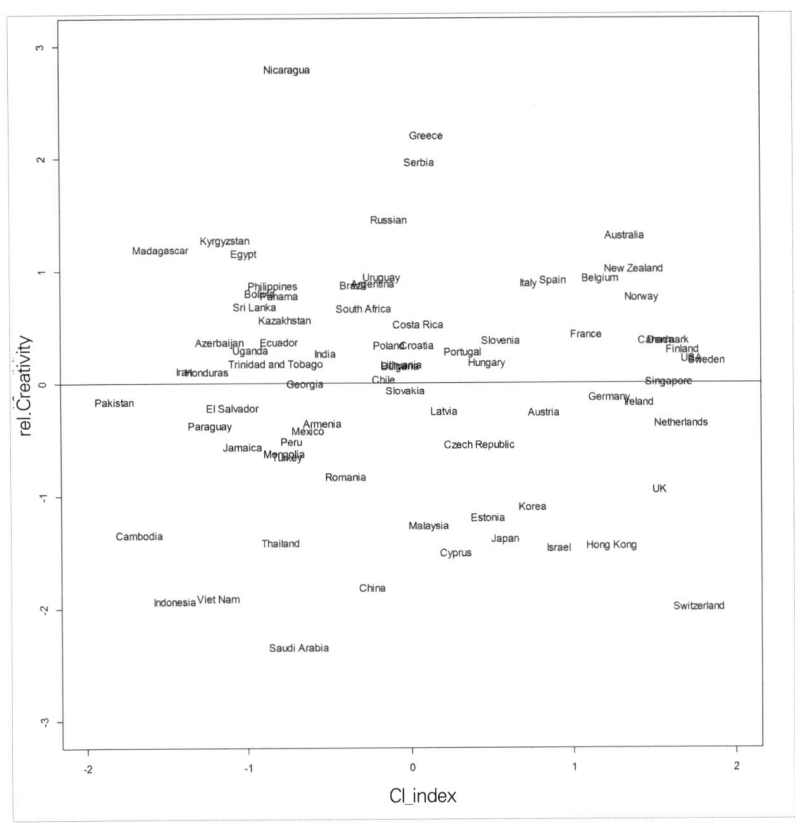

〈그림 2〉 X축은 혁신창조지수이며 Y는 불일치지수이다.

균형을 이루고 있었다.

이미 논의한 바와 같이 창조성지표와 혁신성지표의 차이는 관용성을 포함하고 있느냐, 그렇지 않느냐에 있다. 이에 대한 심층적인 분석을 위하여 GCI에서 지표들 간에 가장 괴리가 심한 관용성과 기술성을 살펴보았다. 그림 3에 보는 바와 같이 기술과 관용성은 대체적으로 정적인 관계에 있다. 기술의 수준이 높은 국가들을 중심으로 살펴보면, 소위 서구 선진국들은 기술에 비하여 관용의 정도가 높다. 아시아 국가들에서

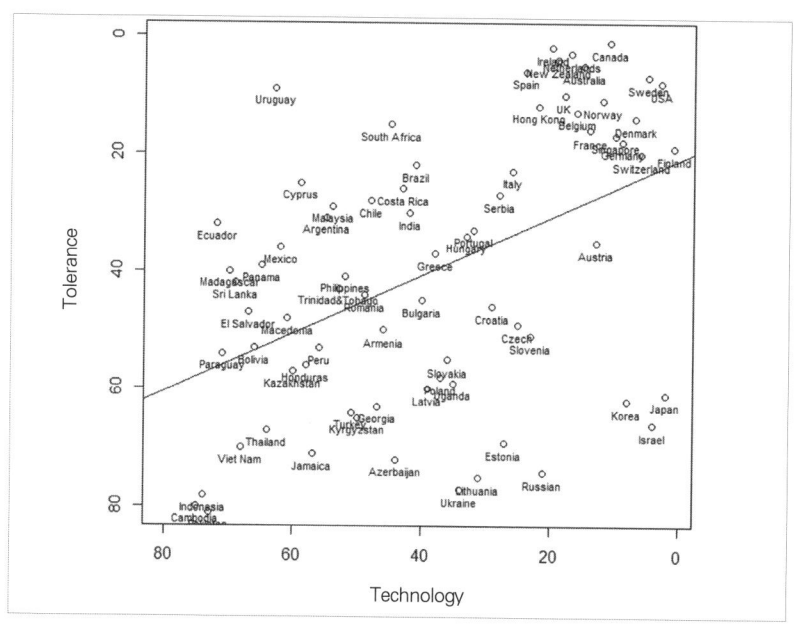

〈그림 3〉 기술 대비 관용의 수준(X축과 Y축은 모두 등수를 나타냄)

특히 한국과 일본은 기술에 비하여 관용의 수준이 매우 낮은 편이다(중국의 자료는 수집되지 않음). 이 두 국가의 관용 수준이 이스라엘과 별로 다르지 않은데, 이는 이스라엘의 정치문화적인 상황을 고려하면 한국과 일본의 관용 수준이 매우 낮음을 의미한다.

동아시아 국가들의 창조성을 국가들의 여러 가지 특성들을 이용하여 기술해 보았다. 특히 관용성 내지는 개방성은 아시아 국가들의 창조성을 설명하는 데 가장 중요한 요인이었으며, 동아시아는 관용성이 낮기 때문에 전체적인 창조성이 낮게 평가되었다. 관용과 개방성은 개인의 창의성을 발휘하게 하는 동력인 동시에 개인별 창의성의 변산성을 높임으로써 개인의 창의성 합을 크게 하는 역할을 한다.

5. 창조성에 대한 인식

지금까지 동서양의 창조성에 대한 개념이 다를 수 있으며, 개인의 창조성과 사회의 창조성이 구분되어 연구해야 한다는 점에 대해 논의했다. 특히 사회적 창조성을 평가하는 데 개방성 내지는 관용성이 매우 중요한 요인이라는 점을 강조했다. 이러한 개방성은 개인의 창조성을 정의하는 요소로써 직접적으로 다루어지지는 않았지만, 개인 차원에서도 개방성은 창조성과 관련이 있을 수 있다. 사실 심리학 분야에서 창조성과 개방성은 정적인 상관관계에 놓여 있음이 꾸준히 논의되어 왔다(McCrae, 1987; Silvia et al., 2009). 창조성과 성격 요소에 대한 연구들은 대체로 서구의 창조성 개념과 성격 개념에 근거하여 심리검사지를 통하여 조사하고 있으므로, 검사에서 제안된 창조와 성격 요소들 간의 관계성만을 찾아낼 수 있다. 따라서 이론과 모형에서 제시되지 않은 성격 특성들과 창조성과의 관계를 탐구할 수 없었다. 이 논문에서는 이러한 문제를 극복하기 위하여 사람들이 스스로 생성한 글을 분석하는 텍스트 분석을 통하여 창조성의 개념이 사람들에게 어떻게 표상되어 있는지를 연구했다.

이 연구에서 사용된 텍스트는 박성준(2014)에서 사용된 Big Five(Cost et al., 1992)의 성격 구성 요소에 대한 154명의 대학생들이 작성한 짧은 글들이었다. 대학생들에게 성격의 기본 요인으로 널리 받아들여지는 성실성, 개방성, 친화성, 외향성, 신경증을 가진 사람들에 대하여 짧은 글로 기술하게 하였다. 이 글들을 잠재 의미 분석을 통하여 분석하여 창의성과 가장 관련이 높은 단어들을 추출했다.

잠재 의미 분석 $^{\text{LSA: Latent Semantic Analysis}}$은 단어와 문장의 수반성 ^{contingency}을 분석하여 의미를 파악하는 방법이다. 기본적인 가정은 한 문장의 의미는 그 문장에 나타나는 단어들의 조합으로 파악된다는 것이다. 이때 한 문장에서 나타난 단어들이 어떤 문장들에서 출현했는지에 대한 정보도 이용하므로 이 단어를 통하여 다른 문장들과의 관계성을 표상할 수 있다(김청택 외, 2002; Landauer et al., 1997; Landauer et al., 1998).

이 분석에서 단어들 간의 연합의 정도는 코사인^{cosine}으로 계산되는데, 이는 단순히 두 단어가 동시에 얼마나 자주 등장하였는지에 대한 1차 상관관계뿐만 아니라, 두 단어가 동일한 문장에서 동시에 나타나지는 않았지만 두 단어가 모두 제3의 단어들과 동시에 나타나서 형성되는 2차 관계, 더 나아가 고차관계들로 반영한다.

잠재 의미 분석을 이용한 텍스트 분석에서 창의성과 강한 연합을 가지고 있는, 즉 코사인의 값이 가장 높은, 단어들이 표 1에 제시되어 있다. 가장 연관이 높은 단어가 인정, 차별,[2] 개방으로 이는 개방성과 관용성을 반영하는 어휘다. 또한 '받아들여지다', 수용 등도 관용성과 관련되어 있다. 이는 아시아인들, 적어도 한국의 대학생들은 창조성과 가장 크게 관련된 특성이 관용성, 개방성이라고 생각하고 있다는 것이다. 이러한 현상은 개인의 창조성을 이해하는데 개방성이 매우 중요한 요소이며, 창의성을 다루는 연구들에서 개방성의 문제가 체계적으로 다루어져야 할 필요가 있음을 시사한다.

또한 흥미 있는 발견은 미국, 외국, 외국친구와 같은 외국이라는 말이 자주 등장한다는 것이다. 창조성이 우리나라보다는 미국과 같은 외국의 속성이라고 보는 인식이 높은 것으로 보인다. 이미 논의한 바와 같이 동양인들은 스스로 창조적이라고 생각하지 않고 서양인들이 보다 창의적

---

[2] 차별이라는 어휘가 "차별한다"와 "차별하지 않는다"에서 나타난다. 여기에서는 '차별하지 않는다'와 창조성이 연합되어 있을 것이다.

이라고 생각하는 경향이 있는데, 이러한 특성 때문에 창조성과 미국 혹은 외국이라는 단어가 높은 연합 강도를 가지고 있는 것으로 해석할 수 있다.

개인적 창조성과 사회의 창조성이 개방성을 포함하느냐, 하지 않느냐에 의해서 다르게 정의되고 측정되고 있으나 사람들은 개인의 창조성에도 개방성이 중요한 역할을 한다고 생각한다. 따라서 개방성은 개인과 사회적 차원에서 모두 창조성과 밀접한 관련을 가지는 것으로 잠정적인 결론을 내릴 수 있다.

순위	어휘	cosine	순위	어휘	cosine
1	인정해주다	0.9994993	11	외국	0.9944279
2	차별	0.9971079	12	사상	0.9940079
3	개방적	0.9970763	13	한국	0.9938338
4	자유롭다	0.9970309	14	견해	0.9935916
5	미국	0.9968098	15	문화	0.9926867
6	받아들여지다	0.9957855	16	나라	0.9923821
7	적응해나가다	0.9953718	17	외국친구	0.9915991
8	진보적	0.9950702	18	기존	0.9914666
9	수용	0.9948949	19	먹어보다	0.9913983
10	보헤미안	0.9945905	20	아프리카	0.9913967

6. 맺는말

이 논문에서는 창조성의 개념이 동서양이 다르고, 개인과 사회의 창조성의 특성 또한 다르다는 점을 논의했다. 개인의 창조성에서는 수직적 창조성과 수평적 창조성으로 동서양의 차이를 설명했고, 사회의 창조성에서는 개방성으로 동서양의 차이를 설명했다.

먼저 개인의 창조성에서 동서양을 비교해 보면, 아시아와 서양의 창조성의 개념이 다르고 각자의 장점이 다를 수 있지만, 아시아 국가들에게 소위 수평적 창조성이 부족하다는 데에는 대체로 의견의 일치를 보이는 것 같다. 수평적 창조성이 낮은 이유로는 사회의 관용 혹은 개방성이 부족하기 때문이라고 설명하고 있다. 이는 사회의 창조성에서 아시아 국가들이 관용 혹은 개방성에서 낮은 것과 일치하는 설명이다. 아시아 지역 사회에서는 자신과 다른 의견이나 태도를 상대적으로 덜 수용하려는 경향이 있는 것이다.

아시아 국가들에게 수평적 창조성이 낮다는 것은 최대의 약점이다. 그러나 수평적 창조성만이 중요한 것은 아니다. 수평적 창조성과 수직적 창조성이 균형을 이룰 때 사회의 창조성에 공헌하게 된다. 수평적 창조성은 새로운 아이디어를 산출하는 데, 수직적 창조성은 그 아이디어를 유용하게 만드는 데 공헌하게 된다. 수평적 창조성만 강조되면 많은 아이디어가 산출되겠지만 이를 실용화하는 데에는 한계가 있기 때문에 사회의 창조성을 향상시킬 수 없다. 즉 개별적인 창의성의 측면에서 보면 새로움은 있지만 유용성이 없으면 창의적이라고 할 수 없기 때문이다.

사실 창의성에 대한 많은 논의들에서 유용성은 새로움에 비하여 크게 강조되지 않았다. 아시아 사람들은 유용성 측면에서 더 강점이 있는 반면 새로움에 약점이 있기 때문에, 창조성에서 높은 평가를 받지 못하는 것도 같은 맥락이다. 아시아 국가들은 수직적 창조성에 근거한 사회의 발전을 이루어내고 있기 때문에, 여기에 수평적 창조성이 보강된다면 발전을 가속시킬 수 있을 것이다.

이러한 논의를 바탕으로 아시아에서 창조성을 증진시킬 수 있는 방안들을 생각해 볼 수 있다. 첫째 개인의 창조성을 고양시키기 위해서는 적절한 교육이 필요하다. 창조성을 키우려고 할 때 가장 먼저 고려할 수 있는 것이 창조성 관련 과목을 만들어서 교육하는 것이다. 그러나 창조성은 이러한 방식으로는 교육될 수가 없다. 기존에 생각하지 않았던 새로운 아이디어를 창작해내는 것이 창조성인데, 학교에서 정형화된 커리큘럼 속에서 가르칠 수는 없는 것이다. 학생들이 남과 다른 생각을 하는 것을 격려하고 그러한 생각을 구체화하는 것을 도와주는 방식으로 교육이 이루어져야 할 것이다. 이를 위해서는 교사들과 주변 동료들이 자신의 생각과 다른 아이디어에 대하여 인내심을 가지고 대하는 것이 필요하다. 학생들이 만들어내는 새로운 아이디어가 대부분 가치가 없을 수 있지만, 일부만이라도 가치가 있다면 창조성 교육은 의미가 있는 것이다. 모든 학생들이 틀을 깨는 창조성을 가지는 것은 가능하지도 바람직하지도 않다. 몇몇 소수의 학생을 키워내는 것이 교육의 중요한 목표에 해당한다.

둘째 교육을 통한 개인의 창조성을 육성하는 것과 더불어서 국가의 창조성을 높이기 위해서는 개방적인 사회가 되어야 한다. 다양한 생각을 하는 많은 사람들로 사회가 구성되어야만 사회적인 창조성이 증가하게 되는 것이다. 즉 사회적 다양성을 높이면 국가적인 창조성도 증가하게 된다. 다양성을 높이기 위해서는 자신의 가치와 다른 사람들을 포용하고, 자신이 속해 있지 않은 다른 집단에 대한 의견을 존중하면서, 충돌하는 의견을 조정할 수 있는 인내와 관용이 필요하다.

특히 중국과 일본과는 달리 한국의 경우 인구가 많지 않고 동질적인 사회이기 때문에 개방성을 높이는 것이 쉽지 않다. 개방성을 높이기 위해서는 국가 내의 다양성을 최대한으로 존중하는 노력도 해야겠지만, 세계의 자원을 적극적으로 활용하는 것도 생각해 보아야 할 것이다. 그 중 하나가 국가의 외부에서 창조적인 인력을 유입하는 방법이다. 그림 4

에 제시된 해외 고급인력 유인지수에 따르면 한국(31위), 일본(41위)은 미국(1위) 싱가포르(4위)에 비해서 현저하게 낮다. 다만 중국(24위)은 상대적으로 한국과 일본에 비하여 높은 점수를 보이고 있다. 이는 현재 중국이 아시아에서 새로운 강국으로 부상하는 것과 관련되어 있을 것으로 보인다. 따라서 한국과 일본은 해외 고급인력을 유치할 수 있는 방안들에 대하여 모색해야 할 것이다. 경제적인 지원 등과 같은 다양한 방법들을 생각해 볼 수 있지만, 여기에서도 또한 사회의 다양성 내지는 관용성을 높여주는 것도 외부의 인력을 유인하는 데 필수적인 요인으로 보인다.

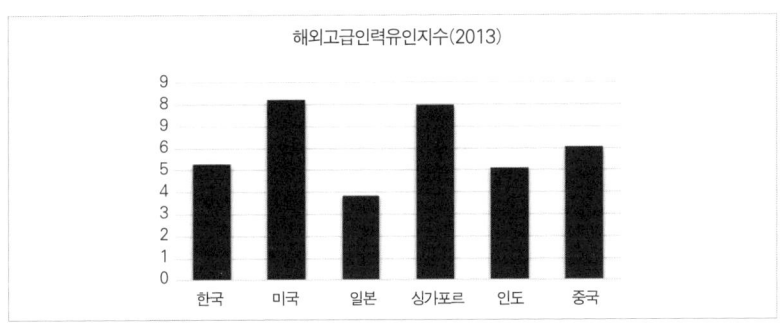

〈그림 4〉 해외 고급인력 유인지수
출처: World Compensativeness Yearbook

아시아의 미래를 위해서는 창조성이 무엇보다도 필요하다는 데에 사회적 공감이 있는 것도 사실이다. 이에 창조성을 증진시키기 위한 방안들에 대하여 다양한 논의가 진행되고 있다. 많은 경우에 개인의 창조성만을 강조하는 측면이 있는데, 국가적 차원의 창조성에 대해서도 논의를 시작해야 할 것이다.

창조성과 개방성의 관계를 파악하려는 이 논문은 탐색적인 성격을 띠고 있다. 즉 기존의 자료와 문헌들에서 창조성에 대한 가설을 제안한 논문이다. 국가의 창조성에 대한 구체적 특성을 이해하기 위해서는 더 많은 변수들을 포함한 경험적이고 체계적인 연구가 필요할 것이다.

참고문헌

김청택·이태헌. 2002. "잠재 의미 분석을 사용한 문서 분류." 『한국심리학회지: 인지 및 생물』 14권, 309-319.

박성준. 2014. "A Comparison between Factor Structure and Semantic Representation of Personality Test Items Using Latent Semantic Analysis." 서울대학교 석사학위 논문.

Adobe. 2012. "State of Create Study: Global Benchmark Study on Attitudes and Beliefs about Creativity at Work, School, and Home." https://www.adobe.com/aboutadobe/pressroom/pdfs/Adobe_State_of_Create_Global_Benchmark_Study.pdf (검색일: 2014. 9. 1).

Chan, D. W. and Chan, L. 1999. "Implicit Theories of Creativity: Teachers' Perception of Student Characteristics in Hong Kong." *Creativity Research Journal* 12, 185-195.

Cornell University, INSEAD, and The World Intellectual Property Organization. 2014. *The Global Innovation Index 2014*.

Costa, P. T. Jr. and McCrae, R. R. 1992. *Revised NEO Personality Inventory and NEO Five-Factor Inventory Professional Manual*. Florida: Psychological Assessment Resources.

Csikszentmihalyi, M. 1996. *Creativity: Flow and the psychology of discovery and invention*. New York: Harper/Collins.

Guilford, J. P. 1950. "Creativity." *American Psychologist* 5, 444-454.

Kaufman, J. C. and Beghetto, R. A. 2009. "Beyond Big and Little: The Four c Model of Creativity." *Review of General Psychology* 13, 1-12.

IMD. 2013. *World Competitiveness Yearbook*.

Jaquish, G. A. and Ripple, R. E. 1984. "A Life-span Developmental Cross-Cultural Study of Divergent Thinking Abilities." *International Journal of Aging and Human Development* 20, 1-11.

Landauer, T. K. and Dumais, S. T. 1997. "A Solution to Plato's Problem:

The Latent Semantic Analysis Theory of Acquisition, Induction, and Representation of Knowledge." *Psychological Review* 104, 211-240.

Landauer, T. K., Foltz, P. W. and Laham, D. 1998. "Introduction to Latent Semantic Analysis." *Discourse Processes* 25, 259-284.

Li, J. 1997. "Creativity in Horizontal and Vertical Domains." *Creativity Research Journal* 10, 107-132.

Lim, W. and Plucker, J. A. 2001. "Creativity through a Lens of Social Responsibility: Implicit Theories of Creativity with Korean samples." *Journal of Creativity Behavior* 35, 115-130.

Martin Prosperity Institute. 2011. "Creativity and Prosperity: The Global Creativity Index." Toronto, ON, CA: MPI. http://martinprosperity.org/media/GCI Report Sep 2011.pdf(검색일: 2014. 9. 1).

McCrae, Robert R. 1987. "Creativity, Divergent Thinking, and Openness to Experience." *Journal of Personality and Social Psychology* 52, 1258-1265.

Niu, W. and Sternberg, R. J. 2001. "Cultural Influences on Artistic Creativity and Its Evaluation." *International Journal of Psychology* 36, 225-241.

Plucker, J. A. and Beghetto, R. A. 2004. "Why Creativity Is Domain General, Why It Looks Domain Specific, and Why the Distinction Doesn't Matter." in R. J. Sternberg, E. L. Grigorenko and J. L. Singer eds. *Creativity: From Potential to Realization*, 153-167. Washington, DC: APA.

Rudowics, E. and Hui, A. 1997. "The Creative Personality: Hong Kong Perspective." *Journal of Social Behavior and Personality* 12, 139-148.

Silvia, P. J., Nusbaum, E. C., Berg, C., Martin, C. and O'Connor, A. 2009. "Openness to Experience, Plasticity, and Creativity: Exploring Lower-Order, High-Order, and Interactive Effects." *Journal of Research in Personality* 43, 1087-1090.

Yi, X., Hu, W., Scheithauer, H., and Niu, W. 2013. "Cultural and Bilingual Influences on Artistic Creativity Performances: Comparison of German and Chinese Students." *Creativity research journal* 25, 97-108.

제9장
사회의 질, 경쟁, 그리고 행복[1]

이재열[2]

1. 경제성장으로 우리는 더 행복해졌나

경제성장은 더 많은 재화와 서비스를 선사함으로써 국민들을 행복하게 해 준다고 여겨져 왔다. 그러나 우리 현실을 돌아보면 이러한 상식에 반하는 일들이 많다. 세계에서 부러워하는 경제성장을 이루었지만, 행복감은 그다지 높지 않으며 생활만족감은 최저 수준이다. 경제성장이 국민들의 행복을 증진시키지만은 않는다는 것을 처음으로 주장한 이는 이스터린(Easterlin)이다. 그는 제2차 세계대전 이후 미국의 1인당 국민소득은 지속적으로 증가했으나, 행복하다고 느끼는 국민들의 비율은 30% 내외에 불과하며, 또한 그 비율이 거의 변화하지 않았다는 점을 발견했다.

---

[1] 이 논문은 서울대학교 아시아연구소 정기학술지 〈아시아리뷰〉 4권2호(2015.2.28.)에 게재되었다.

[2] 이 연구는 서울대학교 아시아연구소의 2014년도 아시아연구기반구축 사업의 지원을 받아 수행되었으며(#SNUAC-2014-009), ㈜두산의 연구비 지원을 받았다.

이러한 연고로 경제학자들은 경제성장에도 불구하고 행복감이 증대되지 않는 현상을 '이스터린의 역설'Easterlin Paradox이라 이름 붙인 바 있다(Easterlin, 1974).

물론 국가 수준에서 경제성장과 국민들의 평균적인 행복감 사이의 관계에만 주목한 것이므로, 개인들 간에도 소득과 행복이 무관하다고 주장하게 되면 '생태학적 오류'를 범할 수 있다. 한 나라 안에서는 대체로 소득이 높은 사람들일수록 더 행복하다고 느끼는 경향이 있고, 개인 수준에서는 소득이나 자산과 행복감 간에 밀접한 상관관계가 존재한다는 것이 반복적으로 확인되기 때문이다. 경제성장에 따른 국민소득 향상은 국가의 평균적 행복감을 증대시킨다는 것도 경험적으로 확인되는 사실이다. 그래서 제대로 된 분석을 위해서는 다차원 데이터를 이용한 분석이 되어야 할 것이다. 다만 이스터린의 문제 제기는 지속적인 경제성장에도 불구하고 국민들의 평균적인 행복감이 높아지지 않는다면, 성장 위주의 국가정책이 과연 정당한 것인가에 대해 되돌아보게 만든다는 점에서 유의할 필요가 있다.

한국의 경우, 1960년대 1인당 국민소득은 100달러 내외에 불과했지만, 2000년대 중반 이후에는 2만 달러를 넘어서고 있다. 선진국의 기준은 기관마다 다르지만, 객관적 기준에 따르면 한국은 이미 '선진국'이다. 선진국 클럽이라고 불리는 OECD의 회원국이며, 기대수명과 문자해독률 및 상급학교 진학률 등으로 발전을 측정하는 유엔개발계획UNDP 기준의 인간개발지수Human Development Index도 세계에서 12위 수준이다. 그러나 여전히 '선진화'는 우리나라 정치권의 화두이다. 선진화론은 '아직 선진국이 아니니 선진화를 통해 선진국으로 진입하자는 주장'인데, 국민들이 체감하는 현실도 별반 다르지 않다. 아직 선진국이 아니라고 느끼는 국민이 대다수인 것이다.

유엔에서 발표한 2013 행복보고서에 따르면, 한국인의 행복감은 전체 82개국 중 41위에 불과하다. 대만이 42위, 일본이 43위로서, 동아시아 국가들은 경제적 성취에 비하면 행복감이 유난히 낮다. 더구나 동아시아 국가들의 경우에 경제력과 행복감 간의 괴리가 더 크다는 점도 확인할 수 있다. 한국은 1인당 GDP(2012년 기준)가 2만 1562달러로 이스라엘(2만 2606달러)과 거의 같았다. 반면 국민 행복감은 이스라엘(7.30)이 한국(6.27)보다 높았다. 한국의 1인당 GDP는 이스라엘의 95.4% 수준이지만 국민 행복감은 이스라엘의 85.9%에 불과했다. 중국과 일본도 비슷한 경향을 보였다. 중국은 1인당 GDP가 비슷한 알제리에 비해 국민 행복감이 낮았다. 일본은 호주, 벨기에 등과 비슷한 1인당 GDP 수준을 보였지만 행복감에서 두 나라에 모두 뒤처졌다.

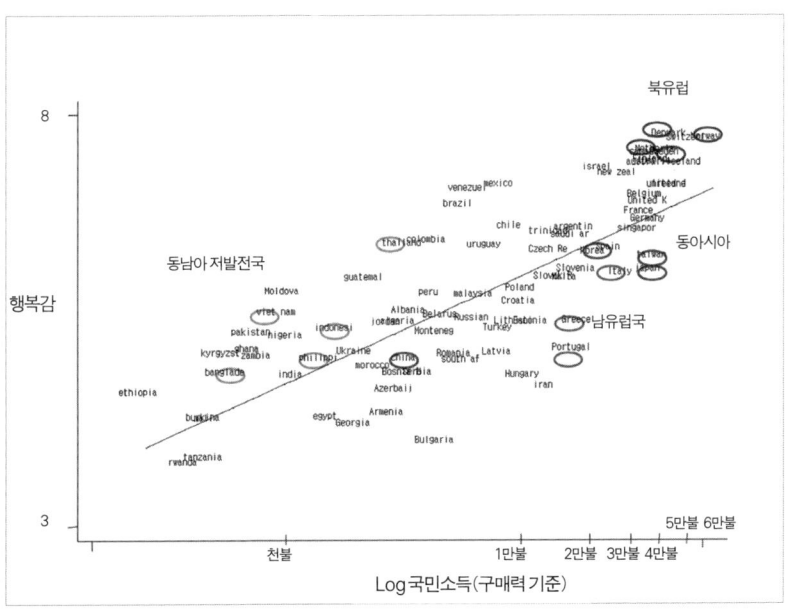

〈그림 1〉 행복감과 국민소득 간의 관계

82개 국가들의 행복감과 연관성을 맺고 있는 변수들과의 상관관계를 계산해보니, 행복과 소득간의 상관관계가 .786으로 가장 높게 나타났다. 그러나 그 다음으로는 투명성과 .687로서 상당히 높은 상관성을 드러냈고, 신뢰와 .544, 언론자유와 .513 등으로 유의미한 높은 상관관계를 보여주고 있다.

이러한 수치들은 한국인이, 그리고 아시아인들이 스스로를 선진국 국민이라고 느끼지 못하는 이유, 그리고 경제성장에도 불구하고 행복하지 않은 이유를 암시한다. 급속한 경제성장의 결과 한국의 자살률은 OECD 회원국 중 1위 수준이며, 노동시간은 최장이다. 삶이 여유가 없고 팍팍하다. 사교육비 지출과 고령화 속도는 세계 최고인데, 출산율은 세계 최저다.

역사적으로 보면 1인당 국민소득 1만 달러를 전후해 경제성장과 행복감 간에 질적인 변화가 나타나는 것으로 보인다. 국민소득 1만 달러 이하의 국가군에서는 행복감과 국민소득 간에 매우 가파른 상관관계가 있지만, 1만 달러 이상 국가군에서는 그 기울기가 현저히 낮아지는 반면, 같은 소득군 내에서도 행복감의 격차가 두드러진다는 점에서 질적인 변환점이 존재하는 것으로 읽힌다.

2. 물질재에서 지위재로

문제는 이러한 전환을 어떻게 해석할 것인가 하는 점이다. 왜 경제적 성장과 소득의 증대가 이루어질수록 행복감의 증대에 미치는 효과는 체감하는가에 대한 가장 직접적이고 설득력 있는 해석은 허쉬$^{Fred Hirsch}$에 의해 제시된 바 있다(Hirsch, 1974). 그가 관심을 가졌던 사회는 70년대의 영국으로서, 전후 물질적으로는 풍요로운 사회에 도달했지만, 분배와 평등에 대한 요구가 거세지고, 성적^{性的}으로나 미적 취향은 극단적인 개인주의화 경향을 보인 반면, 경제 정책에서는 강력한 국가 규제를 요구한 상황과 밀접하게 관련되어 있다.

허쉬는 물질재$^{material\ good}$와 지위재$^{positional\ good}$를 구분했다. 물질재란 기본적인 의식주의 욕구를 충족시키는 데 필요한 재화로서 음식, 주거, 의복 등 생존에 필요한 가장 기본적인 재화들을 일컫는다. 반면에 지위재는 상대적으로 희소하며, 대체재의 존재 여부나 다른 사람들의 요구에 따라 그 상대적 가치가 결정되는 재화나 서비스를 말한다. 여기에 해당하는 대표적인 것들이 환경, 교통, 교육, 일자리 등이다.

허쉬의 논지는 경제성장의 초기 단계에는 물질재의 공급을 늘리면 사람들의 만족감과 행복감이 커지지만, 경제성장이 일정 수준을 넘어서면 점차 지위재가 더 중요해지기 때문에, 물질재의 공급을 늘리는 것으로는 해소되지 않는 불만이 쌓인다는 점에서 '풍요의 역설'이 발생한다는 것이다. 물질재를 둘러싼 경쟁은 공급을 확대하면 완화된다. 그러나 지위재는 상대적 서열이 중요하므로, 이를 둘러싼 경쟁은 최소한 단기적으로는 늘 제로섬 게임의 특징을 가진다. 또한 지위재는 경제적 지대^{rent}나 유사지대$^{quasi-rent}$와 같다.

돌이켜보면 한국의 고도성장기는 물질재의 확대 과정이었다고 할 수 있다. 보릿고개의 고통스런 기억을 가진 세대에게 고도성장의 과실은 확실히 강력한 효과를 주었다. 헐벗고 굶주린 이들이 먹을 것과 입을 것을 풍부하게 얻고, 쾌적한 주택에 살게 되었기 때문이다. 가장 어려운 처지에 있던 이들에게조차 성장의 과실은 삶의 개선이라는 '밀물효과'를 가져다 주었고, 내일은 오늘보다 나을 것이라는 희망을 주었다.

반면에 고도성장기가 끝나고 물질재에 대한 욕구가 포화상태에 이르자, 더 나은 대학교육, 더 좋은 일자리, 편리한 주거와 쾌적한 환경 등에 대한 욕구가 점점 커졌다. 그런데 지위재는 절대적 소유 여부보다 다른 이들과의 비교가 중요하다는 점에서 그 효용이 늘 상대적이다. 예를 들어 자동차 보급률이 낮은 사회에서는 자동차 소유자가 소수이므로, 도로가 좁더라도 쾌적하게 운전할 수 있다. 그만큼 자가운전자의 효용은 매우 크다. 그러나 모든 가정에 자동차가 보급되면 교통량이 급증하여 곳곳에 정체가 생긴다. 자가운전자들은 엄청난 비용을 지불하지 않을 수 없게 된다. 환경의 쾌적성 역시 상대적이다. 소수가 거주하는 교외 지역은 쾌적한 환경을 유지할 수 있지만, 고밀도 개발로 거주자가 늘어나면 쾌적성은 더 이상 누리기 어렵게 된다. 지난 60여 년간의 한국 사회 발전 과정을 돌아보면 물질재에 대한 욕구가 채워진 후, 지위재를 둘러싼 경쟁이 격화되면서 여러 가지 문제들이 발생했음을 알게 된다.

한국의 대학 진학률을 예로 들어 보자. 30년 전과 비교하면 고졸자의 대학 진학률은 25%에서 85%로 급증했다. 세계에서도 유례를 찾기 힘들 정도로 높은 대학 진학률이다. 1990년대 초반까지만 해도 한국의 대학 진학률 증가는 아시아나 유럽 국가들에 비해 특별히 두드러지는 것은 아니었다. 그러나 1990년대 초반 대학 설립 준칙주의 도입으로 대학교육의 공급을 무한정 늘리는 정책이 본격화된 이후, 대학 진학률이 지속적으로 증가해 세계 최고 수준까지 오르게 되었다. 그럼에도 불구하고 대입 경쟁은 과거 어느 때보다도 치열해졌다. 특히 이른바 SKY로 불리는 명문대학 입학을 둘러싼 경쟁은 상상을 불허하는 수준으로 치열해졌고, 선행학습 경쟁을 통해 그 파급 효과는 고등학교뿐 아니라 중학교까지 미치게 되었다.

문제는 입시경쟁만으로 끝나지 않았다. 대졸자들이 대량 양산되면서, 좋은 일자리, 즉 청년층이 원하는 대기업 사무직에 취직하는 일은 과거

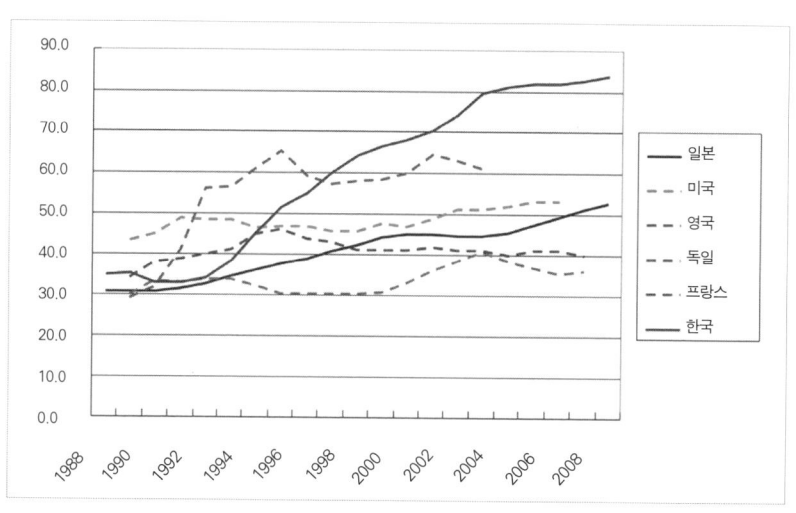

〈그림 2〉 각국의 고등교육 진학률 추이 (출처: 가와이 노리코, 2011)

어느 때보다도 어려워졌다. 결과는 대졸자들의 심각한 청년실업률이다. 반면에 저학력 생산직 노동자는 구하기 힘들어서 외국인 노동자를 구하기 위한 중소기업 사장들 간의 경쟁이 치열하다는 보도도 심심치 않게 나온다. 이는 공급의 확대가 문제를 해결하기 보다는 오히려 문제를 악화시켰다는 점에서 지위재를 둘러싼 경쟁의 대표적 사례라고 할 수 있다. 제도적으로 최적화된 수준 이상으로 교육의 공급이 늘어나면, 이에 상응하는 양질의 일자리 증가가 따라주지 않는 한 과잉 교육이 된다. 그리고 전반적인 노동시장의 비효율이 높아진다. 과거 고졸자들이 하던 일들을 이제는 대졸자들이 하게 되기 때문이다.

주택은 지위재의 또 다른 예다. 전국적으로 110%에 달하는 주택보급률에도 불구하고 요즈음 젊은이들은 내 집을 장만하는 일을, 특히 서울에서 내 집을 장만하는 것을 거의 불가능한 일이라고 느낀다. 이는 부수적 희소성$^{incidental\ scarcity}$을 잘 보여주는 사례다. 즉, 얼마나 많은 타인이 그 재화나 서비스의 혜택을 받느냐 하는 포괄성의 정도에 의해 자신의 만족감이 결정된다는 의미다. 교통체증이 물리적 적체physical congestion를 의미한다면, 좋은 일자리나 명문대학 입학을 둘러싼 과도한 경쟁은 사회적 적체social congestion를 의미한다.

급속한 경제성장과 민주화에도 불구하고 국민들의 행복감은 낮아지고, 제도와 정당에 대한 불신은 심해졌으며, 사회 갈등도 심각해진 현실은 성장과정에서 물질재에서 지위재로 경쟁의 대상이 바뀌게 될 때 드러나는 풍요의 역설을 보여준다. 풍요의 역설을 한국 사회에 적용하여 가장 잘 드러내는 표현은 배고픈 사회hungry society가 분노하는 사회angry society로 바뀌었다는 것이다(전상인, 2008). 분노의 증상은 여러 가지 형태로 발현되고 있다. 이를 가장 잘 표현하는 것은 불신과 불만, 그리고 불안이다.

타인과 비교하는 성향이 강할수록 일과 지위 및 물질을 중시하고 경제적 성과가 높지만, 과소비와 과시적 소비 경향도 강해진다. 그리고 비교 성향이 높을수록 건강과 행복감 및 삶의 만족도는 낮아진다. 특히 공정 경쟁이 가능하지 않은 상태에서 상향 비교는 자기 발전의 촉매가 되기보다 역기능이 커지는 경향이 있다. 즉, 비교 성향이 강할수록 집단 추종, 극대주의, 이기주의 성향이 강하며, 상대적 박탈감이 커지고, 결과적으로 행복감도 떨어진다는 것이다(김희삼, 2014).

상대적인 위치가 열악한 이들이 누적될 경우 사회적 분노는 심화된다. 예를 들면 한국의 저임금 노동자 비중은 25.7%로 OECD 평균인 16.3%에 비해 월등히 높다. 정규직과 비정규직 간 차이는 단순한 노동시간 차이에 그치지 않고 신분 차별에까지 이르고 있다. 노인 빈곤률은 45.1%로 OECD 평균 13.5%의 세 배에 달한다. 노인 100명 중 4명은 78만 원 미만으로 생계를 유지하고 있다(OECD, 2014). 10만 명당 자살률은 31명으로 OECD 평균 13명의 거의 세 배에 달한다. 반면에 한국의 최근 투표율은 46%로서 OECD의 최하위 수준이다. 1987년 직선제를 모토로 한 민주화에 대한 열망이 정치민주화의 틀을 새롭게 만드는 계기가 되었으나, 그 결과 정치에 대한 냉소와 불신이 넘쳐난다. 가히 '민주화의 역설'이라고 할 만하다. 20대는 취업과 진로가 불안하고, 30대는 거주 대책이 불안하며, 40대와 50대는 노후 대책이 불안한 것이다.

과거 한국 현대사를 돌이켜보면, 시대마다 어떤 가치와 어떤 사회를 지향할 것인가에 대한 사회 구성원의 포괄적이고 암묵적인 합의가 분명했다. 1970년대의 고도 성장기에는 '잘 살아보세'라는 경제적 가치가 지배적이었다. 그리고 1987년 이후에는 '민주화'가 시대정신이었다. 그러나 국민소득 2만 달러를 넘어선 2010년대의 한국에서는 뚜렷한 시대정신이 보이지 않는다. 혹자는 더 많은 성장을, 혹자는 민주화를 대안으로 제시하지만, 불신, 불만, 불안의 시대를 해결하는 대안으로서의 긴장감은 훨씬 떨어진다.

하나의 대안은 선진화先進化다. 그러나 선진화는 이미 앞서 있는 선진국을 전제한다는 점에서 '뒤져 있는 후진국의 영원한 따라잡기'라는 의미로 해석될 수 있다. 혹자는 '善進國'을 대안으로 제시한다. GDP나 군사력과 같은 경성 파워에 대비되는 연성 파워로서 정보력, 기술력, 도덕 자원, 문화적 매력, 제도적 유연성 등을 지칭하는 것인데, 사회의 포용성과 신뢰가 높아지지 않고는 해결하기 어려운 문제들이 많아졌다는 의미다(김진현, 2008). 실제로 한 신문에서는 사회적 효율성 제고에 직접적으로 도움이 되는 소프트파워로서 약자에 대한 배려, 공정성, 개방성, 시스템적인 규율 등 네 가지 요소들을 종합하여 '선인프라'로 지수화하기도 했다(『매일경제신문』, 2011/3/29). OECD 30개 국가와 비교한 결과 한국은 고르게 최하위권을 기록했다. 종합 순위는 28위였다. 특히 지도층

의무감을 나타내는 노블레스 오블리주 분야는 30위로 꼴찌를 차지했다.

3. 행복과 사회의 질(social quality)

이처럼 경제성장이 오히려 행복감을 떨어뜨린다는 풍요의 역설이 사실이라면, 발전이 무엇인지 다시 질문하지 않을 수 없다. 기존의 발전이론에 대해 포괄적으로 검토한 후 발전이론을 종합하고자 한 김경동은 경제성장만으로는 해결할 수 없는 '발전의 핵심가치'를 제시함으로써 행복한 좋은 사회가 어떤 사회인지를 개념적으로 구체화할 수 있다고 보았다(김경동, 2002: 92-94). 그가 제시하는 좋은 사회를 구성하는 삶의 가치는 두 가지로 요약할 수 있는데, 하나는 '삶의 질적 향상'이고, 다른 하나는 '삶의 기회의 확대'다. 그는 다시 삶의 질의 향상이란 가치를 두 차원으로 나누는데 ① 육체적으로 살기 좋으려면 객관적 조건이 나아져야 하고 ②잘 살기 위해서는 심리적, 정신적으로도 살기 좋아야 한다고 본다. 여기서 객관적 조건은 주로 최소한의 물질적 자원과 이를 뒷받침할 경제적 여유를 의미하며, 주관적으로 좋은 삶은 정신적 풍요와 행복감 등을 의미한다. 한편 삶의 기회의 확충은 자원의 배분과 직결된다. 여기서 삶의 기회도 다시 ① 사회적 불평등이나 배제, 차별 등의 분배정의와 관련된 사회정의라는 측면과 ② 인간으로서 누릴 수 있는 가장 기본적인 자유와 선택권으로 나눈다. 김경동이 주목한 발전가치는 좋은 사회가 되기 위한 제도적 측면과 구성론적 측면, 그리고 거시적 측면과 미시적 측면을 모두 포괄하고 있다.

그동안 양적 성장이 아닌 질적 발전, 혹은 사회의 품격에 관해 진행된 연구들을 보면 개인적 수준의 발전의 총합으로 사회 전체의 수준을 가늠하는 연구와 개인적 수준과는 일정한 정도 독립적인 차원인 사회적 수준에 관심을 가지는 연구로 대별된다. 전자에 해당하는 대표적인 연구는 '삶의 질' 접근법이다. 그리고 후자는 다시 사회적 응집성이나 배제, 혹은 사회자본 등 구체적인 사회의 특징을 다루는 접근법과, 지속가능성, 인간개발, 사회의 질 등 보다 포괄적으로 사회의 성격을 가늠하는 접근법으로 구분할 수 있다(Noll, 2002).

여기서 특별히 관심을 갖는 사회의 질은 각 개인들이 자신의 복지나 개인적 잠재력을 향상시킬 수 있는 조건 하에서 사회경제적, 문화적 공공체의 삶에 참여할 수 있는 정도를 의미한다(Beck et al., 1997). 처음 사회의 질에 대하여 정의한 벡과 그의 동료들에 의하면 사회의 질은 김경동의 문제의식과 마찬가지로 객관적 차원과 구성적 차원, 그리고 거시적 차원과 미시적 차원을 모두 포괄하는 다차원적 개념이다.

사회의 질은 개인 수준의 삶의 질과 대비되는 사회 수준의 관계의 특성을 의미한다. 즉, '한 사회를 구성하는 시민들이 공동체 내에서 자신의 잠재력을 충분히 발휘하면서 경제적이고 문화적인 삶을 누릴 수 있는 정도'라고 정의할 수 있을 것이다. 달리 표현하면, 개인의 자기실현이라는 원심력과 사회적 맥락에서 발현되는 집합적 정체성이라는 구심력 간에 상호 긴장이 있되 둘 사이에 균형이 유지될수록 사회의 질이 높아진다. 개인의 생애사적 발전과 사회적 발전은 서로 보완적이어야 사회의 질을 높일 수 있다는 것이다. 또한 시스템의 조직화된 공식성과 친밀한 비공식적 세계를 가르는 축 간에도 긴장과 균형이 유지되어야 사회의 질이 높아진다고 주장한다. 이처럼 개인과 사회를 가르는 수직축과 시스템과 생활 세계를 가르는 수평축을 교차하여 영역을 나누었을 때, 각 영역에서 사회적 조건이 충족되는 정도에 따라 그 수준을 가늠할 수 있다고 본다(van der Maesen, 2001; 2005; 이재열, 2007). 사회의 질은 사회적 관계를 형성하는 데 토대가 되는 모두 네 가지의 구성 요소들로 이루어지는데, ① 자원 ② 연대감 ③ 접근과 참여 ④ 역능성 등이 그것이다. 각 구성 요소들에 영향을 미치는 조건들은 다음과 같은 원칙에 의해 지표로 구성될 수 있다.

① 사람들이 얼마나 물질적, 환경적 자원 등에 접근 가능한가를 보여주는 사회경제적 안전성
② 사회적 관계가 얼마나 공통의 정체성과 가치규범에 기반을 두고 있는가를 보여주는 사회적 응집성
③ 사람들이 일상생활을 구성하는 다양한 제도와 사회적 관계에 얼마나 접근 가능한가를 보여주는 사회적 포용성
④ 개인의 역량과 능력 발휘가 사회적 관계를 통해 얼마나 북돋워지는가를 보여주는 사회적 역능성

이러한 네 가지 차원의 지표들을 종합하면 새로운 공동체의 척도로서 사회의 질을 지수화할 수 있을 것이다. 종합적으로 이야기하면 살기 좋은 사회는 사회의 질이 높은 사회인데, '위험한 사회'보다는 '안전한 사회'를, '불신 사회'가 아닌 '신뢰 사회'를, '배제 사회'가 아닌 '포용 사회'를, 그리고 '무기력한 사회'가 아닌 '활력 있는 사회'를 특징으로 한다.

사회경제적 안전은 인간적 삶을 위한 물질적 환경적 자원을 사회적인 수준에서 제대로 확보하고 있는지를 평가하는 기준이다. 기초적 욕구들이 충족되는 사회가 '안전 사회'라면, 그렇지 못한 사회를 우리는 '위험 사회'라고 정의할 수 있다.

사회적 응집성은 사람들 사이의 관계가 얼마나 공통의 정체성과 가치규범에 기반을 두고 있는가하는 사회적 결속과 연대감을 측정하는 데 중요하다. 응집력이 유지되는 사회를 '신뢰 사회'라고 한다면, 서로 공유

하는 가치관이 다르고, 사회적 규범의 일관성과 포괄성이 지지되지 않으며, 집단 간에 이기적 경쟁만이 존재하는 해체된 사회를 '불신 사회'라고 정의할 수 있다.

사회적 포용성은 일상생활을 구성하는 다양한 제도나 사회적 관계에 얼마나 접근가능한가를 측정하는 객관적인 차원을 구성한다. 사회적 포용성이란 사회 성원들이 지닌 가치나 신념과 무관하게 그가 사회 구성원이라는 이유만으로도 사회의 다양한 제도나 기회구조에 평등하게 접근할 수 있어야 한다는 규범적 판단에 기반을 둔 개념이다. 이러한 '포용 사회'에 대비되는 사회는 '배제 사회'라고 할 것이다.

역능성은 개인의 역량이나 능력을 발휘할 수 있도록 사회구조가 짜여 있는가를 보는 지표다. 개인의 능력 발휘가 잘 이루어지는 사회를 '활력 사회'로, 그리고 그 반대를 '무기력 사회'로 정의할 수 있을 것이다.

유럽 학자들은 사회의 질을 측정하기 위한 지표를 네 가지 영역에서 모두 95개를 선정한 바 있다(van der Maesen and Walker, 2005). 그러나 유럽 학자들의 사회의 질에 대한 접근은 몇 가지 문제점을 가지고 있다(Yee and Chang, 2011). 첫 번째는 지나친 이론지향성으로 인해 생겨난 문제다. 개념과 이론 수준에서의 일관성을 추구하는 경향이 강하다 보니, 정작 그 분석틀이 현실과 맺는 정합성을 소홀히 하게 된 것이다. 다차원에 대한 경험적 연구는 기본적으로 다층위계 분석과 같은 다차원의 지표들로 지지되어야 하지만, 이들의 연구는 명시적인 분석의 수준을 제시하지 않고 있다(van der Maesen and Walker, 2005). 그러다 보니, 동일한 변수들이 서로 상이한 영역과 수준을 측정하는 지표로 중첩되어 사용되는 결과를 낳는 것이다.

두 번째는 사회의 질 개념이 가진 유럽적인 편향성이다. 이미 유럽의 국가들은 전 세계의 평균적인 국가들에 비하면 높은 수준의 사회의 질을 유지해 왔다. 따라서 사회의 질을 떠받치고 있는 법치주의 전통을 당연시하는 경향을 보인다. 즉 높은 수준의 국민소득과 잘 작동하는 민주주의, 그리고 높은 투명성과 법치주의를 당연한 것으로 전제하는 경향이 있다. 그러나 대부분의 발전도상국이나 문화적인 맥락이 다른 동아시아 국가들은 유럽의 국가들이 당연시하는 문제들에서 오히려 심각한 어려움을 겪고 있다. 그 대표적인 요인들이 제도의 투명성과 법치주의의 문제다.

이러한 어려움에 대한 대안으로 사회의 질을 경험적으로 연구하기 위해서는 분석의 틀을 거시적 수준으로 고정할 필요가 있다. 또한 사회의 질을 발전론적 측면에서 재구성할 필요가 있다. 사회의 질이 그 사회가 얼마나 진보했는지, 혹은 얼마나 '좋은 사회'인지를 측정하는 개념적 대안이 될 수 있는데, 특히 경제성장이나 민주화에도 불구하고 사회적 갈등과 불신, 그리고 불행감이 높은 사회의 문제들을 조명하는 데 유용하게 활용될 수 있다.

그러나 이러한 목적을 달성하기 위해서는 경험적인 분석을 통해 개념의 단일차원성과 간결성이 확보되어야 한다. 사회의 질을 사회적 수준에서 측정하기 위해서는 ① 미시-거시의 구분을 없애고 거시사회 수준의 지표를 측정하는 형태로 바꾸고 ② 지나치게 추상적이고 포괄적인 사회의 질 개념을 현실적으로 활용 가능한 사회정책의 대상이 되는 현상으로 국한해야 한다.

그리하여 필자가 택한 대안은 사회의 질을 '한 사회가 다양한 사회적 위험을 다룰 수 있는 사회의 제도적 역량과 시민적 역량의 총합'이라고 정의한 것이다. 한편 사회적 위험에 대처할 수 있는 능력으로는 사회적 보호를 제공하는 기능(대체로 거시적이고 제도적인 과정이 매개되는)과 개인의 회복탄력성을 증진시키는 기능(대체로 궁극적으로는 개인 능력의 발현으로 귀착되는)으로 구별할 수 있다. 이렇게 하여 마련된 수정된 사회의 질 구성 요소는 다음의 〈그림 3〉과 같다.

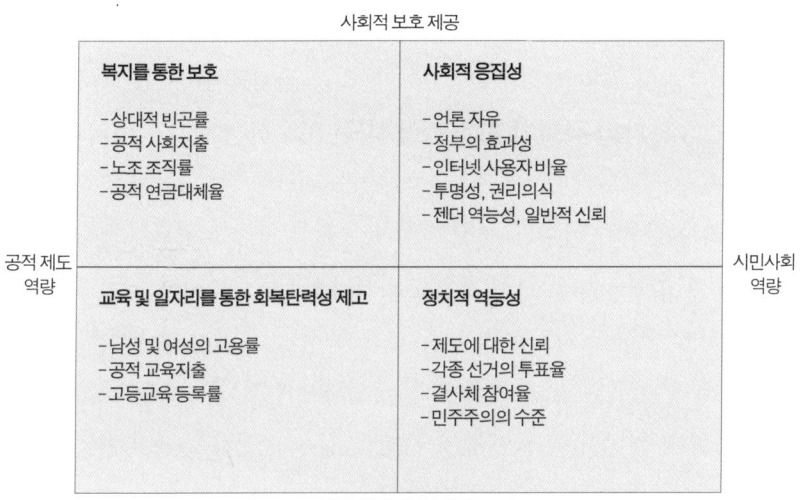

〈그림 3〉 수정된 사회의 질 구성 요소들과 구성 변수(Yee and Chang, 2011)

한 사회의 제도 역량은 복지제도를 통해 사회적 보호를 제공하는 역량과 개개인의 회복탄력성을 증진시킬 수 있는 교육 및 일자리 제공 역량으로 구성된다. 여기서 복지제도 역량을 측정하는 변수로는 상대적 빈곤률, 공적 사회 지출, 노조 조직률, 공적 연금대체율 등이 활용되었고, 교육 및 일자리 제공 역량의 지표로는 남성 및 여성의 고용률, 공적 교육 지출, 그리고 고등교육 등록률 등이 활용되었다.

시민사회 역량은 사회 구성원들이 공동의 규칙에 속해 있다고 느끼고, 서로 결속하는 정도를 측정하는 사회 응집성과, 자신들의 문제를 풀어나가기 위해 얼마나 정치적으로 참여하는지 여부로 구성되었다. 구체적으로 전자를 구성하는 요소로는 언론 자유, 정부의 효과성, 인터넷 사용자 비율, 투명성, 권리의식, 젠더 역능성, 일반적 신뢰 등이었고, 후자를 구성하는 요소로는 제도에 대한 신뢰, 각종 선거의 투표율, 결사체 참여율, 민주주의의 수준 등이었다(Yee and Chang, 2011).

4. OECD 국가의 사회의 질과 경쟁의 구조적 조건

OECD 국가들의 사회의 질을 측정하기 위해 사용한 자료들은 부표 1과 같다. 가용한 자료들은 대표적인 거시지표들은 OECD로부터, 그리고 설문조사를 활용한 자료들은 세계가치관조사나 각 대륙별 바로미터 조사 자료들을 활용했다.[3] 사회의 질을 구성하기 위해서는 다음과 같은 절차로 진행했다. 먼저 각 국가별로 사회의 질을 구성하는 지표들을 입력한 후, 각 변수별로 최대값이 100이 되고 최소값이 0이 되도록 표준화했다. 그리고 Yee and Chang의 연구에서 시도한 바와 같이 각 부문별 점수를 내기 위해 해당되는 변수들을 산술평균하여 하위 부문별 점수를 산출했고, 이들을 모두 산술평균하여 사회의 질 지표를 구성했다. 그 결과는 부표 2에 나타난 바와 같다.

이 결과를 보면 OECD 국가들 중에서 사회의 질이 가장 우수한 나라는 덴마크이며, 그 다음 아이슬란드, 스웨덴, 노르웨이, 핀란드 등의 순으로서 북유럽국가들이 최상위권에 포진해 있고, 독일이 14위, 이탈리아 22위, 그리스가 26위다.

---

[3] 이 분석에 사용한 사회의 질 지표와 원 데이터는 2014년 3월 7일 한국보건사회연구원에서 주최한 '한국형 복지패러다임의 모색' 정책토론회에서 발표한 "사회의 질 비교를 통해 본 한국형 복지모델" 원고에 활용된 것과 같은 것이며, 여기에 별도로 행복감과 경쟁력 등의 지표를 첨가하여 추가적 분석을 시행했다.

한국의 사회의 질은 비교대상 30개 OECD 국가들 중에 28위에 불과하다. 4개의 하위 영역별로 보면, 교육과 일자리 제공 능력은 18위로서 조금 양호하지만, 사회적 응집성은 23위, 그리고 복지 역량이나 시민 정치참여는 모두 29위로 최하위에 머물고 있다. 그래서 제도 역량은 28위, 시민사회 역량은 27위다.

사회의 질은 행복과 어떤 관계가 있을까. 간단히 행복과의 상관관계를 계산해보니, 행복과 소득의 상관관계가 0.7466이었고, 사회의 질과의 상관관계는 0.6745로 나타나서 두 변수 모두 행복과 높은 상관관계가 있는 것으로 나타났다(표 1 참조). 그러나 사회의 질을 구성하는 하위 요소들을 나누어 행복과의 상관관계를 살펴보니, 공적 제도 역량과는 0.5034, 시민사회 역량과는 0.7642로서, 공적 제도보다는 시민사회 역량이 행복감과 더 깊은 연관성을 가진 것으로 드러났고, 이들을 다시 하위 부문별로 나누어 고찰해보니, 공적 제도 역량 중에서도 탄력성은 0.5886으로 비교적 높은 상관관계를 보이지만, 복지 역량과는 0.2845로서 유의미하지 않은 관계를 보여주었다.

〈표 1〉 사회의 질 구성 요소와 행복과의 상관관계

변수	상관계수
로그 국민소득	0.7466**
사회의 질	0.6745**
공적 제도 역량	0.5034**
- 탄력성	0.5886**
- 복지	0.2845
시민사회 역량	0.7642**
- 사회 응집성	0.7316**
- 정치 역능성	0.7124**

주) **: .01 수준에서 유의미

반면에 시민사회 역량을 구성하는 사회 응집성과 정치 역능성은 각각 0.7316과 0.7124로서 행복과 매우 높은 수준의 상관성을 보여주고 있다.

한편, 행복에 영향을 미치는 요인들을 살펴보기 위해 회귀 분석한 결과는 표 2와 같다. OECD 국가들에 한정했기 때문에 사례 수가 많지 않아서 많은 변수를 입력할 수 없다는 한계가 있다. 따라서 우선 소득이 주는 효과를 측정한 결과, 매우 유의미한 긍정적 효과가 있음을 확인할 수 있었다. 그러나 여기에 공적 제도 역량, 즉 탄력성과 복지를 담당하는 공적인 국가 제도의 역할을 입력한 결과 그 추가적 효과는 매우 미미한 것으로 나타났으며, 조정된 설명력은 오히려 떨어지는 것으로 나타났다. 반면에 소득 수준을 통제한 후 시민사회 역량을 추가로 투입한 결과 소득의 효과는 사라진 반면, 시민사회 역량의 효과는 유의미한 것으로 나타나서, 고소득 선진국에서의 높은 행복감은 사실상 높은 시민사회 역량에 의해 설명된다는 점을 보여준다. 그 중에서도 사회 응집성보다는 정치 역능성의 효과가 더 두드러진다는 점을 알 수 있다.

〈표 2〉 행복에 영향을 미치는 소득과 사회의 질(회귀분석)

	(1)	(2)	(3)	(4)	(5)
GDP(PPP)	1.081***	1.094***	.506	0.654	.702*
공적 제도 역량		-.0006			
시민사회 역량			0.018**		
- 사회 응집성				0.012	
- 정치 역능성					.014^
상수항	-4.382**	-4.478	.457	-.816	-1.155
Observations	29	29	29	29	29
AdjR-squared	.541	.523	.589	.555	.586

주) ^: .1 수준에서, *: .05 수준에서, **: .01 수준에서, ***: .001 수준에서 유의미

그렇다면 사회의 질을 구성하는 요소들은 경쟁 및 행복과 어떤 연관성을 맺고 있는 것일까. 우선 제도 역량을 구성하는 보호 역량(복지)과 회복 탄력성(교육 및 일자리)을 교차해보자. 한국은 사회적 위험에 대한 보호는 매우 취약한 반면, 교육 및 일자리를 통해 개인의 회복 탄력성을 높이는 데는 상대적으로 나은 모델로 인식된다. 전반적으로 보아 보호 역량과 회복 탄력성 제공 역량이 모두 우수한 균형발전을 이룬 나라들로 덴마크, 아이슬랜드, 노르웨이, 핀란드, 스웨덴 등의 북유럽 국가들을 꼽을 수 있다. 반면에 보호 역량과 회복 탄력성 제공 역량이 모두 뒤지는 '결여형' 국가들로는 터키와 멕시코, 폴란드, 슬로바키아 등이 대표적이다. 반면에 그리스와 이탈리아 등의 남유럽 국가들은 회복 탄력성 제공 역량은 뒤지는 반면, 복지를 통한 보호 수준은 높은 '과잉보호형' 국가들이다. 한편, 미국과 일본, 영국, 호주, 뉴질랜드 등은 보호 역량은 낮은 반면 회복 탄력성은 높아서 전형적인 '과잉경쟁형' 체제의 모습을 보여준다.

그렇다면 이러한 질적 차이는 경쟁에 어떤 영향을 미칠까. 먼저, 뛰어난 복지 역량을 갖추고 풍부한 교육 기회와 일자리를 제공하는 덴마크에서는 실패한 이들에게도 재도전의 기회가 많다. 그래서 청년들은 과감하게 창의적인 일에 도전한다. 반면에 복지 역량이 취약한 한국의 젊은 이들은 과잉경쟁을 하지만, 위험을 회피하기 급급하다. 실패가 용인되지 않다보니 혁신적인 기업가정신이 위축되는 것이다.

한국에서 소극적 위험 회피 경쟁의 양상은 낮은 청년 창업률에서 확인된다. 기술보증기금의 '창업기업 동향 분석'에 따르면 지난 2008년부터 2012년까지 신규로 창업한 기업 3만 7375개 중 20대가 대표자인 창업기업 비중은 전 연령대에서 5년 내내 꼴찌를 기록했다. 2012년 현재 기보가 20대 창업자를 대상으로 한 보증 취급 건수는 겨우 106건으로

40대(6687건)에 비해 1.58%에 불과한 것으로 집계됐으며, 중소기업청의 창업기업 대표자 연령 통계에서도 20대는 전 업종 중 4.5%를 기록해 60대(6.7%)보다도 낮았다. 이는 선진국과는 매우 다른 양상이다. 2012년 12월 현재 18-64세 전체 인구대비 연령대별 창업 비율을 살펴본 결과 미국과 영국, 프랑스에서 모두 25-34세 창업 비율이 전 연령대 중 가장 높았다. 미국의 경우 25-34세 창업비율이 무려 전체의 15%였고, 영국과 프랑스도 9%가량이었다. 심지어 독일은 18-24세 연령대가 8% 이상으로 제일 높았다. 국내 청년 창업률이 극히 낮은 이유는 창업 업종이 전통산업에 치중돼 있는 데다 자금 부족과 연대보증 등 창업 환경이 열악하기 때문이다(『아주경제신문』, 2014/1/7).

또 다른 증상은 공무원시험이나 공기업시험 등 안정적인 직업에 몰리는 현상이다. 청년층을 포함해 지난해 공무원시험과 초·중등교원 임용고사를 치른 사람은 총 34만 5706명이다. 9급 공무원 시험을 본 인원은 사상 처음으로 20만 명을 넘어서며 5년 전(13만 7639명)에 비해 48.7%나 많아졌다. 지난해 9급 공무원시험 경쟁률은 74.8 대 1이었다(『한국경제신문』, 2014/12/5). 창업을 가로막는 장애물 중 하나는 단 한 번의 실패로 집안이 몰락하고 신용불량자가 되는 현실이다. 『한국경제신문』의 오픈서베이와 설문조사에서 '창업을 꺼리거나 고민하는 가장 큰 이유'를 묻는 질문에 응답자의 42.6%가 '한 번 실패하면 개인 파산으로 이어지는 등 재기하기가 어렵기 때문'이라고 답했고, 정부가 청년 창업을 활성화하기 위해 가장 먼저 해결해야 할 문제를 묻는 질문에서도 응답자의 40.6%가 '실패 후 재기 가능한 환경 조성'을 꼽았다.

시민사회 역량을 구성하는 사회적 응집성과 정치적 역능성을 교차하면 또 다른 흥미로운 유형화가 가능하다. 사회적 응집성이 높고 시민정치 참여도 높은 덴마크나 스웨덴에서는 공동의 문제에 대한 시민적 해결 의지가 높고, 또 문제를 풀어나갈 제도권 정치도 잘 작동한다. 그래서 사회적으로 적정한 수준의 실력 경쟁이 이루어진다. 반면에 한국은 투명성이 낮고, 각종 기관과 제도에 대한 불신이 높다. 공정하고 타당성 있는 규칙과 심판에 대한 신뢰가 낮다 보니, 논란의 여지가 없는 수치화된 객관적 평가에 매달리는 과도한 간판경쟁의 폐단이 나타난다.

시장주의자들은 경쟁이 가진 긍정적 효과에 대해 이야기하지만, 사회적으로 지불해야 하는 비용에 대해서는 언급하지 않는다. 과도한 경쟁의 예로 '공작들의 꼬리 경쟁'이 거론된다. '수컷 공작은 암컷을 차지하기 위한 경쟁에서 길고 아름다운 꼬리를 키운다. 그러나 그 꼬리는 암컷의 배우자 결정 외에는 아무 짝에도 쓸모없는 거추장스럽고, 다른 동물의 공격에서 방해만 되는 낭비다. 한 사회의 경쟁의 도가 지나치면, 공작과 같이 경쟁을 위한 경쟁으로 그 낭비가 효용을 능가할 수 있다'(서상철, 2011: 16). 이러한 극단적인 과잉경쟁의 대표적 사례는 선행학습을 위한 사교육 전쟁이다. 그러나 앞에서 언급한 바와 같이 대학교육은, 특히 명문대학을 둘러싼 입시는 지위재를 둘러싼 경쟁이라는 점에서 경쟁을 추구할수록 점점 더 격화될 수밖에 없고, 소득도 일정 수준 이상이 되면, 절대소득보다는 상대소득, 그리고 소득의 불평등도가 사람들의 생활만족감이나 행복에 더 큰 영향을 미친다.

가격과 가치는 다르다. 가격은 겉으로 명백히 드러나지만, 가치는 쉽게 관찰되지 않는 속성이다. 가격이 가치를 반영하지만, 항상 제대로 반영하지는 않는다. 가치를 제대로 측정하기 위해서는 제대로 된 정보를 얻기 위한 시간과 노력이 필요하다. 기업은 가능한 유능한 인재를 뽑고 싶어 하고, 대학은 우수한 학생을 뽑고 싶어 한다. 그러나 개인의 능력은 한눈에 드러나는 것이 아니기 때문에 상당 기간 경력을 통해 이룬 업적을 보아야 한다. 노벨상을 받은 게리 베커에 의하면 임금은 그 사람의 가치, 즉 능력을 반영하는 것이라고 한다. 그의 이론을 경험적 자료로 검증한 연구 결과들은 대부분 임금이 학력이나 경력 등의 인적 자본 변수들에 의해 30% 정도 설명된다고 한다. 그러나 한국의 노동시장에서 인적 자본의 설명력은 60% 이상이며, 한 기업에 국한하면 90%를 넘는 경우도 흔하다. 한국이 인적 자본을 제대로 보상해주는 완벽한 시장경제를 구현해서가 아니라, 성별, 연령별, 학력별로 획일화된 연공형 보상 체계를 기계적으로 운용해 왔기 때문이다. 획일적 신호 게임이 강하게 자리 잡은 이유는 바로 공정성 때문이다. 관공서의 예산 배분은 공정성 논란을 피하기 위해 전년 대비 일정 비율로 증액하거나 감액하고, 입시에서는 공정성 논란을 피하기 위해 수치화된 성적순으로 뽑을 수밖에 없다. 추천제는 실질적 개성과 능력을 가진 이들을 선발하기 위해 도입된 제도로서, 추천자의 공정성과 능력을 신뢰하는 문화에서 작동 가능하다. 그러나 이러한 신뢰가 작동하지 않으면, 각종 수상 경력과 학교 성적 등을 획일적으로 수치화하여 높은 점수를 얻은 이들을 추천할 수밖에 없게 된다.

전문성의 정도가 높을수록 전문가의 능력은 외적 기준보다 전문가 집단의 직업윤리에 기반을 둔 동료 평가를 통해 그 가치를 보다 정확하게 반영할 수 있지만, 전문가 집단이 취약할수록, 그리고 직업윤리가 제대로 자리 잡지 못했을수록 외적인 신호가 내적 가치를 무력화하는 강한 효과를 발휘하게 된다.

그래서 이러한 문제들을 풀기 위해서는 사회적 해법이 필요하다. 무조건적 성장이 아닌, 분배를 염두에 둔 성장, 차등성의 극대화가 아니라, 사회적 합의를 통한 적정 수준의 실력 경쟁이다. 선행학습 경쟁은 모든 학부모와 학생들이 과외를 받지 않기로 약속할 수 있다면 하루아침에도 해결될 수 있는 문제다. 그러나 이런 해법이 현실화되지 못하는 이유는 사회적 응집력이 낮고 이러한 일을 주도할 제도권 정치에 대한 국민적 신뢰가 전혀 없기 때문이다. 따라서 정치적 역능성과 사회적 응집성을 높여나가는 일은 궁극적으로 과도한 간판경쟁을 적정 수준의 실력 경쟁으로 대체해 나가는 가장 근본적이고 적극적인 대안이 된다.

사회의 질에 대한 비교연구를 통해 확인한 국가 간 질적 차이는 사회적 위험을 다루는 방식이나 복지정책의 차이를 잘 보여준다. 첫째, 뛰어난 복지 역량을 갖추고 풍부한 교육 기회와 일자리를 제공하는 나라일수록 실패한 이들에게도 재도전의 기회를 많이 제공할 수 있다. 그래서 청년들은 과감하게 창의적인 일에 도전한다. 반면에 복지 역량이 취약한 한국의 젊은이들은 위험을 회피하기에 급급하다. 실패가 용인되지 않다보니 혁신적인 기업가정신이 위축되는 것이다. 둘째, 투명성이 높고, 복지 지출이 많은 나라에서는 공정한 보편적 복지가 이루어진다. 반면에 한국은 투명성이 낮고 복지 지출도 적다. 그래서 투명성이 획기적으로 개선되지 않고서는 복지 재정의 증가가 재정 위기로 연결된 남유럽의 불공정한 이중 복지의 길을 따라갈 가능성이 높다. 셋째, 사회의 질이 높은 사회에서는 불평등이 적고 구성원 간의 신뢰도 높기 때문에 조화로운 공생 발전이 가능하다. 반면에 상대적 불평등이 심각하고 불신도 높은 한국은 약육강식의 승자독점에 가깝다.

선진국들은 지금 우리보다 훨씬 낮은 소득 수준이었을 때 이미 높은 수준의 시민 역량을 갖추었다. 일인당 국민소득이 2만 달러를 돌파한 시점을 생각해보면, 스웨덴은 1988년, 그리고 독일은 1991년으로 2007년에 2만 달러를 달성한 한국보다는 약 20여 년을 앞서 있다. 따라서 한국의 사회의 질을 그 당시 스웨덴이나 독일과 비교했을 때 발견한 사실은 스웨덴은 이미 한국의 5.7배에 달하는 수준의 복지 및 보호 역량을 갖추었으며, 독일도 한국의 3.1배에 달하는 복지와 보호 역량을 갖추었다는 점이다. 특히 스웨덴의 공적 사회지출은 4배, 독일은 3배 수준이었고, 소득세 부담에서도 스웨덴은 한국의 8배, 독일은 4배 더 많았다. 반면에 회복 탄력성의 측면에서 보면, 한국의 위상은 당시의 스웨덴이나 독일에 비해 뒤지지 않으며, 대학 진학률은 훨씬 높게 유지하고 있음을 알 수 있다. 시민사회 역량이라고 할 수 있는 사회 응집성이나 정치 역능성의 측면에서는 스웨덴이나 독일에 많이 뒤져 있음을 알 수 있다. 특히 뒤지는 것은 언론 자유, 정부 효과성, 투명성, 일반적 신뢰, 정치참여 및 투표율 등이다(박기웅 2010).

5. 결론

이 글에서 분석한 내용을 간략히 요약하면 다음과 같다. 우리는 80여 개국의 행복도에 영향을 미치는 사회적 요소들의 중요성에 대한 회귀분석을 통해 동일한 소득 수준을 가진 나라들 간에도 국민들의 행복감에는 큰 차이가 있음을 알 수 있었다. 특히 아시아 한중일과 GDP 수준이 비슷한 미국·유럽의 국가들을 골라서 이들의 행복도를 비교해 보면, 국민소득 1만 달러 이하인 아시아 저발전국인 베트남, 인도네시아, 파키스탄, 방글라데시 등은 낮은 소득에 비해 행복도가 높은 반면, 2만 달러를 넘어선 동아시아국(한국, 일본, 대만)이나 1만 달러 이하 고도성장국인 중국은 소득에 비해 행복감이 낮았다. 또한 유럽에서도 남유럽 국가들이 소득에 비해 행복도가 낮았다.

국제적 비교에서 행복감을 저하시키는 중요한 요인 중 하나는 낮은 사회의 질이다. 사회의 질이란 개인들을 둘러싼 사회적 관계의 양상과 내용을 결정하는 사회성의 수준을 의미한다. 이것이 의미하는 바는 매우 뜻이 깊다. 사람을 평가할 때 재산이나 권력뿐 아니라 인품도 보듯, 한 나라의 수준을 알려면 경제력이나 정치제도 외에 사회자본도 따져봐야 한다는 것이다. 그런데 신뢰와 투명성이라는 한국의 사회자본은 3만 달러 소득을 넘보는 민주국가에 어울리지 않는 빈약한 수준이다.

높은 소득 수준을 감안하더라도 북유럽인들의 행복감이 아시아인들보다 훨씬 높은 이유는 개방적 민주주의와 복지국가를 지탱해주는 풍부한 사회자본을 가졌기 때문이다. 반면에 아시아 국가들의 투명성은 그다지 높지 않고, 신뢰 수준의 편차도 크다.

OECD 국가들을 대상으로 사회의 질을 분석, 비교한 결과 한국에서 경쟁의 양상은 '과감한 창의성 경쟁' 대신 '소극적 위험 회피 경쟁'을, '사회적으로 최적화된 실력 경쟁' 대신 '과도한 간판 따기 경쟁'을, '조화로운 공생 발전' 대신 '약육강식의 승자 독식' 경쟁을 한다는 점에서 행복감을 떨어뜨리는 주된 이유가 된다고 할 수 있다. 행복과 친화적이지 못한 경쟁의 근본 원인은 물질재의 공급을 늘리는 방식으로 성장을 이루었던 과거 고도성장기와 달리, 지위재를 둘러싼 경쟁이 훨씬 중요해진 최근의 상황과 밀접하게 연결되어 있다. 따라서 경제적 성장에도 불구하고 행복감은 오히려 저하되는 풍요의 역설을 경험하고 있는 것이다.

사회체제의 거대 전환이라는 분석틀로 보면, 한국은 과거 고신뢰와 저투명성이 결합한 위계적 권위주의 사회에서 출발해, 신뢰 수준은 점차 하락하면서, 투명성의 개선은 제대로 이루어지지 않는 전환의 계곡에 와 있다고 요약할 수 있다.

'독재형 권력부패'가 심한데도 불구하고 고도성장을 이룬 중국, 베트남, 사우디 등의 공통점은 신뢰 수준이 높다는 점이다. 강력한 정치 지도력 하에 끈끈함과 의기투합으로 뭉친 '권위주의적 동원 체제'의 역동성은 과거 1960-70년대 한국의 고도성장 모델을 보는 듯하다. 그에 비하면 신뢰와 투명성이 모두 결여된 필리핀, 인도, 이란, 방글라데시 등 아시아 저발전 국가들은 '정글형 갈등사회'다. '족벌 부패'로 인해 경제적 불평등과 불신이 양산되었고, 이를 해결할 정부 능력은 취약하기 때문이다.

한때 모범적 고도성장을 이룬 한국과 대만은 현재 '전환의 계곡'에 머물러 있다. 민주화를 통해 권위주의를 청산했지만 공공기관에 대한 신뢰와 권위까지 빠르게 실종되었고 투명성은 제자리걸음이다. 세월호 사태의 근본 원인도 '엘리트 카르텔'형 부패구조에서 찾아진다. 권력과 금력이 만나고, 규제 기관과 피규제 기관이 서로 얽힌 '관피아'의 그늘 속에서 공공성은 침식되고 재난은 창궐했다. 재난이 터진 후 실상을 알게 된 국민들은 정부에 대한 신뢰와 대통령에 대한 지지를 철회하고 있다. 30여 년에 걸친 경제발전에도 불구하고 국민들의 생활만족감이 떨어지고 자살률은 급등했다는 점에서 '성장의 역설'이, 성공적 민주화에도 불구하고 정치에 대한 불신과 냉소는 더 커졌다는 점에서 '민주화의 역설'이 계곡을 감싸고 있다.

2011년 후쿠시마 원전사고와 도쿄전력의 은폐 시도로 인해 국민의 신뢰가 급감한 일본의 사례는 매우 시사적이다. 도쿄전력 수뇌부나 담당 공무원들 모두 특정학교 출신이다 보니, 국민안전을 위한 감시는 무력화되고, '원자력 마을'의 이익을 지키기 위한 유착이 성행했다. 한때 전환의 계곡을 벗어난 듯 했던 일본에서 후쿠시마 원전사고 이후 각 기관에 대한 신뢰도 추락은 충격적이다.

'포용적 발전'을 고민해야 하는 시점에 와 있는 중국 또한 최근 들어서는 빠른 신뢰 추락을 경험하고 있다. 더 이상 돌이킬 수 없는 상황에 놓인 시진핑習近平 주석은 '부패와의 전쟁'이라는 칼을 빼들었다. 중국 또한 전환의 계곡에 진입하고 있는 것이다.

아시아 모델의 향후 성패는 신뢰와 투명성 확보에 달려 있다 해도 과언이 아니다. 아시아의 유전자를 가지고도 높은 투명성과 국가경쟁력을 달성한 싱가포르는 신뢰 없는 '멸균 사회'라는 한계에도 불구하고 여전히 좋은 연구대상이다. 북유럽 국가들은 말할 필요도 없다.

더구나 매우 빠른 속도로 정보화와 탈산업화를 경험하는 사회적 특징으로 인해 기존 신뢰 시스템의 붕괴는 가속화되고 있는 반면, 대안적인 민주적-합리적 신뢰 체제의 형성은 매우 미약하다. 이런 이유에서 이 논문에서는 국민들의 행복감을 높이기 위해서는 산업화와 민주화의 패러다임을 넘어선 사회의 질을 높이기 위한 국가적 수준의 개혁이 필요하다고 주장하고자 한다. 그리고 그 핵심은 공정성과 투명성을 제고하는 데서 출발한다고 생각한다.

참고문헌

가와이 노리코. 2011. "한국의 대학진학률은 왜 계속 상승하는가?: 일본과의 사례비교를 통해 본 한국의 교육열." 서울대학교 사회학과 박사학위 논문.
김경동. 2002. 『한국사회발전론』. 서울: 집문당.
김재진. 2013. "소득세제 개편의 기본방향과 기대효과." 새정부 조세재정 정책의 주요 과제, 한국조세재정연구원 개원 21주년 기념 세미나 발표논문(2013. 10. 2).
김진현. 2008. "대한민국 근대화 혁명의 승화." 『선진화정책연구』 제1권 제1호.
김희삼. 2014. "비교성향의 명암과 시사점."
박기웅. 2010. "사회의 질 영역의 시기별 변화에 대한 분석: OECD 국가의 시계열 데이터를 중심으로, 1990-2007." 미발표 논문.
서상철. 2011. 『무한경쟁이 대한민국을 잠식한다』. 고양: 지호.
이재열. 2007. "외환위기 10년, 한국사회의 질은 어느 수준까지 왔나." 정운찬·조홍식 편. 『외환위기 10년, 한국사회 얼마나 달라졌나』. 서울대학교 출판부.
이재열. 2013. "사회의 질 비교를 통해 본 한국형 복지모델: 독일, 스웨덴 복지는 우리가 따라가야 할 표본인가?" 최병호 외 편. 『한국형 창조복지의 탐색을 위한 기초연구』. 한국보건사회연구원 수시보고서 2013-11.

장덕진 외. 2012. "사회발전과 사회모델 비교연구: 한국, 독일, 그리스, 이탈리아, 터키." 서울대학교 사회발전연구소 연구보고서.

장덕진 외. 2013. "착한 성장을 위한 5개국 거버넌스 비교연구: 스웨덴, 독일, 프랑스, 일본, 한국." 서울대학교 사회발전연구소 연구보고서.

전상인. 2008. "앵그리 시대의 사회갈등과 사회통합." 철학문화연구소 편. 『철학과 현실』 76호, 30-40.

한국보건사회연구원. 2014. "사회의 질 비교를 통해 본 한국형 복지모델." '한국형 복지패러다임의 모색' 정책토론회(3월 7일).

『매일경제신문』, 2011/3/29.

『아주경제신문』, 2014/1/7.

『한국경제신문』, 2014/12/5.

Beck, Wolfgang, Laurent J. G. van der Maesen and Alan Walker. 1997. "Theorizing Social Quality: The Concept's Validity." in Beck, van der Maesen and Walker eds. *The Social Quality of Europe*. The Hague: Kluwer Law International.

Beck, Wolfgang, Laurent J. G. van der Maesen, Fleur Thomese and Alan Walker eds. 2001. *Social Quality: A Vision for Europe*. The Hague: Kluwer Law International.

Bonoli, Giuliano. 2007. "Time Matters. Postindustrialisation, New Social Risks and Welfare State Adaptation in Advanced Industrial Democracies." *Comparative Political Studies* 40, 495-520.

Easterlin, Richard A. 1974. "Does Economic Growth Improve the Human Lot?" in Paul A. David and Melvin W. Reder eds. *Nations and Households in Economic Growth: Essays in Honor of Moses Abramovitz*. New York: Academic Press, Inc.

Hirsch, Fred. 1976. *Social Limits to Growth*. Cambridge: Harvard University Press.

Noll, H. 2002. "Towards a European System of Social Indicators: Theoretical Framework and System Architecture." *Social Indicators Research* 58, 47-87.

OECD. 2014. OECD 2014 한국경제보고서. http://www.keepeek.com/Digital-Asset-Management/oecd/economics/oecd-economic-surveys-korea-2014_eco_surveys-kor-2014-en#page6 (검색일: 2015. 2. 3)

van der Maesen, Laurent J. G. and Alan C. Walker. 2005. "Indicators of Social Quality: Outcomes of the European Scientific Network." *European Journal of Social Quality* Vol. 5, Issue 1/2.

Yee, Jaeyeol and Dukjin Chang. 2011. "Social Quality As a Measure for Social Progress." *Development and Society* Vol. 40(2).